인문학으로서의
문학

홍정선 비평집
인문학으로서의 문학

펴 낸 날 2008년 8월 22일
지 은 이 홍정선
펴 낸 이 채호기
펴 낸 곳 ㈜문학과지성사
등록번호 제10-918호(1993. 12. 16)
주   소 121-840 서울 마포구 서교동 395-2
전   화 02)338-7224
팩   스 02)323-4180(편집) 02)338-7221(영업)
전자우편 moonji@moonji.com
홈페이지 www.moonji.com

ⓒ 홍정선, 2008. Printed in Seoul, Korea

ISBN 978-89-320-1844-3

* 이 책의 판권은 지은이와 ㈜문학과지성사에 있습니다.
  양측의 서면 동의 없는 무단 전재 및 복제를 금합니다.
* 이 저서는 인하대학교의 지원에 의하여 발간되었습니다.

:: 홍정선 비평집

인문학으로서의 문학

문학과지성사
2008

책머리에

나는 내가 쓴 글들을 오랫동안 돌보지 않았다. 90년대 중반경부터 내가 쓴 글이 보기 싫어진 때문이었다. 발표한 글은 다시 보기가 싫었고 덩달아 새로 글을 쓰는 일은 힘들어졌다. 글을 쓸 때마다 글의 정직성에 대한 질문이 나를 괴롭혔다. 내가 쓴 글이 나를 향한 칼날로 돌아오는 느낌을 벗어날 수가 없었다. 그 결과 써놓은 글은 방치되었으며 글을 쓰는 일은 점점 줄어들었다.

그래서 나는 이 시기부터 마음에 들지 않는 작품에 대해서는 거의 글을 쓰지 않았다. 아니 쓸 수가 없었다. 힘 있는 주장은 뒷받침할 용기가 없어서 죽이고, 과격한 형용사는 감정이 노출된 것 같아서 빼버리는, 일견 사소한 일들이 끊임없이 글의 진도를 방해했다. 지나치게 비판적인 언급은 문학의 본질에 어긋난 증오의 길을 걷는 것 같아서 피하고, 애매하게 얼버무리는 언급은 비겁하게 사는 내 모습 같아서 피하다보면 글을 쓸 수가 없었다. 내가 보기에 나는 언제나 정직하지 않았다. 글쓰기는 바로 괴로움이었다.

내가 문학책보다 다시 역사책을 더 열심히 읽기 시작한 것은 이 때부터였다. 인간들의 일상생활에 대한 역사를 열심히 읽은 것은 역사 자체에 관심이 있어서가 아니라 인간의 품위에 대해 생각해보고 싶어서였다. 나의 한심함과 나약함, 인간과 세상에 대한 호오의 감정을 어떻게 다스리며 글을 쓸 것인지에 대해 시사를 받을지도 모른다는 막연한 기대감으로 일상의 역사에 대한 이 책 저 책을 읽었다.

내가 이 책의 제목을 '인문학으로서의 문학'이라고 붙인 것은 이런 사정과 관계가 있다. 인문학의 정신이 우리의 영혼을 편견으로부터 자유롭게 만들어 인간에 대한 이해와 사랑을 넓히는 데 있다면, 나는 인문학의 정신에 충실한 글을 쓰고 싶고 나아가 충실한 사람이 되고 싶다는 희망을 담아 제목을 그렇게 붙인 것이다. 이 책에 수록된 글이 제목에 합당한 내용이어서 정한 것이 아니라 제목에 미달하는 까닭에 붙여본 것이다. 글쓰기가 즐거워질 것이라는 희망으로라도 지금보다 더 열심히 글을 써야겠다.

언제나 편안하게 술자리를 함께할 수 있었던 권오룡, 이인성, 성민엽, 정과리에게 고맙다는 말을 해야겠다. 그들을 만날 때마다 그래도 문학이 좋다는 생각을 하기 때문이다. 또 이 책의 교정을 맡아준 유희경에게 고마움을 표한다. 내 문장이 부정확하다는 것을 절실하게 깨닫도록 만들어주었기 때문이다.

2008년 8월
홍정선

차례

책머리에 5

제1부

맥락의 독서와 비평 11
공허한 언어와 의미 있는 언어 28
문사(文士)적 전통의 소멸과 90년대 문학의 위기 44
한국 문학 속에 나타난 '가장상(家長像)'의 변화 58
최근 30년간의 한국 문학
―저항과 이념의 문학에서 대중문화의 한 부분으로 78
친일 문제에 대한 고착 현상을 벗어나기 위하여 94

제2부

기억의 굴레를 벗는 통과 제의―김원일의 「노을」 111
소설로 가는, 기억의 길―이문열의 「금시조」 123
원미동―작고도 큰 세계―양귀자의 「원미동 사람들」 140
권력과 인간에 대한 집요한 탐구―정찬의 「완전한 영혼」 157
역사의 안과 밖으로 열린 소설―김영현의 「깊은 강은 멀리 흐른다」 172
삶을 넘어서는 말의 아름다움―이순원의 「은비령」 185

제3부

평범함과 비범함―김광규의 시 세계 201
낡아서 편안해진, 삐거덕거리는 인생 앞에서―김명인의 「따뜻한 적막」 212
'당신'을 찾는 '나'의 여로―김윤배의 「강 깊은 당신 편지」 226
죽음 같은 삶에 대한 한 반항―김혜순의 「어느 별의 지옥」 235
아벨의 표지―임동확의 「벽을 문으로」 243
시인이 되기 위하여―김연신의 「시인의 바깥에서」 253

제 1 부

맥락의 독서와 비평

1

한국 문학사에서 가장 탐욕스럽게 책을 읽어대는 주인공이 등장하는 작품은 아마도 최인훈의 『회색인』일 것이다. 『회색인』의 주인공인 독고준의 삶은 끊임없는 책읽기의 연속이다. 어린 시절부터 『플란더스의 개』와 같은 동화로부터 『강철은 어떻게 단련되었는가』와 같은 사회주의 리얼리즘 소설에 이르기까지 그야말로 닥치는 대로 읽는 것이 그의 삶이다. 그러한 그의 삶은 이를테면 사르트르가 『말』에서 자신의 유년기를 돌이켜보며 책 속에 파묻혀 있을 때가 현실보다 더 생생한 현실처럼 느껴졌었다고 말한 삶에 방불한 삶이다. 그의 말을 빌리면 "이야기가 더 현실적이고 현실이 더 거짓말 같은 질서"인 삶이며 "거꾸로 선 세계, 물구나무 선 마음의 나라"를 오히려 안락하게 느끼는 삶이다.

독고준의 삶은 이처럼 언뜻 보기에 끊임없이 책과 관념 속으로 도

피해 들어가는 것처럼 여겨지는 삶이다. 그래서 실천적 삶이 강조되던 80년대에 상당수의 평론가들은 독고준의 삶을 마치 자유주의자가 보여주는 도피적이고 관념적인 삶의 전형인 것처럼 비난했었다. 현실을 학습하고 따라잡자고 외치며 글 속의 세계는 현실보다 열등한 것이라고 주장했던 80년대의 일부 비평들에 의해 그의 책읽기는 부정적 도피로 의미를 격하당했던 것이다. 그러나 반드시 그렇게 생각해야 하는 것일까? 우리는 그의 삶을 다시 읽을 수는 없는 것일까? 요즘처럼 성급하고 메마른 독서, 해석의 자유를 내세운 자의적 독서가 횡행하는 시대에, 다시 말해 우리의 상상력을 발랄하게 움직이도록 만들어주는, 풍요로운 해석의 가지와 넝쿨을 보여주는 맥락의 독서가 부재하는 시대에 독고준의 관념적 삶을 다시 읽을 수는 없는 것일까?

독고준은 책이 현실보다 더 풍부한 현실일 수 있다는 생각을 우리에게 처음으로 심어준 인물이며, 현실을 떠난 다른 현실(책) 속에서 맛보는 행복의 의미와 한계를 우리에게 가르쳐준 인물이다. 그는 유년기의 학창 생활 속에까지 침투해 들어온 '객관적 현실' '정치적 현실'의 거짓됨에 맞서서 혼자만의 "현실보다 더 빛나는 현실"을 만들어 낸 인물이다. 동시에 그는 그 "현실보다 더 빛나는 현실"의 세계가 여지없이 깨어지는 아픔 역시 맛본 인물이다. 그런 그의 삶을 두고, 우리는 오로지 그가 책을 통해 현실을 지배하는 사람들과는 다른 종류의 사람들을 만나고 또 실제 세상과는 다른 세상을 구상해본다는 이유만으로, 그를 도피적 관념주의자로 매도할 수만은 없다. 그는 책을 읽음으로써 이 세상이 결핍되어 있다는 것을 느끼는 사람이며, 자신이 불행하다는 것을 아는 사람이며, 이 세상 속의 삶이 책 속의 세계처럼 이성적이고, 합리적이기를 바라는 사람이다. 그러므로 독고준의 독서행위는 삭막한 현실로부터 뻗어 올린 또 다른 현실로의 넝쿨이며, 힘없는 한 인간이 야만적인 세계 속에서 야만적이 되지 않으려는 몸부림이다. 어떤 의미에서는 그의 책읽기는 혼탁한 속물적 세계에서 비판적 인문주의자로 성장해나가는 일종의 고통스런 통과 제의인 것이다.

독고준의 책읽기는, 『회색인』과 『광장』에 나오는 주인공들이 책읽기를 통해 쌓아 올린 드높은 교양 수준을 감안할 때, 현실을 단순하게 즉물적으로 받아들이지 않는 바탕이다. 그가 지식, 전통, 문화, 이데올로기 등 모든 것들을 항상 관련된 맥락을 고려하며 총체적으로 판단하게 되는 것은 바로 책읽기 때문이다. 그는 어린 나이에 앞뒤가 맞지 않는 행동을 하는 현실 속의 그저 그런 사람들과 접촉하는 대신 책 속에서 질서 있게 움직이는 사람들을 만남으로써—책 속에서는 아무리 형편없는 사람도 질서 있게 움직인다—세상의 혼란스러움을 견뎌내는 힘을 얻는다. 그뿐만이 아니다. 그는 이 책을 읽다가 미심쩍으면 저 책을 펼쳐보고 이 책 속의 생각과 저 책 속의 생각을 비교하면서, 한 사람의 뛰어난 지식인으로 성장하고 있다. 그 모습을 우리는 바로 오스트로프스키의 『강철은 어떻게 단련되었는가』를 "『집 없는 아이』의 소비에트판 번안"으로 읽는 태도에서 엿볼 수 있다. 그가 오스트로프스키의 작품에서 주인공이 뛰어난 공산당원으로 성장해나가는 과정에 부여해놓은 정치적 의미를 소년의 눈길로 거세해버렸을 때 발견한 것은 단순하고 순수한 인간의 모습이다. 『강철은 어떻게 단련되었는가』의 주인공이 『집 없는 아이』의 주인공과 유사해 보인다는 발상, 그것은 바로 독고준이 어린 시절부터 비교하고 대조하며 관계를 찾아내는 독서, 즉 맥락의 독서를 하고 있다는 사실을 말해주는 좋은 예이다. 이렇게 볼 때 독고준의 책읽기는 요즘의 비평에 대해서도 시사하는 바가 크다.

2

잠시 개인적인 예를 하나 든다면 필자는 정지용의 「향수」를 읽을 때 이상화의 「빼앗긴 들에도 봄은 오는가」와 임화의 「현해탄」을 함께 떠올린다. 그것은 발표 시기가 제각기 다르다는 사실로 미루어 짐작해볼 수 있는 영향 관계 때문만은 아니다. 필자가 그렇게 하는 이유는 경향과 이념이 서로 다른 이 시인들이 동일한 대상에 대해 보여주는 발상의 유사함과 표현의 차이 때문이다. 「향수」에 나오는 "옛 이야기 지줄대는 실개천이 회돌아 나가고"라는 구절과, 「빼앗긴 들에도 봄은 오는가」에 나오는 "마른 논을 안고 도는 착한 도랑이/젖먹이 달래는 노래를 하고"라는 구절과, 「현해탄」에 나오는 "그윽한 시골 냇가 자장가 속에"라는 구절들은 각각 '실개천' '도랑' '내'라는 서로 다른 단어를 사용하고 있음에도 불구하고 그것들이 연상시키는 이미지에서 놀라울 정도의 유사성을 보여주고 있다. 세 작품은 모두 물소리에서 자장가를 부르거나 옛날 이야기를 들려주며 우리들을 재워주던 어머니의 이미지를 떠올리고 있는 것이다. 그렇다면 대상에 대한 이런 인식의 유사성은 도대체 어디에서 오는 것일까? 그것은 시인의 삶일까, 책읽기일까? 이런 의문들 때문에 필자는 정지용을 읽으며 이상화를 떠올리고, 이상화를 읽으며 임화를 떠올린다. 이미지가 이미지를 불러들이고, 한 작품이 다른 작품을 향해 가지를 뻗는 것이다.

  이것은 어디까지나 하나의 예에 불과하지만 만약 우리가 독고준의 책읽기를 맥락의 독서라고 부른다면, 비평에 있어서 맥락의 독서는 반드시 갖춰야 할 자세임에 틀림없다. 한 작가 안에서 혹은 한 작가와 다른 작가들 사이에서 작가와 작품의 관계, 작품과 작품의 관계, 작품과 작가와 사회의 관계를 부단히 떠올리고 관계 지으면서 비평 행위는 이루어져야 하기 때문이다. 또한 맥락의 독서가 바탕이 될 때 비평은 비로소 진짜와 가짜, 모방과 창조를 구별해낼 수 있으며, 한 작품이 지닌 풍요로운 의미에 잘 공명하는 메아리를 만들어낼 수 있는 까닭이다.

  그렇기 때문에 비평의 기본적인 출발점은 독고준처럼 부지런한 책읽기가 되어야 한다. 훌륭한 감수성을 가지고 있느냐 없느냐, 조직적인 논리적 사고를 할 능력이 있느냐 없느냐 하는 문제는 비평가가 당연히 갖추어야 할 필수적 요건이지 비평의 첫 출발점은 아니다. 비평의 첫 출발점은 느끼고, 생각하고, 판단하기 이전의 행위, 다시 말해 부지런한 책읽기이다. 비평가는 비평가적 태도와 자질을 드러내기 이전에 책을 부지런히 읽는 한 사람의 독자가 되어야 한다. 부지런한 책읽기 없이 맥락의 독서가 이루어질 까닭이 없으며, 맥락의 독서 없이 풍요로운 의미의 울림을 지닌 비평문을 쓴다는 것은 불가능한 일이다. 김수영과 황지우의 유사점과 차이점을 찾아내는 능력, 김영랑과 서정주의 정신적 교차점을 찾아내는 능력은 부지런한 책읽기가 만들어내는 맥락의 독서가 없다면 허황된 꿈에 지나지 않을 것이다.

  이런 점에서 유종호의 다음 글은 부지런한 책읽기 없이는 도저히 나올 수 없는 글이며, 우리 역시 부지런한 책읽기를 통해 습득한 안

목으로 인명과 단어에 함축된 의미, 행과 행 사이에 생략된 의미를 떠올리며 읽어야 할 글이다.

사하로프 같은 예외적 존재가 있기는 하나 동구권에서 사람의 얼굴을 한 체제를 외친 사람은 대개 인문적 문학 지식인들이었다. 오웰의 『1984년』과 같은 세계에서 정말로 필요한 존재는 인문적 지식인이다. 또 우리는 '아우슈비츠 이후'의 명제에 대해서도 재검토를 해야 할 것이다. 독일 민족의 음악성과 내면성 숭상이 정치적 폭력을 불러들인 내면의 길을 닦아놓았다는 토마스 만의 발언은 죄많은 민족의 일원이 토로한 반성과 회개의 목소리로서 경청할만한 것이다. 그렇지만 정신적 자유와 정치적 자유의 분리라는 루터적 이원론을 역사적으로 체험하지 않는, 또 깊은 내면성이라는 거역할 길 없는 유혹에 비교적 무연한 이탈리아에서 비슷한 정치적 야만주의가 위세를 떨친 것은 어떤 까닭에서인가?

조지 오웰의 『1984년』이 뻗어 올리는 전체주의 체제에 대한 비판, 특히 스탈린 체제에 대한 우의적 비판, 아우슈비츠의 학살 이후에도 과연 서정시가 쓰일 수 있느냐는 아도르노의 절규, 토마스 만의 독일 민족의 관념성과 내면성에 대한 통렬한 자기반성 등 위의 글을 제대로 이해하기 위해서는 구비하고 있어야 할 예비 지식이 상당히 많다. 이 점에 대해 혹자는 위의 글처럼 많은 지식을 요구하는 글이 반드시 훌륭한 글은 아니라는 주장으로 대응할지도 모르겠다. 물론 그렇다. 많은 지식이 반드시 훌륭한 글을 만들어주리라고 생각할 수는 없다. 그러나 문자의 역사가 말해주듯이 글을 쓰고 책을 읽을 수 있는 능력

자체가 지식의 습득이고 축적이며 전수이다. 그러므로 똑같은 말을 좀더 쉬운 말로 하느냐 어려운 말로 하느냐의 차이를 지적하는 것은 가능하겠지만 더 많은 지식을 이해하고 기억하고 전수하려는 인간의 의지와 노력을 멸시하는 것은 역사의 퇴행을 불러올 따름이다. 만약 우리가 동물과 구별되는 최소한의 지식마저 가지고 있지 못하다면 문화와 예술은 설 자리를 어디에서 찾을 수 있을 것인가? 아마도 그럴 경우 동물적인 행위만이 남는 세상이 펼쳐질 것이다. 우리가 일정한 수준의 지식을 사람들과 공유하지 못하면 인간다운 생활도 사람과 사람 사이의 교통도 장담할 수 없는 일이 되고 말 것이다. 하물며 비평이 문학 분야에 대한 특별한 전문적 향유 능력을 요구한다고 할 때 비평가가 부지런한 독서 없이 어떻게 아마추어와 구별되는 모습을 보여줄 수 있겠는가! 부지런한 책읽기를 통해 맥락의 독서를 체질화한 김현에 대해 김인환은 다음처럼 쓴 바가 있다.

김현은 맥락의 독서를 체질적으로 타고난 비평가이다. 하도 어려서부터 맥락을 읽는 데 습관을 붙여서 그가 텍스트 상호 관련성이라고 부른 맥락은 그의 몸의 일부가 되어 그의 피와 살처럼 그의 안에 살아서 움직인다. 그는 달마다 달마다 엄청나게 많은 책을 산다. 책방을 뒤지고 프랑스 신간 목록을 뒤져서 조금이라도 흥미있는 책이면 모조리 구입하는 것이 그의 취미이다. 그는 원고료로 책을 사는 희귀한 비평가이며, 이 세상에 있는 어떤 책도 그와 무관하지 않다고 믿는 위대한 독서가이다. 그를 만나서 이야기하다 보면 누구나 저도 모르게 문학의 지형학을 익히게 되고 한두 가지 글감을 얻게 된다. [······] 김현의 놀라운 지형학은 어렸을 때의 티없는 정열을 고스란히 간직하고 있는 삶의 태도에서 기인한다. 유년 시절에도 그는 책들을 통하여 삶의 지형을 구축하고 해체하고 다시 구축하곤 했다. 그것이 그의 유년의 놀이였고 쉰이 다된 지금도 그는 여전히 그 놀이에 골몰하고 있다.

우리는 김현이란 평론가를 이야기하는 김인환의 이 글에서 문득 다시 독고준에 겹쳐지는 그의 이미지를 읽는다. 『회색인』을 읽으면 김현이 책 읽는 모습이 떠오르고, 김현의 책 읽는 모습이 투영된 글을 읽으면 다시 독고준의 모습이 떠오른다. 그것들은 서로를 비춰주며 구체화시킨다. "나도 최인훈의 회색인에 가깝다. 나는 내 자신이 불행이고 결핍이다"라고 말하는 김현의 목소리는 바로 그 증거이다. 어디 김현뿐이겠는가? 유종호·김윤식·김우창·김병익 등 수많은 부지런한 독서인들의 얼굴이 독고준의 이미지와 겹쳐지고 갈라선다. 겹쳐지고 갈라서는 그 자리에는 한 편의 텍스트를 수많은 다른 텍스트들이 교차하는 정거장, 맥락의 그물코로 생각하며 책을 읽고 글을 쓰는 비평가들의 이미지가 어려 있다. 그래서 이들의 비평은 자연스럽게 텍스트의 맥락을 따라가면서 거기에 자신의 풍부하고 다채로운 독서 경험을 겹쳐놓은 비평, 곧 맥락의 비평이 된다. 맥락의 비평, 맥락의 책읽기에 대한 이들의 집착과 강도가 어느 정도인지는 뛰어난 다독가의 한 사람인 김윤식의 다음과 같은 글을 보면 잘 알 수 있다.

종래 현해탄을 사이에 둔 한·일 두 나라의 문학적인 관련 양상은 두 사람의 걸출한 매개적인 문인으로 말미암아 일방적으로 이룩되었었다. 『조선시집』으로 알려진 김소운과 「빛 속에서」로 아쿠다가와상 후보에 오른 김사량이 그들이다. 그러나 이 두 사람의 존재도 엄밀히 말해 문학적인 관련 양상이라 말해지기엔 미흡하다고 보아질 수가 있다. 〔……〕 이 계보는 전쟁 전엔 재일교포 문학의 상징 중 하나인 『현해탄』의 작가 김달수에 의해 이어졌던 것이다. 그 어느 쪽이나 식민지적 현실의 측면과 아울러 한국 쪽의 일방적인 외침의 문학이었음은 공통된 것이다. 간혹 일본인 중 『조선시집』이나 일본어로 쓴 한국인의 작품에 관심을 갖는 경우가 없지는 않으나 그러한 일은 어디까지나 예외적이자 비정상적인 취미에 지나지 않는다.

김윤식은 윤흥길이 나카가미 겐지라는 작가를 통해 일본에서 관심을 끌게 된 이유를 설명하기 위해 먼저 위와 같은 역사적 맥락을 더듬는다. 그러면서 언뜻 보기에 별 상관이 없어 보이는 양 국민들의 무의식 속에 놓인 가해자와 피해자 의식, 우월감과 열등감 의식 등이 윤흥길이 일본에서 이해되는 방식에 어떻게 작용하고 있는지를 치밀하게 가늠해나간다. 필자는 여기에서 이 예를 통해 역사적 맥락을 더듬는 것이 비평에서 반드시 필요하다고 말하려는 것도 아니며, 그러한 비평 작업이 훌륭한 비평 작업의 근거가 된다고 말하려는 것도 아닙니다. 필자가 여기에서 환기시키려는 것은 우리가 마땅히 기억해야 할 선배 비평가들 대부분은 나름의 개성으로 맥락의 비평을 체질화하고 있다는 사실이며, 그것이 그들의 글을 경박한 인상비평이나 무지한 재단비평으로 전락하지 않게 만들어주었다는 사실일 따름이다.

그런데 불행하게도 최근의 상당수 비평들은 비평의 전제 조건이며 기본적인 미덕이라 할 수 있는 이러한 맥락의 독서를 별로 중요하게 여기지 않고 있다. 비평은 그저 단순히 기능적인 작업이 되어서 일정한 목적에 봉사하거나 자신을 과시하는 수사적 언어로 전락해가고 있다. 그것은 왜일까? 그것은 필자가 보기에 외적으로는 글쓰기의 신성함, 글에 대한 존경심의 소멸 등과 관련이 있으며, 내적으로는 책읽기 자체에 대한 즐거움 없이 그저 일상적 직업으로 비평을 일삼는 생활과 관계가 있다.

90년대 초에 전투적 민중문학의 전위에 섰던 한 비평가는 메마른 언어를 관습적으로 사용하는 습관에 대해 이렇게 자기반성을 한 적이 있다. "기존의 민중문학론의 비평들이 거의 모든 민중문학 작품들에 대해 주로 '현실주의적 성취에는 이르지 못하고 있다'든가 '자연주의적 경향에 머물고 있다'는 따위의 비평적 언사를 마구잡이로 되풀이하고 있다는 점은 반성해볼 점이라고 여겨진다"라고. 문학의 존엄성과 글쓰기의 신성함에 대한 훼손은, 물론 문화 산업의 범람과 천박한 상업주의의 대두에 큰 이유가 있을 것이다. 동시에 앞의 말 속에 함축되어 있듯이 문학이 사회의 반영물임을 주장하면서, 그러한 말 속에 현실에 대한 문학의 열등의식을 숨기고 있었던 일부 비평가들에 의해 훼손된 것도 틀림없는 사실이다. 80년대의 급진적 비평들은 염무웅이 일찍이 1976년에 「시와 행동」이란 운동주론에서 제기했던 명제, 위대한 삶이 모두 자동적으로 위대한 시로 이어지는 것은 아니지만, 위대한 삶 없이 위대한 문학을 기대하는 것은 불가능하다고 했던 명제를 지극히 획일적인 방향으로 휘몰아갔다. 그러면서 그들은 염무웅의 말 속에 함축되어 있었던, 위대한 문학이 있음으로 말미암아 현실의 왜소함과 가난함을 견딜 수 있다는 의미를 거세해버렸다. 다시 말해 위대한 것은 오로지 현실이고 문학은 이 현실 앞에 무조건 모자를 벗어야 한다는 논리를 구축하면서, 문학이 만들어 보이는 독고준적인 측면, 비현실의 현실 때문에 우리가 살고 있는 현실이 부끄러워

보일 수 있다는 측면을 거세해버린 것이다. 다음과 같은 한 시인의 자백 같은 시는 그러한 위풍당당하고 위협적인 비평이 득세하는 문학적 풍토 속에서 나온 한탄이다.

밥도 희망도 되지 못한 시. 어둠을 까부수는 무기도 되지 못한 시. 숨막히는 공사판에서 가슴뼈가 부러지고 간이 찢겨 죽어가던 현의 말 못한 절규도 대신하지 못한 시. 펜을 놓고 차라리 사람답게 살기 위해 양심으로 행동해야 했다. 〔……〕 나는 시인이 아니라 살기 위해 일하는 사람이기 때문이다.

이 작품 속에 나타난 부끄러움은 현실을 따라잡지 못하는 시 따위를 쓰고 있는 것에 대한 부끄러움이며, "자신의 작품이 현실주의적 성취에 이르지 못하고 있다"는 부끄러움이다. 이 같은 부끄러운 자세 속에는 자신의 시를 다른 뛰어난 작품과 관계지으며 쓰고 다듬고 생각해볼 여유가 전혀 들어 있지 않다. 이 시인은 오로지 현실 속에서 양심적으로 행동하는 것이 가장 올바르게 사는 것이며, 그럴 때 과외 소득으로 자신의 시도 훌륭해지리라는 생각을 가지고 있을 따름이다. 80년대의 일부 비평은 이렇듯 문학을 맥락의 독서와는 거리가 먼, 직접적 현실의 등가물로 만들었다. 그렇게 만듦으로써 한편으로는 문학을 현실보다 더 재미없는 현실의 닮은꼴로 전락시키고 다른 한편으로는 문학의 독자성과 신성함의 의미 역시 상당 부분 훼손시킨 것이다.

3

　한국 비평을 최소한으로나마 맥락의 비평으로 만들어준 것은, 수많은 부정적 측면에도 불구하고, 전통적인 글쓰기의 방식이었다. 글쓰기와 사람을 동일시하는 우리 문학의 오랜 전통, 글쓰기보다 사람을 우위에 놓는 그 전통이 역설적이게도 우리 비평을 맥락의 비평으로 만들어주는 데 기여하고 있었다. 작품론을 항상 작가론으로 만들어버리는 우리 비평은 텍스트와 텍스트의 상호 관련성을 종종 무시하거나 격하시켜버리는 문제점에도 불구하고, 최소한 작가 중심의 개인사와 사회사의 맥락을 비평에 부여하는 미덕을 발휘하고 있었던 것이다.
　한국 문학은 오랫동안 이러한 글쓰기의 전통 속에 놓여 있었다. 누가 뭐라고 해도 한국 문학을 지배해온 분위기는, 텍스트는 바로 작가의 분신이거나 자식이라는 생각이었다. 『날개』의 주인공을 이상 자신으로 간주하고, 『영웅시대』에 담긴 가족사를 이문열 자신의 가족사로 여기는 것이 우리나라의 문학적 관습이었다. 작가를 알면 작품을 알 수 있다는 명제는, 유교로 상징되는 인문주의적 풍토의 압도적 영향 탓이겠지만, 우리들 모두의 내면 속에 저절로 교육되어 자리 잡고 있는 거역할 수 없는 명제였다. 글의 본질적 성격은 사람으로부터 우러나오는 것이라 규정되었고, 글이 지닌 장단점은 개인의 자질과 인품의 장단점으로 여겨졌다. 그래서 『홍길동전』의 저자로 알려진 허균의 글은 사람이 경박하기 때문에 글도 경박한 것으로 규정되었으며, 만해의 시는 그의 인품이 고매하고 행위가 위대하기 때문에 훌륭한 것으로 간주되었다. 허균이 저잣거리의 서자들과 어울리고 마침내 역모의 주동자로 몰려 처형된 것은 오랫동안 그 경박함의 증거였으며, 만해가 3·1 운동 후 감방에서 꿋꿋하게 버틴 것은 그 훌륭함의 증거였다.

이 같은 비평적 태도는 50년대 신비평 이론의 도입 이후 사람들의 글 속에서 조금씩 부정되고 있었으나, 정면으로 자신의 글쓰기를 그렇게 밀고 나간 경우는 거의 없었다. 신비평을 도입하는 데 앞장을 선 백철도, 신비평에 대한 주목할 만한 논문을 발표한 김윤식도, 신비평 이론으로 시를 분석하는 데 열중한 김용직도 본질적으로는 글과 사람은 같다고 생각한 사람들이었다. 이를테면 역사주의 비평의 문제점을 지적하고 시의 언어와 내적 구조를 분석하는 데 심혈을 기울였던 김용직의 글 속에도 항상 작품보다 작품을 쓴 인간에 대한 판단이 강력한 힘으로 먼저 작용하고 있었다.

이와 같은 전통 속에서 한국 문학은 저절로 자연스럽게 역사주의적이 될 수 있었다. 이육사의 시에 등장하는 "아이야 우리 식탁엔 은쟁반에/하이얀 모시 수건을 마련해두렴"과 같은, 시조의 종장을 닮은 구절은 당연히 양반적 기품과 교양을 지닌 이육사의 목소리로 이해되었으며, 따라서 그의 인간됨과 삶의 자세를 모르고서 그의 시를 이해하려 한다는 것은 어불성설이 되었다. 문학 작품을 작가 개인의 신상 문제에 대한, 특히 결혼·연애 등에 대한, 사적 호기심을 충족시키는 방식으로 읽는 상당수 독자들의 그릇된 독서 경향에도 불구하고, 한국 문학은 그 같은 전통 속에서 저절로 역사주의적 맥락을 견지할 수 있었다.

그런데 작가들을 중심으로 역사적 맥락을 읽어내는 이러한 비평 방식이 서구의 마르크시즘과 결합하면서, 이 자리에서는 의미와 기여보다는 맥락의 비평과 관계된 문제점만 이야기하자면, 최근 우리 비평은 동양의 인문주의적 전통에 담지된 총체적 인간 이해라는 의미를 버리고 '세계관'이라든가 '계급 의식'과 같은 협소한 인간 이해로 축소되기 시작했다. 아니, 작품의 경우 협소한 이해의 대상이 되었다기보다 판단을 내리고, 선고를 해야 할 대상으로 바뀌었다는 것이 더 옳을 것 같다. 비평가는 작가가 가진 세계관, 그의 허위의식, 그의 반동성을 밝혀내는 판관이 되었으며, 판단의 법률적 근거는 유물법증법에 의거한 역사 발전의 객관적 법칙이었고, 선고는 항상 프롤레타리아 의식이 충분하다, 충분하지 못하다는 말이 되었다. 비평가가 궁극적으로 판단을 내려야 할 일은 일찍이 박영희가 김팔봉에게 그렇게 했듯이, 문학도 총체적 인간도 아닌, 작가의 정치적·사회적 발언과 행동이 되어버린 것이다.

말하자면 시의 서정적 주체는 시 속에서 진술하는 방식과 언어를 통해서 세계에 대한 개성적인 정서적 반응과 태도를 드러내며, 결과적으로 그 자신의 계급성과 객관적인 본질까지도 드러내게 된다고 할 수 있는 것이다.

마르크시즘의 강력한 세례를 받은 이런 비평문에서 짐작할 수 있듯이 글은 곧 사람일 뿐만 아니라 그의 '계급성과 객관적 본질'을 보여주는 증거물로 간주된다. 그리하여 이 비평가는 작품을 이해하고 느끼고 생각하기 위해서 읽는 것이 아니라 "계급성과 객관적인 본질"—'객관적 본질'이란 말처럼 위엄과 권위를 가진, 그러면서도 한없이 불투명한 말은 없다—을 파헤치기 위한 자료로 읽을 따름이다. 그런데 만약 시 작품의 표면적 진술과 이면적 의미 사이에 복잡한 함축성이 있어서 비평가의 판단을 어렵게 만든다면 어떻게 하는가? 말과 의미의 울림에 대해, 그것들이 만들어내는 정서의 미묘한 심미적 파장을 향유할 것인가, 아니면 그것을 우유부단함과 기회주의적 태도를 보여주는 자료로 써먹을 것인가? 복잡하게 고민할 필요가 없다. 왜냐하면 비평은 더 이상 소리와 의미와 정서의 맥락을 따라가며 공감하고 고민하는 작업, 그럼으로써 나와 타인과 세계를 생각하게 만드는 작업이 아니라, 일정한 이론적 틀에 맞추어 작품을 해부한 후 엄숙한 선고를 내리는 작업이기 때문이다. 이를테면 다음과 같은 선고가 그 한 예이다.

어쨌든 무기로서의 문학에 대한 주장을 단순 논리로 보는 김영현의 입장은 남한의 노동자 및 민중에게 역사적 과업으로 알려진 투쟁의 진정한 의미를 보지 못하고 그 투쟁을 바깥쪽에서 바라보고 있는 자의 입장이다. 문학은 무기다라는 명제를 문학을 단순화하는 것으로 보는 사람은 김영현이거나 아니면 다른 자유주의적 문학가들이지 노동자와 민중의 입장에서 활동하는 문학가들이 아니다.

이 같은 결론은 맥락의 비평이라는 이 글의 취지에서 볼 때 지나치게 도식적이고 단순하다. 1920년대의 프로문학 비평에서부터 숱하게 반복되어온 관용적 말투를 반복할 따름이다. 반복은 틀을 만들고, 틀은 사고의 경직화를 불러온다. 위의 글 속에 숨어 있는, 반대되는 입장을 허용하지 않으려는 자세가 그렇다. 마르크시즘 비평 역시 하나의 패러다임일 따름이라는 생각을 위의 글은 조금도 보여주지 않는다. 자신의 비평적 자세가 '객관적 진리'에 기초해 있다는 믿음, 그 전체주의적 태도는 오로지 하나의 맥락만을 인정하려는 반 맥락적인 비평 태도이다.

4

비평은 작품 해설인가, 자기 신념의 연설장인가, 아니면 잔칫집의 식객인가? 최근의 비평에는 그 정체성을 가늠하기 힘든 글들이 너무도 많다. 한편에는 마치 중 고등학교의 참고서처럼 작품의 줄거리를 요약하고, 도식적으로 플롯을 분석하고, 인물과 인물과의 관계를 평면적으로 설명해놓은 비평이 있다. 다른 편에는 작품과는 아무 상관없이 자신의 주장만을 역설하는 비평이 있다. 어떤 작품을 앞에 놓아도 똑같은 어조로 똑같은 결론을 내릴 태세를 확고하게 갖추고 있는 비평, 작품을 오로지 자신의 주장을 펼치기 위한 단순한 예에 불과한 것으로 전락시킨 비평이 있다. 그리고 이 둘과 다른 쪽에는 이곳저곳을 기웃거리며 적당히 좋은 말만 늘어놓는 비평이 있다. 상가에 가서 울어주는 사람처럼, 잔칫집에 가서 즐겁게 놀아주는 사람처럼 그렇게 글을 쓰는 비평이 있다.

그래서 비평은 재미가 없으며, 시집이나 소설집 뒤에 붙어서 곁다리로 생명을 유지해가는 존재로 점점 전락해가고 있다. 무미건조한 설명을 듣기보다는 작품을 직접 읽는 것이 훨씬 재미있고, 자신의 신념만을 외치는 유세장에 서 있기보다는 사회과학 서적을 읽는 것이 훨씬 효율적인데 왜 비평을 읽겠는가!

따라서 우리는 비평 자체를 읽을 만한 독자적 장르로 만드는 비평,

독자적인 문체와 작품 분석으로 비평 자체가 또 하나의 작품이 될 수 있는 비평을 만들어야 한다. 그러기 위해서 우리 비평은 다른 무엇보다 먼저 맥락의 비평으로 돌아갈 필요가 있다. 작품 속에 등장하는 하나의 단어나 구절의 의미에서부터 작품 전체의 의미에 이르기까지 그것들에 겹쳐진 풍요로운 문학적·개인적·사회적 의미들을 읽고, 중요한 것과 중요하지 않은 것을 가려낼 수 있는, 맥락의 독서를 전제로 한 비평으로 돌아갈 필요가 있다. 맥락의 비평은 부지런한 독서와 뛰어난 재구성의 능력을 전제로 한다는 점에서 몹시 어려운 일이지만, 그러나 요즘처럼 정서의 울림이 없는 메마른 비평계를 기름진 풍토로 만들기 위해서는 반드시 필요한 일이다. 그리하여 우리 비평은 작품과 한 몸체가 되어 작품보다 더 싱싱하게 넝쿨을 사방으로 뻗을 수 있는 유연한 가변성, 충분한 맥락의 부피를 갖춘 생명체로 거듭 태어나야 한다. 〔1996〕

공허한 언어와 의미 있는 언어

1

　우리나라의 문인 주소록에서 평론가들이 차지하는 페이지는 그리 많지 않다. 압도적 다수를 차지하는 시인과 소설가의 숫자, 5000명을 상회하는 시인이나 1000명을 상회하는 소설가의 숫자와 비교할 때 평론가의 숫자는 그 이십분의 일이나 오분의 일도 채 못되는 숫자이다. 그러나 이러한 수치는 어디까지나 상대적인 것이다. 이런 상대적 수치를 벗어나 평론가 수의 증감만을 별도로 살펴보면 80년대 이후 놀라울 정도로 그 수가 늘어난 결과에 마주치게 된다. 현재 우리나라의 평론가 숫자는 약 300여 명에 달하며 그 숫자의 절반 이상이 대체로 80년대 이후에 활동하기 시작한 사람들이기 때문이다. 더구나 여기에 연구적인 글인지 평론적인 글인지 그 경계를 쉽게 가늠하기 어려운 글을 생산해내는 사람들, 특히 국문학계에서 자신의 연구작업을 언제든지 현장 비평으로 옮겨갈 태세가 되어 있는 현대문학

전공자들(구체적인 예로 최근 『1960년대 문학연구』라는 책을 내놓은 민족문학사 연구소 현대문학분과의 회원들은 그 대부분이 '비평가 예비군'이라고 불러도 될 사람들이다)까지를 보탠다면 그 숫자가 얼마나 될지 정확히 가늠하기 어려울 지경이다.

 이런 사정이 가능하게 만든 결과이겠지만, 필자가 최근 조사해 본 바에 의하면, 우리나라에서 연간 출간되어 나오는 순수 평론집의 숫자는 약 50여 권에 달하며, 여기에 그 성격이 연구서와 평론집의 중간쯤에 놓이는 애매한 책들까지 합치면 그 총합은 150권을 훨씬 상회하고 있다. 이런 수치는, 가령 1945년까지의 상황을 두고 생각해볼 때, 그 이전에 나온 평론집이라고 해야 고작 임화의 『문학의 논리』와 최재서의 『문학과 지성』 두 권 정도 밖에 기억하고 있지 못한 우리에게는, 놀라운 일이 아닐 수 없다. 해방 이전 몇십 년 동안에 나온 평론집 숫자보다 지난 1년 동안에 간행된 평론집 숫자가 50배 이상일 수 있다는 사실! 이것은 분명히 놀라운 일이다. 해방 이후 평론가의 숫자는 우리나라의 인구가 불어난 속도보다 몇 배나 빠른 속도로 늘어났으며 평론집의 간행은 평론가의 숫자 증가보다 더 빠른 속도로 늘어난 것이다.

 그렇다면 이 사이에 우리나라의 평론은 놀랄만한 양적 팽창에 상응하는 질적 성장 역시 이룩한 것일까? 평론가들의 숫자와 평론집의 출간이 늘어난 만큼 평론의 질적 수준도 1945년 이전보다 몇 배 혹은 몇십 배 이상 높아진 것일까? 질적 수준의 향상이 반드시 양적 팽창에 비례하는 것도 아니고, 또 질적인 성장은 쉽게 계량적 수치로 환산해낼 수 없는 일이어서 단언하기는 어렵지만 결과는 그렇지 않다고 생각한다.

필자는 앞에서 80년대 이후 평론가들의 수가 급격히 늘어났다고
말했는데 이 사정은 좀더 자세히 설명해둘 필요가 있을 것 같다. 주
지하다시피 80년에 주요 계간지가 강제 폐간되고, 무크지가 계간지
의 역할을 대신하기 시작하면서 등단의 까다로운 절차를 무시하는 분
위기가 당시의 젊은 세대들을 중심으로 조성되었다. 그 결과 제도화
된 등단 절차를 거치지 않고 시인, 소설가, 혹은 평론가로 활동하는
사람 수가 급속히 많아졌으며, 당시 언론·출판에 가해졌던 폭력적인
탄압으로 인해 체제 비판적인 입장에 서 있던 대부분의 지식인들과
진보적인 출판사들은 그같은 분위기를 묵시적이건 명시적이건 지지
해주었다. 더구나 80년대 초, 젊은 세대들은 폐간되지 않은 공식 매
체를 통해 등단하는 데에 갈등과 부끄러움을 느끼고 있었기 때문에
그러한 경향은 더욱 증폭되었다. 80년대에 들어서면서 평론가들의
숫자가 대폭 늘어난 것은 이러한 상황 속에서였다.

그런데 지금 돌이켜보면 모든 새로운 운동과 경향이 그렇듯이 80년
대의 그 같은 분위기 역시 체제 안주적인 기왕의 권위에 대한 도전과
사회적 금기를 넘어서는 용기 있는 비평 담론의 생산이라는 긍정적
측면에 못지않게 비평의 아마추어리즘화, 정련되지 못한 비평의 양산
이라는 부정적 측면 또한 지니고 있었다. 그리고 우리는 90년대에 들
어서면서 문화 산업의 경쟁적 활성화가 비평의 아마추어리즘화에 더
욱 부채질을 가하는 현실과 우후죽순으로 생긴 문예창작과에서 평론
가란 레테르를 가진 박사 학위 소지자를 요구하는 현실에 직면하게
된다. 평론가 자신은 비록 스타가 아니지만 소설가라는 스타를 무대
에 올리기 위한 분장사 혹은 스타를 알아보고 골라내서 키워주는 매
니저 역할 때문에 꼭 필요한 존재였으며, 이 점에서 90년대의 문화

산업과 아마추어 비평은 쉽게 만날 수 있었다. 문화 산업의 시장 경쟁 체제 속에서 상당수의 비평이 수요에 따른 시장 생산의 한 매커니즘으로 전락하기 시작한 것이다.

그런데 사람이 여럿 모이면 온갖 종류의 사람들이 나오듯이 평론가도 그 숫자가 많아지면 부류가 다양해진다. 그리하여 문체와 이념, 기질과 인품, 사고방식과 논리 전개 등에서 자신의 고유한 빛깔과 목소리를 가진 여러 부류가 나타난다면 반가운 일이 아닐 수 없다. 쥐 죽은 듯 고요한 곳에서보다는 무언가 떠들썩한 곳에서 그래도 볼만한 것이 나온다는 경험의 법칙에 의거할 때 다양한 부류의 질 좋은 글과 질 낮은 글이 함께 경쟁하는 풍토는 비평의 발전을 위해 바람직한 일이다. 그렇지만 자본주의 체제의 현실이 양적 가치와 질적 가치의 사이좋은 비례관계에 의해 움직이기보다는 전자가 후자를 깔아뭉개는 경우가 많듯이 비평 역시 마찬가지 모습으로 움직일 때가 있다는 사실을 우리는 인정해야 한다. 시장에 널린 상품들에 겉모양만 번드레한 상품, 볼품없어도 쓸만한 데가 있는 상품, 모양도 내용도 별 볼일 없는 저질 싸구려 상품 등이 있고, 저질 싸구려 상품에 가까울수록 비정상적인 요란한 방법으로 손님의 주목을 끌려고 하듯이 비평계도 시장판처럼 사람이 많아지고 떠들썩해지면 그럴 가능성이 충분히 있는 것이다.

그렇다면 이럴 때 독자들은 어떻게 해야 하는가? 양식 있는 독자들이라면 당연히 소비자로서의 권리와 의무를 행사할 것이다. 우리 사회에 소비자보호운동이 있듯이 평론 시장에서도 그 수준과 논리와 가치를 따져서 불량품인지 아닌지를 가려내는 작업이 필요한 것이다. 다시 말해 자신의 정신세계를 건강하게 유지하기 위한 방법을 찾을 것이다. 필자의 이 글은 이런 점에서 평론 소비자의 한 사람으로서 행사하는 조그만 권리와 의무라고 할 수 있다.

2

비평이 보여주어야 할 것은 가능한 해석이지 유일한 해석이 아니다. 여기서 '가능한 해석'이라는 말은 비평이 아무렇게나 작품을 규정하고 해석해서도 안되지만 자신의 해석만이 절대적 가치를 지닌 것이라는 독단에 빠져서도 안된다는 것을 뜻한다. 비평은 적어도 외형적으로는 논리적인 글이고 논리적인 글인 만치 설득력이 있어야 한다. 동시에 대상으로 삼는 작품을 구속하는 것이 아니라 자유롭게 만드는 '가능한' 논리적인 해석이어야 한다.

비평이 '가능한' 논리적 해석이 되기 위해 비평가에게 가장 우선적으로 필요한 것은, 이미 상식이 된 이야기이지만, 작품을 치밀하게 읽는 습관이다. 작품에 근거하지 않은 비평은 아무리 그럴듯한 논리를 전개해도 결국은 자신만의 공허한 망상이며, 아무리 치밀하게 논리를 구성해놓아도 결국은 도루묵이 되어버리는 까닭이다. 그리고 다음으로 필요한 것은 상식과 교양의 힘이다. 그 힘이 작용해야 비평적 해석은 어렵고 복잡한 공부가 아니라 쉽고 편안한 이야기가 될 수 있다. 이를테면 우리나라의 평론가들 중 상당수는 글을 쓰기 시작하면 습관처럼 외국의 이런저런 이론가들 이름을 첫머리에 들먹여야 안심을 하는 버릇을 가지고 있는데 그것은 좋은 버릇이 아니다. 더구나 상식과 교양에 의거해서 충분히 설명을 할 수 있는 문제를 그렇게 다루었다면 그야말로 텅빈 수레가 내는 요란한 소리이거나 기껏해야 태산명동에 서일필일 따름이고, 그렇지 않다고 하더라도 이론을 체화해서 작품분석에 적용하면 그만이지 자신도 잘 모르는 이론을 날것으로 장황하게 늘어놓아서 독자들을 골치 아프게 만들 필요까지는 없는 것이다. 필자는 그러므로 어떤 종류의 비평에나 기본적으로 요구되는 것은 건전한 상식과 교양이며 이것들에 근거한 판단이라고 생각한다. 해석은 반드시 상식과 교양을 배반하지 않아야 한다. 그래야만 비평은 독자를 향해 올바르게 열려 있을 수 있으며, 독자를 향해 열려 있어야 공허한 언어로 전락하지 않는다. 기발하고 독창적인 비평, 진정으로 의미 있는 비평은 상식과 교양을 떠나서 성립되는 것이 아니라 그것들 위에 튼튼히 자리 잡을 때 비로소 쓰이는 것이다. 예컨대 다음과 같은 비평은 작품을 성실하게 읽으려고 상당히 노력한 경우지만 그럼에도 어딘가 치밀성과 상식의 충분한 발휘가 결여되었기 때문에 문제점을 노출하고 있는 경우이다.

이 시는 1923년 『신천지(新天地)』에 발표되었던 작품이다. 인용시는 민요적 율격이 두드러질 뿐만 아니라 반복에 따른 의미 변화라든지 간접화된 정감의 처리가 뛰어나 소월시를 대표한다. 온다-오누나-올지라도-왔으면과 같이 연속된 '오'음은 독자의 관심을 계속해서 내리는 '비'와, 다음 연의 '온다/간다'라는 서술어에 매어두게끔 한다. 게다가 '온다고 했지,' '간다고 했지'라는 서술에 의해 독자는 비가 아닌 '누군가'를 상정하게 되고 나아가 이별의 상황까지를 떠올리게 된다. 그래서 내리는 비는 부재 혹은 기다림과 동의어가 되고, 역설적으로 시인은 '한닷새 왔으면 좋지'라고 얘기한다. 그러한 복잡한 상황과 심정은 곧 '왕십

리'라는 지명으로 수렴된다. (정끝별, 『패러디 시학』, pp. 298~99)

이 예문은 김소월의「왕십리(往十里)」라는 작품에 대한 설명인데 필자는 "가도가도 왕십리(往十里) 비가 오네"라는 구절에 대해 좀더 깊이 생각해 볼 필요가 있었다고 생각한다. 왜 가도가도 왕십리인가? 지리상의 왕십리는 그럴 이유가 없다. 걸어도 몇십 분이면 벗어날 수 있는 곳이다. 그런데도 이 시의 화자가 그렇게 말하는 이유는 무엇일까? 여기에는 상식이 필요하다. 설화에서 무학대사의 왕십리는 십 리만 더 가면 궁궐터가 나온다는 말이었다. 목적지는 십 리 밖에 분명히 기다리고 있었고 그것으로 문제가 해결됐다. 그러나 이 시의 화자에겐 그런 보장이 없다. 그래서 "가도가도 왕십리"이며, 그가 가는 곳엔 개인 날이 없이 언제나 비(비로 상징되는 어떤 것)가 내리고 또 내린다. 그러므로 "한닷새 왔으면 좋지"라는 말은 "내리는 비는 부재 혹은 기다림과 동의어가 되고, 역설적으로" 기다리는 심정의 표현이 아니라 닷새쯤만 내리고 그만 그치면 좋겠다는 의미이다. 그 정도라면 그래도 견딜 수 있을 텐데, "여드레 스무날엔 오고" "초하루 삭망이면 간다고" 했는데 이 놈의 비는 그렇지 않다. "온다-오누나-올지라도"의 운율로 이어지는 이 지리한 장마, 다시 말해 "가도 가도 왕십리"일 따름인 것이다. 그런 상황이니 화자는 자기 옆에서 자신을 더욱 처량하게 만드는 새를 보고 아니 스스로를 다그치기 위해 "웬걸, 저 새야/울랴거든/왕십리 건너가서 울어나다고"라고 말할 수 밖에 없었을 것이다.

이렇듯 우리는 치밀한 독서와 충분한 상식을 바탕으로 작품을 설명할 때만이 무리한 해석, 자의적 해석을 예방할 수 있다. 제대로 기본기가 갖추어진 평론이 되기 위해 필요한 것은 거창한 이론이 아니라 성실한 독서와 상식의 발휘이며, 이것이 바로 비평의 첫걸음이라는 것을 다시 확인할 수 있다. 이야기가 나온 김에 풍부한 교양, 풍부한 독서가 문학 작품을 비평하는 데에 어떻게 기여할 수 있는지를 구체적 예를 들어 한마디 더 하기로 하자. 우리나라 사람들에게 가장 널리 알려진 시 중의 하나에 정지용의 「향수(鄕愁)」가 있지만, 그럼에도 필자는 어디에서도 이 시가 얼마나 자연스럽게 동양의 고전적 작품들을 차용하고 있는지 지적하는 글을 보지 못했다. 이 시 속에는 『시경』·당시·송사 등 동양의 고전에서 차용한 구절들이 전혀 표나지 않게 들어 있다. 구체적 예를 하나만 든다면 "하늘에는 성근 별/알 수도 없는 모래성으로 발을 옮기고/서리 까마귀 우지짖고 지나가는 초라한 지붕"이란 구절의 경우 조조의 「단가행(短歌行)」에 나오는 "달이 밝으니 별이 드물고 까마귀와 까치는 남쪽으로 날아가니 숲을 세 바퀴 돌아도 의지 할 가지가 없네(月明星稀 烏鵲南飛 繞樹三匝 何枝可依)"라는 구절을 절묘하게 변용시키고 있는 것이다. 이 뿐만이 아니다. 정지용의 대표작에 속하는 편지투 형식의 시 「오월소식(五月消息)」에서 "어린 나그네 꿈이 시시로 파랑새가 되어 오려니"라는 구절에 나오는 '파랑새'는 그냥 파랑새가 귀엽고 가냘프고 사랑스러워서 등장시킨 것이 아니다. 여기에는 『산해경』에서부터 당나라 이상은의 「무제(無題)」라는 시에 이르는 동양의 문학전통에 대한 정지용의 교양이 깔려 있다. 설화 속의 서왕모(西王母)가 부리는 청조(靑鳥), 동방삭과 관계된 이 청조는 소식을 전해주는 새로서 이상은에 의해 일찍이 "봉래산까지 먼길이 아니거니/파랑새야 나를 위해 은근히 그를 찾아가 보라(蓬萊此去無多路 靑鳥慇懃爲探看)"는 식으로 노래된

적이 있는 새인 것이다. 따라서 좋은 시가 지니고 있는 좋은 점들, 다른 작품들을 향해 열린 수많은 연상과 환기의 통로 들을 올바르게 읽어내기 위해서는 풍부한 교양이 필요하다. 교양의 힘이 싱싱하게 살아서 움직이는, 근거 있는 비평적 해석을 가능하게 만들어 주는 한편 독단적 해석을 예방해주는 까닭이다.

이제 한 걸음 더 나아가 비평이 지녀야 할 논리성의 문제를 생각해 보기로 하자. 어떤 의미에서 비평은 자의적 해석의 체계이며 그렇기 때문에 해석의 자유가 보장되는 분야라고 할 수 있다. 그러나 비평이 자의적 해석의 체계라고 말할 때의 자의성은 해석하는 이론, 작품분석의 바탕을 이루는 설명의 체계를 자유롭게 선택할 수 있다는 뜻이지 해석 자체가 그릇된 사실에 기초하거나 비논리적이 되어도 좋다는 의미는 아니다. 그럼에도 우리나라에서 현재 생산되는 비평에는 그야말로 자의적인 비평들이 상당수 있다. 물론 이런 현상은 평론가라는 타이틀을 붙이는 것이 개인의 자유가 되어버린 지금, 비평에 대한 신뢰가 평론가라는 이름으로부터 전혀 확보되지 못하는 현실과도 무관하지 않을 것이다.

비평은 자의적 해석의 체계이지만 동시에 앞에서 되풀이해 강조했듯이 '가능한 해석의 체계'이다. 비평이 가능한 해석이란 말은 불가능하거나 오류를 저지를 가능성이 있는 해석은 삼가야 한다는 말이다. 그렇다면 비평은 어떤 경우에 논리성을 상실하게 되는 것일까? 그것은 대체로 잘못된 전제나 개념으로부터 출발할 때 혹은 한 편의 글 속에서 의미나 개념의 일관성을 상실할 때 그렇다. 후자의 경우를 좀더 부연해서 설명한다면 비평적 담론은, 다루는 작품을 포함해서, 그 자체 안에서는 일관된 의미와 개념을 지닌 단어와 문장들로 구성되어야 하는데, 그렇지 못한 경우 논리성을 상실하는 것이다. 작품이 표현하는 의미와 개념 그리고 비평가가 사용하는 의미와 개념 사이에 편차를 드러내는 일이 벌어지면 그 비평은 논리성을 상실하고 설득력을 잃어버리는 것이다. 윤지관의 「민족문학에 떠도는 모더니즘의 유령」이라는 글에 나오는 다음 대목은 바로 이 경우에 속한다.

그러나 필자가 말하고자 하는 것은 모더니즘이 중요치 않다거나 부정되어야 한다는 것이 아니라 다만 한국 문학에서 모더니즘의 빈곤과 리얼리즘의 성세가 동전의 양면을 이루고 있는 현상 자체를 객관적으로 보자는 것이다. 이런 판단이 자의적인 것이 아님은, 필자와는 반대로 리얼리즘이나 민족문학과는 거리를 두어 왔을 뿐 아니라 90년대 국면에서의 그 시효 상실을 믿고 있는 한 비중 있는 비평가도 견해를 함께하는 것을 보아도 알 수 있다. 앞에서 거론한 글에서 김병익은 지금까지의 한국 문학의 성과를 개괄적으로 짚어보는 가운데, "그러고 보면 70년대 이후의 우리의 대표작들 대부분은 어떤 수식어로 제한적 규정을 가하든지간에, 넓은 의미에서의 리얼리즘의 전통에 실려 있는" 것들이라고 정리한다. 이러한 관찰의 정당성을 인정함과 아울러, 식민지 시대를 포함하여 70년대 이전이라도 한국 문학에서 넓은 의미의 리얼리즘이 중심을 이루고 있다는 판단이 크게 그릇된 것이 아니라면, 모더니즘의 빈곤이 한국 문학의 또 다른 특성임은 분명히 드러난다. (『창작과비평』, 1997년 가을, p.264)

이 글은 먼저 "한국 문학에서 모더니즘의 빈곤과 리얼리즘의 성세가 동전의 양면을 이룬다"는 잘못된 전제에서부터 출발하고 있다. 이러한 전제는, 필자가 보기에 리얼리즘과 모더니즘이라는 이분법적 구분부터가 적절하지 못한 것이지만 이 점을 용인한다 해도, 적어도 한국 문학에 잘 들어 맞지 않는 명제이다. 이 사실은 가령 우리의 1930년대를 상기해보면 자명해진다. 이 시기는 염상섭의『삼대』, 이기영의『고향』등 이미 리얼리즘의 고전이라고 평가하는 작품들이 산출된 시기이면서 동시에 이상의『날개』, 박태원의『천변풍경』등으로 이어지는 다양한 유형의 모더니즘적 작품이 산출된 시기이기도 하기 때문이다.

또 이 글은 논리학에서 한 개의 삼단논법이 둘 이상의 의미로 주개념을 사용해서는 안된다고 주의할 때의 바로 그 '둘 이상의 의미' 사용이라는 오류를 범하고 있다. 1930년대에 일본은 중국을 침략하면서 이런 식의 논리를 만든 적이 있다. "세계 모든 나라는 평화를 위한 노력을 지지해야 한다. 그런데 지금 우리 일본은 중국에서 평화를 정착시키기 위한 활동을 하고 있다. 그러므로 세계의 모든 나라는 우리의 평화 활동을 지지해야 한다"라는. 그러나 조금만 주의해 보면 이때의 '평화'라는 말은 '침략'이라는 의미의 다른 말에 지나지 않는다는 것을 우리는 금방 알아차릴 수가 있다. 이처럼 위의 글에서도 마찬가지 방식의 의미 전용이 '리얼리즘'이라는 말에서 일어나고 있다. 김병익이 '어떤 수식어로 제한을 가하든지 간에 넓은 의미의 리얼리즘'이라고 했을 때 리얼리즘에는 모더니즘적인 부분 거의 모두가 포함된다. 그렇지만 이것을 윤지관이 받아서 사용할 때에는 모더니즘은 완전히 삭제되어버리고 자기가 주장하는 식의 리얼리즘으로 변형되었기 때문에 같은 말이면서도 그 의미는 전혀 달라져 버린 것이다.

리얼리즘 시란 결국 '지공무사'의 심정으로 사물을 보고 사람들의 관계를 살펴 다양한 현실 중에 핵심적 사항을 통해 세상과 삶의 이치를 깨닫고 그 깨달음으로 보다 나은 세상을 건설하는 일에 기여하는 것이리라는 것. 그러기에 그것은 단순히 창작방법론이 아니라 창작원론이며 동시에 창작의 정신이라는 것. (『시와 사람』, 1997년 여름, p.89)

시에 있어서 리얼리티를 거칠게 정의하자면 시의 성패를 가늠하는 미학적 규준이요, 그것의 형상적 완성이야 말로 리얼리즘 시의 최고 이상이다. 또한 그것은 당대 현실 속에서 가장 근원적인 모순의 형상으로 드러나며 또한 당대 현실을 지양, 새롭게 나아가야 할 지향점으로 나타나기도 한다. 달리 말하면 시대정신의 형상적 제시로도 나타나고 그 시대정신을 구성하는 구체적인 소재의 형상으로도 나타나는 것이다.(같은 책, p.91)

앞에서 본 윤지관의 경우가 '리얼리즘'이란 말을 너무 자기식으로 제한하면서 타인의 용어를 자신에게 무리하게 맞춘 경우라면 위에 인용한 강형철의 경우는 리얼리즘의 의미를 지나치게 확대해 놓아서 사실상 거의 아무런 의미가 없게 되어버린 경우라 할 수 있다. 강형철은 "리얼리즘 시란 결국 '지공무사'의 심정으로 사물을 보고 사람들의 관계를 살펴 다양한 현실 중에 핵심적 사항을 통해 세상과 삶의 이치를 깨닫고 그 깨달음으로 보다 나은 세상을 건설하는 일에 기여하는 것이리라는 것"이라는 정의를 하고 있는데 사실상 이 같은 추상적 정의는 구체적으로 리얼리즘 시와 리얼리즘 시가 아닌 것의 구별에 아무런 기여를 하지 못한다. 리얼리즘 시에 대해서가 아니라 그냥 "나는 시란 이런 것이라 생각한다"라는 사견을 제출해놓은 것처럼 보이는 이러한 추상적이고 비합리적인 주장은 그 다음의 리얼리티에 대한 설명으로 계속 이어진다. 가령 "그것은 당대 현실 속에서 가장 근원적인 모순의 형상으로 드러나며 또한 당대 현실을 지양, 새롭게 나아가야 할 지향점으로 나타나기도 한다. 달리 말하면 시대정신의 형상적 제시로도 나타나고 그 시대정신을 구성하는 구체적인 소재의 형상으로도 나타나는 것이다"라는 주장이 그렇다. 여기에서 '현실,' '모순,' '시대정신' 등의 용어는 다시 재정의 되어야만 하는 추상적 용어들이며 그것들을 어떻게 정의하느냐에 따라 리얼리즘도 모더니즘도 그 밖의 것도 모두 포함될 수 있는 주장이 되어버리는 까닭이다.

다시 한 번 말하지만 비평은 가능한 논리적 해석이다. 비평은 시도 아니며 소설도 아니다. 그렇기 때문에 비평적 담론에서 펼치는 주장은 질서가 있어야 하며, 그 질서는 문장의 질서로 나타나야 한다. 널뛰듯 제멋대로 비약하는 문장, 아무렇게나 이 이야기 저 이야기를 툭툭 던지는 글은 비평적인 문장이 아니다. 이런 점에서 신철하의 "출판 자본과 작가"라는 다음 글에 나타난 문제들은 앞에서 예로 든 글들에서처럼 우연히 나타날 수 있는 실수, 평론가들이 부지불식 간에 저지를 수 있는 실수가 아니라 비평의 ABC가 제대로 갖추어지지 않은 데에서 나온, 총체적 난맥상이라고 할 수 있다.

우리는 여기서 문화인들이 공모한 우리 문학의 경박스런 현실에 되풀이 탄식한다. 그 탄식에는 다른 어떤 가능성을 생각하기 어려운 절망적 감상이 밑자리하고 있다. 우리 시대를 여전히 이끌고 있는 한 정치인(김종필)은 개발시대에 대한 감회에 젖어, 입버릇처럼 그 개발과 경제적 부의 축적이 정치의 민주화, 삶의 양과 질의 전체적인 향상을 가져왔다고 확신처럼 홍보하고 있다. 그의 양심과 통찰과 인간됨을 전혀 모르고 있는 나로서는 그러나 그의 말에 파시즘적 논리가 음험하게 숨어 있으며, 결과만 좋으면 과정은 무시되어도 좋다는 결과만능주의로 받아들일 수밖에 없다. 문학은 그 음험한 반인간주의적 논리에 거슬러서 성찰하는 것을 사명으로 한다. 우리 문학이 지금 무엇을 해야 한다고 한다면 바로 이 경박성과 반인간주의에 대한 저항의 싸움이어야 할 것이다. 사실 백민석과 김영하의 텍스트가 흔히 말하는 하이퍼리얼리즘(hyper realism)에 가깝고, 신경숙과 윤대녕의 문학적 아름다움이 존재론적 그것에 대한 치열한 내면의 싸움의식이라고 말할 수도 있지만, 전체적으로는 우리의 이 경박성과 반인간주의에 대한 저항의식으로부터 거리를 둔 그것일 수도 있다는 점에서 작가의식의 진정성을 문제삼을 수도 있을 것이다. 내면으로의 침잠이나 포스트 담론이 싸움의식의 포기를 전제로 해야 하는 것은 아닐 것이다. 그렇다면 분명 우리 시대의 작가들이 보여주는 의식의 나태성과 안이함에 비평은 문제를 제기해야 함이 옳다. (『실천문학』, 1998년 봄, pp.86~87)

필자는 이 글을 겨우 이 대목까지만 간신히 읽고는 덮어버린다. 더 이상 읽기가 싫다. 그리고 그 이유를 분석해 본다. 답답한 보수주의자는 대책이 없어도 위험하지는 않지만 이처럼 논리적 근거 없이 마구 자기 주장만 펼치는 진보주의자가 답답한 보수주의자보다 훨씬 더 대책이 없다는 생각 때문일까? 신철하의 이 글은 첫머리를 이렇게 시작하고 있었다. "글을 쓰고 있는 1997년 12월 22일은 한 해 중 밤의 길이가 가장 길다는 동지(冬至)이다. 낮보다는 밤이 더 오랜 시간 지속된다는 것만으로도 우리의 마음은 말할 수 없이 무겁고 침울하다"라고. 사정이 짐작되지 못하는 바 아니지만 그것은 어디까지나 세상이란 텍스트를 감안했을 때의 일이고 글 자체만으로 보았을 때 뜬금없이 나온 이런 주장을 노발리스 같은 사람이 읽었다면 정말로 불쾌했을 것이다. 그는 몽환 속에서 죽은 애인을 만나는 즐거움 때문에 밤이 새는 것을 바라지 않았던 사람이니까 말이다. 어쨌건 신철하의 비평은 이런 식이다. 어디로 튈지 모르는 공처럼 이 문장 저 문장이 사방으로 뿔뿔이 달아나려 하고 있으며, 달아나는 개별적 문장마저 문장 자체가 거의 비문에 가까워서 어느 방향인지를 가늠하기가 쉽지 않다. 위의 예문만으로 볼 때 "문화인들이 공모한 우리 문학의 경박스런 현실"에 대한 탄식의 문장이 먼저 한 방향으로 튀고, 그 탄식의 옆에서 절망이 어딘가로 튀고, 또 그 옆에는 김종필의 파시즘적 논리와 결과 만능주의가 튀고, 또 그 옆에는 반인간주의에 대한 문학의 성찰이 튀고…… 그리고 마침내 백민석과 김영하, 윤대녕과 신경숙이 반인간주의에 대한 저항과는 거리가 먼 사람이란 진술이 갑자기 나타나 튀고, 이들을 내면으로의 침잠 혹은 포스트 모던 담론을 생산하는 사람으로 규정하는 진술이 튄다. 이처럼 그의 비평은 온통 사방으로 뿔뿔이 달아나는 문장과 문장들로 구성되어 있어서 필자는 이들 사이에 어떤 접속사를 넣어주어야 논리적 진술이 될지를 종잡을 수가 없다. 그래서 나는 이 같은 평론을 도저히 더 이상 읽을 수가 없다.

3

 필자가 이상에서 예로 들어 문제점을 지적한 사람들의 경우는 대체로 한 권 이상의 비평집을 낸 사람들로서 지금 현재도 상당히 활발한 활동을 펼치고 있는 비평가들이다. 그리고 작위적으로 뽑았다기보다는 무작위로 손에 잡히는 책을 보다가 고른 경우들이다. 그렇기 때문에 우연한 실수 몇 개가 재수 없이 필자와 같이 악취미를 가진 사람에게 걸렸을 가능성이 있다. 이런 점에서 나타날 수 있는 모든 다른 경우들에 대해서는 전적으로 필자에게 책임이 있다. 그렇지만 동시에 이 같은 사실로 미루어 볼 때 이미 상당한 비평적 역량을 인정받고 있는 사람들에게 이와 같은 실수들이 있다면 그렇지 못한 사람들에게는 더 많은 실수들이 있을 것이란 사실 역시 짐작할 수 있다. 실제로 필자는 주어와 서술어를 맞추는 문장 수업도 제대로 되어 있지 않은 사람, 논리적인 글을 애초부터 구성할 능력이 없어 보이는 사람들이 비평가라는 이름을 스스로 붙이고 다니는 경우들을 여럿 알고 있다. 어디나 숫자가 많아지고 시장판이 되면 질 좋은 물건과 질 나쁜 물건들이 함께 어울려 살아갈 수 밖에 없게 되듯이 우리 평론계도 이제 정말로 그렇게 되어버린 것일까? 〔1998〕

문사(文士)적 전통의 소멸과 90년대 문학의 위기

최근에 이르기까지 우리나라 문학인들을 버텨준 가장 뚜렷한 정신적 지주는 글쓰기에 대한 자부심이었다. 문학의 실천적 기능에 집착하는 사람이건, 심미적 기능에 집착하는 사람이건, 사회주의를 지지하는 사람이건, 반공 노선을 견지하는 사람이건 우리나라 문학인들은 자신의 글쓰기가 대단히 가치있는 것이라는 독특한 정신적 자부심을 가지고 있었다. 단순한 장인 정신을 넘어서는 이 자부심은, 글은 글을 쓰는 사람과 구분되지 않으며, 또한 그 글은 자신이 살고 있는 세계에 대한 윤리적 책임 의식의 소산이라는 발상으로부터 비롯되었다. 이 자부심은 글은 모름지기 자신이 살고 있는 세계에 대해 행동으로 책임을 지는 것과 같다는 모습으로부터 세상이 알아주든지 말든지 자신의 글이야말로 하늘을 우러러 한 점 부끄럼이 없는 진실을 담고 있다는 모습에 이르기까지 다양한 모습을 보여주지만, 어쨌건 우리 문인들을 지배해온 가장 중심적인 심리의 하나였다. 필자는 우리 문인들을 지배해온 이 같은 자부심의 전통을 일찍이 '문사(文士)적 전통'

'지사(志士)적 글쓰기'라 이름 붙인 바 있으며, 식민지 시대의 프롤레타리아 문학과 70, 80년대의 민중문학 및 민족문학은 그러한 전통을 강하게 이어받고 있는 것이라고 이야기한 바 있다. 필자가 생각하기에 문사적 전통은 식민지 시대의 지사적 문학인들은 물론이거니와 최근의 이념적 문학인들에게도 여전히 중심적인 사고였기 때문이다.

최근 100여 년간의 경우를 두고 볼 때 글쓰기를 업으로 삼은 근대적인 지식인들 가운데 가장 표나게 '문사'임을 내세우면서 자신의 글쓰기가 당대 사회에서 중요한 역할을 해야 한다는 강박관념에 크게 사로잡혀 있었던 사람은 춘원 이광수였다. 그는 스스로를 결코 단순한 문필가, 도락적인 예인(藝人)으로 생각한 적이 한 번도 없었다. 그의 소설이 원래 의도한 계몽적 기능을 넘어서서 통속적 흥미로 대중들을 사로잡게 된 1930년대에도 그는 시대를 앞서가는 선구자·순교자라 생각했고 그랬기 때문에 여전히 스스로를 잘못된 이 세상과 외롭게 싸우는 지사라고 생각했다. 여기에는 물론 시대착오적이고 자기중심적인 착각이 들어 있지만 그럼에도 그는 착각 덕분에 돈을 위해 싸구려 상품을 만드는 자세로 소설을 쓰지는 않았다.

그런데 이런 자세는 이광수만의 특이한 모습이 아니라, 비록 그 강도에 있어서 다소간의 차이는 있지만, 오랫동안 우리나라 문학인들에게서 보편적으로 발견할 수 있는 자세며 정신이었다. 이를테면 이 같은 자세는 우리들이 매국적 지식인으로 매도해 마지않은 이인직의 경우에도 부분적으로 발견할 수 있는데, 그는 착취와 억압을 밥 먹듯이 하는 봉건사회의 지배층을 극도로 혐오한 '문사'였으며, 「은세계」에서는 양민을 대변하고 신 교육을 역설한 개화주의자였던 것이다. 그렇다면 윤동주의 경우는 어떨까? 그의 경우도 과연 '문사적 전통'에서 있는 사람이라고 할 수 있을까? 필자는 그렇다고 생각한다. 이 경우 그가 사회적인 투쟁을 적극적으로 고창(高唱)한 문학인이 아니라 내면적 진실을 조용히 추구한 사람이란 사실은, 필자의 생각으로는, '문사'라는 사실과 조금도 배치되지 않는다. 혼자 간직하기 위해 손으로 쓴 시집을 만들 정도로 그의 내면에 단단히 응축된 '시인'이라는 자부심(그래서 사후에 가족들은 그를 위해 묘비명에 '시인'이라는 단순하면서도 명예로운 칭호를 붙였다), 한 편 한 편의 시를 쓸 때마다 스스로에게 가한 혹독한 자의식의 검열, 동시대의 불행한 사람들에 대한 윤리적 연민— 이런 것들이 그를 '문사' 정신에 투철한 사람으로 간주하기에 충분한 예들인 까닭이다.

그렇다면 지금 90년대의 문학인들은 어떤 모습으로 글을 쓰고 있을까? 90년대 문학인들 역시 앞서 이야기한 '문사적 전통'에 서 있는가? 이 질문에 대한 대답은 아직 명쾌하지 못하다. 90년대 문학인들, 특히 상업주의에 물든 젊은 문학인들은 언뜻 보기에 80년대까지 계속된 '문사적 전통'과 무관해 보인다. 어떤 이념에도 구애되지 않는 태도, 돈과 이름을 좇아가는 날렵한 자세, 개성적인 글쓰기보다는 성공적인 글쓰기를 중요시하는 풍속 등 90년대 문학인들을 특징짓는 여러 요소들은 분명히 80년대에 절정에 달한 문사적— 이 경우는 '지사적'이란 말이 더 적절할 것 같다— 글쓰기로부터의 이탈을 보여주고 있다.

그럼에도 필자는 아직까지는 90년대 문학인들을 '문사적 전통'과 무관하게 사는 사람들이라고 단언하기에는 이르다고 생각한다. 우리는 지금 '문사적 전통'과 상업주의가 뒤섞이거나 드잡이질을 하고 있는 문학 상황 속에 있다. 이 사실은 90년대 문학인들 중 가장 상업적인 작품을 쓰는 사람들조차 왜 자신의 작품을 물건, 혹은 상품이라고 당당하게 아니 정직하게 선언하며 작품을 쓰지 않을까를 생각해보면 어느 정도 이해할 수 있다. 작품 생산에 종사하는 모든 사람들이 어떤 식으로건 장사꾼이 되지 않을 수 없는 세상에서 싸구려 장사꾼의 속성을 많이 가진 작가일수록 자신은 장사꾼이 아니라고 강조하는 데에는 분명히 '문사적 전통'에 대한 눈치 보기가 작용하고 있다. 그런 작가들일수록 싸구려가 아닌 문학의 눈치를 보면서 표면적으로는 나는 작가로서의 자부심과 긍지를 이 한 편의 작품에 걸었다든가, 오로지 나는 이 작품을 쓰기 위해 살았다는 식으로 자신이 누구보다 투철한 '문사'적 자세로 작품을 쓰고 있는 사람임을 강조한다. 그 같은 선전에 대해 사석에서는 자신의 의사와는 상관없이 출판사가 멋대로 광고 문안을 만들었다고 변명하는 예의를 보이면서도 내면으로는 그렇게 하는 것이 문학 상품으로서의 가치를 높여줄 것이라고 기대한다. 아니 그러한 광고가 싸구려 상품을 가장 멋진 '문사'적 상품으로 만들어서 어떤 본격적 작가보다 자신을 더 유명한 작가로 만들어줄지 모른다는 기대감이 '문사'적 자세에 대한 상업적 강조를 방치하거나 도와준다고 하는 것이 더 옳을 것 같다. 마치 한 대중 철학자가 운주사를 찾고 난 다음 일필휘지로 한 권의 시집을 써내면서 이로써 한국 시사가 바뀌어야 한다고 말한 것에 유사한, '문사적 전통'을 의식하는 허황된 자부심과 변형된 공명심으로 말이다.

  그렇다고 해서 필자는 '문사적 전통'은 무조건 좋은 것이며 상업주의는 무조건 나쁜 것이라는 식으로 말하는 것이 아니다. 사실 90년대에 어떤 작가가 내가 어찌 시정 잡배들과 같을 수가 있겠느냐는 고고한 태도를 보이거나 나는 돈벌이와 전혀 무관하게 글을 쓴다는 태도를 공언하는 것은 위선적인 코미디일 따름이다. 이제 우리들은 세속화된 시장 경제 체제를 벗어나서 삶을 영위하는 것이 불가능한 사회 구조 속에 살고 있기 때문에 그렇게 말하는 것은 정직하지도 올바르지도 않다. 정직한 것은 자신의 문학 작품이 상품이라는 것을 한사코 부정하는 태도가 아니라 상품으로 사고 팔리는 불가피한 구조 속에서 자신의 작품을 가능한 한 저질적인 상품으로 전락시키지 않으려는 노력이다. 따라서 필자가 여기서 90년대의 상업주의 작가들을 이중적이라고 말하는 것은 그들이 현재의 우리 문학이 직면하고 있는 상업화의 문제들에 단순하게 반응하면서도 정직하게 대응하는 것처럼 가장하기 때문이며, 자신들의 작품이야말로 상업화와는 가장 무관한 거리에 있는, 상품이 아니라 그 자체로 가치가 있는 문학인 것처럼 선전하거나 착각하기 때문이다.

그러므로 다시 말하지만 90년대의 가장 상업주의적인 작가들도 '문사적 전통'과 전혀 무관하지 않다. 90년대는 아직 과도기이다. 과도기이기 때문에 '문사적 전통'과 상업주의는 문학인들의 머릿속에서 무관한 관계가 아니라 상호 견제하고 경쟁하는 관계에 있다. 어느 한 쪽을 일방적으로 선택하는 것이 망설여지는 시기, 한 쪽을 선택하면 무엇인가 손해를 볼 것 같은 시기 속에 살고 있는 것이다. 후자의 승리가 분명히 예견되어 있음에도 상업주의에 물든 90년대 작가들마저 내면에 부끄러움을 지닌 이중성을 보여주는 것은 그 때문이다. 따라서 상업주의 문학과 문화 산업들에 대해 도정일의 주장처럼 '공세적 방어'가 필요하다면 그것은 바로 지금 이때일 것이다.

90년대의 상업주의 문학은 기술 문명의 발전에 의한 디지털 문화,

다원주의 사회를 가능하게 만든 정치적 민주화 등에 힘입어 나타난 막을 수 없는 변화의 추세이다. 그렇지만 우리나라의 상업주의 문학이 일부 다원론적 사회 이론가들의 긍정적 평가처럼 자연스럽게 사회 통합에 기여하리라고 필자는 생각하지 않는다. 20세기 기술 문명의 발전이 사이버 폭력과 환경 파괴에서 보듯 반드시 바람직한 것만은 아니다. 이런 점에서 90년대 벽두에 상당수 젊은 평론가들이 기대했던 새로운 시대로의 진입, 80년대의 이항 대립적인 문학을 넘어 다양성이 존중되는 새로운 시대로의 진입은 정치적 민주화에 건 낙관적 비전이 문학에 곧장 대입된 결과였다.

따라서 지금 바람직한 태도는 낙관적 전망이 아니라 우리가 지금까지 지녀온 문학에 대한 생각, 문학적 전통들이 전혀 새로운 상황 속에서 어떻게 수정되고 변화할 것이냐에 대한 가능한 진단과 처방이다. 아버지와 아들이, 선생과 학생이 서로 가치 있다고 생각하는 문학이 다른 상황, 최희준과 김건모 사이의 거리만큼, 현저한 차이를 보이는 90년대의 문학적 상황, 하루가 다르게 무서운 속도로 자라나는 상업주의 문학과 하루가 다르게 쇠퇴해가는 '문사적 전통'이 한집에 동거하면서 빚어내는 문학적 상황―이 상황 속에서 우리 문학을 올바르게 걱정하는 사람들은 무엇을 어떻게 해야 할 것인가? 이 문제를 생각해보기 위해 필자는 다음에서 90년대 문학이 당면하고 있는 상업화의 문제들을 몇 가지 측면에서 간략하게 검토해보고자 한다.

최근에 한 90년대 소설가는 이 같은 말을 한 적이 있다. "정말로 내 마음에 드는 소설이 얼마나 팔릴까 하는 것은 소설이 생존권인 내겐 본능에 가까운 관심사가 아닐 수 없다"라고. 소설 쓰는 것이 '생존권'이라고 말하는 이 소설가의 말투에는 '마음에 드는 소설,' 다시 말해 좋은 소설이 많이 팔리는 것을 간절하게 바라는 심리가 들어 있다. 그런데 우리는 이 소설가의 정직한 이 말속에 좋은 소설을 쓰는 90년대 작가들의 불안한 상태가 들어 있다는 사실을 감지할 필요가 있다. 소설쓰기를 먹고 살기의 수단으로 삼고 있는 자신에겐 돈벌이의 문제가 '본능에 가까운 관심사'일 수밖에 없다는 말이 풍기는 무력하고 불안한 작가 정신의 상태. 그것은 이제 이 소설가가 '내 마음에 드는 소설'만을 고집하며 팔리건 안 팔리건 '문사'적 자부심을 지킬 수 있었던 세대가 아니라는 사실을 말해준다.

현진건의 「빈처(貧妻)」가 보여주는, 가난에 시달리는 소설가 주인공의 힘겨운 자부심은 더 이상 90년대 세대에겐 당당한 자부심이 아니다. 땅을 팔아 동인지를 만들고, 아무도 읽어주지 않는 작품을 써놓고 혼자 기꺼워하며 어루만지던 '문사적 전통'은 이 소설가의 말속에서 겨우 '내 마음에 드는 소설'이라는 가냘픈 목소리로 꺼질 듯 말 듯 떨리고 있을 따름이다. '내 마음에 드는 소설'이란 말은 비록 문장상 주어이긴 하지만 그 뒤에 결과로 따라오는 '얼마나 팔릴까'라는 서술어 앞에서 형편없이 위축당해 있는 것이다. 그 결과 문학이란 실제적 이익과 상관없이 할 만하고 해야만 하는 그런 가치를 지니고 있다는 생각은 이제 믿음이 아니다. 문학이 문학 외적인 사회 변화를 성취하는 수단으로 간주될 때는 그 목적의 성취를 위해서라도 참을 수 있었겠지만 그런 목적을 상실한 90년대 작가들에게 이 믿음은 도저히 신념화할 수 없는 명제이다. 따라서 회의가 꼬리를 물기 시작한다. 그리하여 이제 90년대 작가들의 상당수는 출판사나 편집자들이 '얼마나 팔릴까'라는 서술어를 작가에게 들이대며 '내 마음에 드는 소설'이란 주어를 적당히 변경하라고 요구하면 '비록 내 마음에 들지 않는 소설이라도' 정도로 타협할 수 있는 불안정한 상태에 있다는 것을 이 소설가의 말은 은연중 우리에게 시사해주고 있다.

이렇듯 90년대 문학인들은 과거 어느 때보다도 어떤 작품을 쓸 것인가가 아니라 얼마나 팔릴 것인가라는 결과 앞에 위축되어 있다. 그것은, 위에서 소설가는 그 이유로 생존권의 문제를 들고 있지만, 사실은 우리 사회가 본격적으로 대중문화가 지배하는 사회로 들어서게 된 까닭이다. 얼마나 팔릴 수 있는 작품인가라는 것이 출판을 결정짓고 얼마나 팔렸는가 하는 것으로 작품의 가치와 질을 판단하는 사회—이런 사회 속에 살고 있기 때문에 문학에 대한 애정과 사명감을 지닌 소수의 문학인들을 제외하면 쓰고 싶은 것이 아니라 팔리는 것을 쓰게 되기 마련이며 이 같은 경향은 신인 작가들일수록 더 심할 수밖에 없다. 그것은 신인들일수록 등단과 작품 발표와 작품집 출간에 있어서 멀고도 힘든 길을 요구하고 있는, '문사적 전통'을 고수하고 있는 소수의 문학 출판사보다 그런 과정 없이 팔릴 만한 작품만 눈에 띄면 자본의 위력을 앞세워 순식간에 대중적 명성을 얻게 만들어주는 상업 출판사가 매혹적으로 느껴지는 까닭이다. 90년대에 들어와, 오랜 시간 동안의 힘든 습작 과정을 통해 개성적인 작품 세계를 확립한 문학인과는 질적으로 다른 오로지 현재 잘 팔리고 있는 작품들의 아류를 생산하기에 급급한, 이름 모를 신인 작가들이 무수히 탄생하고 있는 것은 이 같은 사실과 관계가 있을 것이다.

그렇기 때문에 얼마나 팔릴 것인가 하는 결과에 시달리고 있는 90년대 문학인들은 개성의 상실이라는 문제에 부딪힌다. 근대 소설과 근대 자유시의 가장 큰 특징을 이루는, 개인의 자질과 능력에 따라 무한한 가능성을 펼칠 수 있게 만들어주는 것처럼 보였던 개성이 역설적이게도 부르주아 사회의 성숙과 함께 위기에 봉착하게 된 것이다. 예컨대 문학의 밑바탕을 이루는 우리들의 의식주 생활을 잠시 돌아보자. 상품 생산자들은 도처에서 "당신의 아파트를 직접 개성 있게 꾸미세요"라는 식으로 개성을 운위하지만 사실 어디에서도 개성을 찾을 수 없다. 똑같이 캐주얼 옷을 입고, 똑같이 라면을 먹고, 똑같이 꾸며진 아파트에 산다. 개성이란 동일화의 다른 이름일 뿐이며 '나'란 존재는 조금도 '나' 자신이 아니다. 이 같은 경향은 문학 분야, 특히 상업주의 문학 분야에서도 마찬가지로 나타난다. 이를테면 1993년 한 신문사의 1억 원 현상 공모에서 『새들은 제 이름을 부르며 운다』라는 제목의 소설이 당선된 이후 『새들은 무게만큼 나뭇가지를 흔든다』를 비롯해서 이런저런 종류의 유사한 제목을 단 소설들이 우후죽순처럼 쏟아져 나온 것에서 잘 알 수 있다. 개성을 고집하는 것보다 시장성을 인정받은 작품에 편승해서 그 유효성이 끝나기 전에 재빨리 이용하는 것이 안전하다는 상업주의적 발상이 문학에도 어김없이 적용되고 있는 것이다.

그러므로 상업주의에 물든 90년대 문학인들에게 태양은 날마다 새롭다고 말한 헤라클레이토스의 말은 이제 더 이상 적당한 예술적 명제가 아니다. 그렇게 개성적인 눈으로 태양을 보는 것보다는 유행과 대중들의 취향을 따라가는 것이 훨씬 안전한 까닭이다. 섹스, 연애, 고독, 영웅주의, 휴머니즘 등의 요소가 계속해서 상업주의 작품들 속에서 중요한 소재와 주제가 되어 변주되고 있는 것은 그것들이 인간의 본질적 문제이기 때문이 아니라 팔리는 데 필수적이기 때문이다. 또한 적당히 문학적인 문체와 진지한 사색을 갖추고 있는 척하는 것 역시 팔리는 데 도움이 되기 때문이다. 그런 요소들은 개성의 소산이 아니라 계산된 배치이다. 그 결과 이미 검증받은 상업적 요소들을 적절히 배치하여 만들어진 표준화된 문학 작품, 스테레오 타입화한 문학 작품 들이 함부로 생산되기 시작한다. 개성은 단순한 특이성이 아니라 주관적 세계와 객관적 세계의 분리를 거부하는, 양자를 독창적으로 통합시키는 예술적 인식이며 예술의 생명이란 생각은 상업주의적 생산에서는 별 가치 없는 말이 되어버린 것이다. 그 대신 여기에서는 사람들이 어떤 태양을 지금 태양으로 생각하고 있는가 하는 것을 알아보는 것이 훨씬 안전하고 유익한 명제가 되었다. 주어는 작가 자신이 아니라 작가의 밖에 있는 익명의 다수들, 혹은 익명의 사람들을 조종하는 알 수 없는 힘이 된 것이다.

  90년대 상업주의 문학에서 상당한 정도로 진전된 이런 개성의 퇴화 현상이 좀더 심화되면 앞으로 자연스럽게 작가의 배제라는 단계로까지 이어질 것이다. 이것의 초보적인 단계는 시장성을 인정받은 하나의 작품을 최대한 이용하는 것, 예컨대 비슷한 작품을 계속 생산하거나 베스트셀러 소설을 드라마와 영화·만화 등으로 재생산하여 돈을 버는 방법이며, 더 발전된 단계는 아예 출판사가 스스로 작가가 되어 존재하지 않는 작가의 이름으로 작품을 내놓는 것이다. 이미 만들어진 상품을 시간 조작을 통해 재빨리 노후화시키고 새로운 디자인의 작품을 내놓듯이 출판사들이 대중의 욕구를 스스로 진단하고 창출하면서 그렇게 작품을 폐기하고 생산하는 방식이다. 이런 점에서 몇 년 전부터 우리 서점가에 나돌기 시작한, 편집되어 만들어진, 작가가 존재하지 않는 베스트셀러 시집들은 심각히 우려해야 할 징후의 현실화라 할 수 있다.

  그러면 "얼마나 팔릴 것인가"하는 서술어가 주어가 되어버린 세상에서 문학과 독자와의 관계는 어떤 것일까? 상업주의 문학이 스스로의 존재 이유로 내세울 수 있는 가장 확실한 방패는 독자이다. 팔리지 않는 작품이 무슨 소용이 있느냐, 읽지 않는 작품을 써서 무엇하느냐와 같은 반발과 항의가 상업주의 문학의 가장 그럴듯한 방어 논리인 까닭이다. 그러나 이 같은 반발에는 일면의 진실에도 불구하고 근원적인 논의를 회피하는 자세가 개입되어 있다. 가령 대한민국 사람들에게 가장 많이 팔리는 담배는 유익한 것인가라는 문제와 같은 것이다. 이 문제는 많이 팔린다는 사실에도 불구하고 해롭다는 결론을 뒤집기가 힘들다. 상업주의 문학의 본질적인 문제는 많이 팔린다는 사실이 아니라 그것이 우리들에게 가치 있는 것인가 아닌가이다.

그럼에도 상업주의 문학은 팔린다는 사실 자체가 모든 것을 정당화해주는 것처럼 이야기한다. 독자들이 많이 사서 읽는다는 것은 그럴 만한 이유가 있기 때문이란 것이다. 물론 그럴 만한 이유는 충분히 있을 것이다. 손쉽게 즐거움을 얻기 위해서, 광고와 매스컴의 선전에 따라서 등 여러 가지 이유들이 있을 수 있다. 그렇지만 독자들이 드러내는 구매욕의 대부분은 독자들이 자발적으로 만들어낸 것이 아니라 생산자들이 교묘하게 자극해서 창출해낸 이유들이며 독자들에게 주입된 이유들이다. 특히 비디오와 오디오 문화에 물든 오늘날의 세대의 경우에는 더욱 그렇다. 오늘날의 세대는 기호로서의 언어에 익숙한 세대가 아니라 이미지의 조직인 영상 매체에 익숙한 세대들이며, 이들에겐 주체가 되어 선택하는 것보다 객체가 되어 받아들이는 것이 훨씬 익숙하고 자연스럽다. 이것은 책에서 언어를 능동적으로 읽으며 자란 세대와 수동적으로 영상을 받아들이며 자란 세대의 차이다. 영상 매체에 익숙한 세대에게 문학의 언어가 보여주는 비유적·

함축적 표현은 골치 아픈 것들이다. 설명할 필요 없이 그림으로 직접 와 닿는 것이 훨씬 호소력이 있다. 그래서 정서적인 언어 속에 윤리적 의미를 감춘, 비유적·상징적 표현을 보여주는 좋은 문학 작품은, 특히 비디오·오디오 세대들을 대상으로, 시장에서 즉물적인 상업주의 문학 작품과 싸워 이기기가 힘들다.

그러므로 90년대에 우리 문학인들의 가장 큰 적은 80년대 이전처럼 경직된 이념과 체제, 혹은 비사회적인 창작 태도에 물든 문학인들이 아니다. 지금부터 우리들이 지속적으로 힘들게 싸워야 할 적은 사람들의 욕망, 정열, 행동을 오도된 방식으로 과장해서 보여주는 상업주의 작품들이다. 그것은 그러한 작품들이 나쁜 종류의 욕망과 정열을 전파하기 때문이다. 좋은 시에서 어떤 종류의 정열을 재현하는 시인은 그 정열을 반성하고 숙고해보도록 만든다.『젊은 베르테르의 슬픔』을 읽고 자살한 사람들은 작품을 올바르게 읽은 경우가 아니다. 이를테면 우리는 김유정의 작품들을 읽으며 그 바보스러운 행동과 욕망에 전염되지 않는다. 전염되는 것이 아니라 그 인물의 바보스런 정열을 통해서 우리를 다시 돌이켜본다. 일찍이 레오나르도 다 빈치가 말한 것처럼 나와 세계를 "볼 줄 안다"는 것은 예술가의 중요한 자질이며 예술이 마땅히 지녀야 할 미덕이다. 그러나 상업주의에 물든 작품들은 그렇지 않다. 상업주의적인 작품들은 볼 줄 알게 만드는 것이 아니라 물들게 만든다. 우리를 나쁜 욕망의 포로로 만드는 것이다. 인간의 위대함과 비참함, 운명과 자유, 나와 사회의 관계를 생각하게 만드는 것이 아니라 헛된 미혹의 세계로 끌어들인다. 마치 마약이 자발성과 의지를 빼앗아가듯이 독자가 스스로 생각하고 판단하는 능력을 키워주는 것이 아니라 주체성을 빼앗아버린다.

이런 이유에서 필자는 상업주의 문제에 대한 초기 논쟁에서 황산덕이 말한 "성욕 자체, 성적 흥분을 돋우는 표현 자체가 문학인 것이 아니라 그것이 인간의 휴머니티라든가 인간 현실의 리얼리티라든가 작품 내용의 모랄이라든가 예술의 순수성이라든가 기타 그 무엇에 호소하는 바가 있어야만 그것이 문학이 되는 것입니다"라고 한 이야기에 공감한다. 논쟁의 정황과 시비의 방식에 공감하는 것이 아니라, "야비한 인기욕에만 사로잡혀 저속 유치한 에로 작문을 희롱하는 문화의 적이요, 문학의 파괴자요, 중공군 50만 명에 해당하는 조국의 적이 아닐 수 없습니다"와 같은 과격한 말투에 공감하는 것이 아니라, 그가 좋은 문학과 나쁜 문학을 구별하는 기준으로 표현의 방법과 작가의 윤리적 자세를 들고 있는 것에 대해 공감한다.

다시 말하지만 '문사적 전통'의 쇠퇴와 상업주의의 발호로 특징지어지는 90년대 문학은 분명히 80년대와는 다르다. 90년대 문학에는 80년대처럼 사회적 분위기나 정치적 공감으로부터 오는 견제가 현저히 약화된 반면, 상업적 성공의 부추김은 점점 강화되고 있다. 그 결과 90년대 문학은 '문사적 전통'으로부터 점점 멀어져가고 있는 한편 오디오·비디오 등이 주도하는 문화 산업은 문학을 주변적 장르로 밀어냄으로써 본격 문학을 위기로 몰아넣으며 상업적 성공에 대한 부러움을 부풀리고 있다. 그리하여 90년대 문학은 80년대 문학에 이르기까지 확실하게 이어진 문사적 문학, 혹은 문사적이 되지 못하는 것에 대한 부끄러움의 문학, 그것도 아니면 최소한 진지함을 가졌던 우리 문학을 점차 자잘한 일상성을 소재로 하는 흥미 위주의 일회용 이야

깃거리로 바꾸기 시작하고 있다. 이를테면 삶과 죽음, 개인과 사회, 신과 인간 등 인간 존재를 둘러싼 본질적인 문제들이 관심사에서 사라지고 가볍고 솔직하게, 그리고 가능한 한 부담스럽지 않게 개인적인 문제를 이야기하는 작품들이 늘어가는 추세가 그 사실을 입증해주고 있는 것이다. 95년도 신춘문예 작품의 수준을 평가한 한 신문이 '진지한 아마'가 줄고 '가벼운 프로'가 늘어났다고 보도하고 있는 것도 이 같은 사실과 무관한 말이 아닐 것이다.

따라서 우리 문학인들을 위협하는 가장 큰 적은 이제는 특정 이데올로기가 아니라 이 같은 문학적 추세이며, 당당하게 상업주의 문학을 가치 있는 문학이라고 외치는 사람들이며, 자신의 내부에서 거기에 호응하려는 움직임이다. 조작된 욕망과 취미에 따라 유행을 개성으로 착각하며 책을 사는 독자들과 그러한 독자들과 영합함으로써 돈과 이름을 획득하는, 상업주의 문학의 타락한 공생 관계가 90년대 문학의 위기를 가속화시키고 있는 것이다. 〔1995〕

한국 문학 속에 나타난 '가장상(家長像)'의 변화

1. 문학을 통해 본 우리의 가족제도

최근 『아버지』라는 소설이 베스트셀러가 되면서 세간의 화젯거리가 되고 있다. 통속적인 이야기가 사람들의 눈물샘을 자극해서 베스트셀러의 대열에 오르는 것은 어제 오늘의 일이 아니거니와 이런 점에서는 췌장암에 걸린 한 가장과 그의 가족들과의 관계를 다룬 멜로드라마에 불과한 『아버지』라는 소설 역시 하등 다를 바가 없다. 그러나 별다른 예술적 가치가 없는 이 통속소설에 대해 한 집안의 가장을 소설의 중심에 놓았다는 이유 때문에 우리는 문학적 측면에서가 아니라 사회학적 측면에서 관심을 가져볼 만하다. 그것은 이 작품에 대한 세간의 야단법석이 작품의 예술적 완성도에서 비롯된 것이 아니라 급격한 변화를 거듭해온 우리 사회와 관련되어 있는 까닭이다. 이 소설의 상업적 성공은 지금 우리 사회에 번지고 있는, '아버지'의 위치와 역할에 대해 지나치게 책임과 의무만 강조하고 이해와 사랑은 주지 않았다는 동정적 여론의 확산과 분명히 밀접한 관계가 있다.

필자가 보기에 『아버지』라는 소설이 베스트셀러가 된 것은 한국의 전통적인 가족제도가 붕괴되는 과정이 만들어낸 필연적 결과이다. 이 소설이 잘 팔리는 것은 과거에 적어도, 표면적으로, 제도적이고 관습적인 차원에서는 무소불위의 권력자였던 가장의 위치가 이제는 한 집안의 불쌍하기 짝이 없는 하인 위치로 전락해 버렸다는 세간의 인식과 관련되어 있다. 직장에서 시달리고 가정에서 소외받으면서도 묵묵히 가장의 역할을 수행하는 한국의 가장들을 더 이상 구박하지 말라. 그들은 과거와 같은 절대자가 아니라 희생양이다. 그러니 그들의 어깨에 다시 힘이 들어갈 수 있도록 가정에서부터 감싸주어야 한다. 이런 의식이 『아버지』라는 이 어눌한 소설의 통속적인 사건과 문체 속에 흐르고 있으며 그것이 사람들의 관심을 끈 것이다. 다시 말해 이 소설의 판매고를 올리는 데에는 전통적인 가족제도의 붕괴가 진행되는 과정에서 필연적으로 제기되기 마련인 과거의 가장에 대한 향수와 현재의 가장에 대한 연민과 동정의 시선이 작용하고 있는 것이다.

따라서 우리가 지금의 현실 속에서 취해야 할 바람직한 방향은 『아버지』와 같은 소설에 대해 공감의 눈물을 흘리며 나 역시 한심한 가장의 한 사람이라는 감상에 잠기는 것도, 현재보다는 과거가 역시 좋았다는 식의 회상에 잠기는 것도 아니다. 그렇게 한다고 해서 다시 과거처럼 가장의 절대적 권위를 안락하게 보장받던 봉건적인 가족제도의 형태 속으로 돌아갈 수 없을 뿐만 아니라 또 반드시 그렇게 되돌아가는 것이 바람직하다고 할 수도 없기 때문이다. 우리 사회 속에서는 아직도 전통적인 가족제도가 만들어낸 관념들이라 할 수 있는 남성 우월주의와 혈연, 지연, 학연 중심의 당파성, 그에 따른 공적인 권력과 지위의 사유화 등이 여러 가지 심각한 부작용을 낳고 있으며 그것들을 제거하고 합리적인 의식을 바탕으로 한 가족과 사회를 건설하는 것이 훨씬 더 타당한 목표라고 할 수 있는 까닭이다.

그렇지만 우리는 전통적인 가족제도가 어떤 이유로 해서 어떤 방식으로 해체되고 붕괴되어왔으며 그러한 과정 속에서 가장의 모습이 어떻게 바뀌어 왔는지에 대해서는 적절한 이해를 갖출 필요가 있다. 그렇지 않으면 우리들은 가끔 변화를 부작용으로 이해하거나 부작용을 변화로 착각하는 오류를 범한다.『아버지』라는 소설에 대한 요즘 사람들의 지나친 관심 역시 이런 점과 관계가 있다. 필자가 다음에서 한국 문학 속에 나타난 가장의 모습과 그에 수반되는 문제점을 통시적으로 간략하게 살펴보려는 것도 바로 이 같은 반성 의식에서이다. 과거 우리의 가족제도를 지배해온 원리는 무엇이며 그것에 의해 뒷받침받던 가장들의 권위가 왜, 어떤 이유에서 지금과 같은 왜소한 모습으로 추락했는지를 우리 문학 속에서 이해하는 것은 단순하게 문학작품을 이해하는 차원에만 머무르는 것이 아니다. 그것은 곧 현재 우리 자신의 모습을 올바르게 이해하고 나아갈 바람직한 방향을 가늠해 보는 행위이기도 하다.

2. 가장의 역할과 의미의 변화

우리 한국 소설은 고전소설로부터 현대소설에 이르기까지 가족 문제를 자주 소설의 중심 소재로 삼아왔다. 그러나 이 같은 소설사적 맥락에서 주목할 점은 우리 소설들이 처첩 간의 갈등, 고부간의 갈등

등은 자주 다루면서도 부자간의 첨예한 갈등은 오랫동안 거의 다루지 않았었다는 사실이다. 그것은 아마도 한국의 가족제도가 부자 중심이며, 이 제도를 지배하는 유교적인 이념에서 가장 중요한 덕목이 효(孝) 사상이었기 때문일 것이다. 그러나 염상섭의 『삼대(三代)』는 다르다. 1930년대를 대표하는 소설의 하나인 동시에 한국의 가족사 소설을 대표하는 소설의 하나인 『삼대』에는 부자간의 갈등이 상당히 노골적으로 드러나 있다. 이런 점에서 이 소설은 부자 관계를 중심으로 하는 전통적인 가족제도의 붕괴를 알려주는 한 징후가 되고 있다고도 할 수 있다. 그러나 동시에 이 소설은 아직은 가장 중심의 가족제도를 붕괴시키려는 힘보다는 지속시키고 재건하려는 힘이 훨씬 더 강하다는 사실 역시 확실하게 보여준다. 작가가 이 소설을 통해 말하려고 하는 것은 가족제도의 균열과 해체가 아니라 닥쳐오는 그러한 징후에도 불구하고 가부장적인 전통적 가족제도는 유지될 필요가 있다는 주장이다. 이 사실은 『삼대』를 주의 깊게 읽은 독자들이라면 누구나 틀림없이 주목했을, 다음과 같은 아주 인상적인 장면에서 분명하게 드러난다. 임종을 앞두고 조부인 조의관(趙議官)이 손자인 조덕기(趙德基)에게 집안의 모든 권리를 물려주는 다음 장면을 한 번 보도록 하자.

"공부가 중하냐? 집안 일이 중하냐? 그것도 네가 없어도 상관없는 일이면 모르겠지만은 나만 눈감으면 이 집 속이 어떻게 될지 너도 아무리 어린애다만 생각해 봐라. 졸업이고 무엇이고 다 단념하고 그 열쇠를 맡아야 한다. 그 열쇠 하나에 네 평생의 운명이 달렸고 이 집안 가운이 달렸다. **너는 그 열쇠를 붙들고 사당을 지켜야 한다.** 네게 맡기고 가는 것은 사당과 그 열쇠—두 가지뿐이다. 그 외에는 유언이고 뭐고 다 쓸데없다. 이때까지 공부를 시킨 것도 그 두 가지를 잘 모시고 지키게 하자는 것이니까 그 두 가지를 버리고도 공부를 한다면 그것은 송장 내놓고 장사지내는 것이다. 또 공부도 그만쯤 했으면 지금 세상에 행세도 넉넉히 할 게 아니냐."(강조: 필자)

조부의 이러한 인상적인 발언 가운데서도 특히 인상적인 대목은 가장의 역할을 강조하는, "너는 그 열쇠를 붙들고 사당을 지켜야 한다"는 말이다. 『삼대』라는 가족사 소설의 핵심을 드러내는 이 말에서 열쇠를 붙들라는 것은 한 집안의 가장으로서 재산을 도맡아서 관리하라는 의미이고 사당을 지키라는 것은 한 가문의 대표로서 족보(族譜)와 봉제사(奉祭祀)로 상징되는, 일족의 융성과 번창을 책임지라는 의미이다. 그 막중한 가장(家長)의 책임을 조부는 장손인 덕기에게 모두 인계하고 덕기는 그 책임을 별다른 반발없이 묵묵히 이어 받는다. 조의관이 막대한 돈을 들여 벼슬을 사고 족보를 꾸며가며 일궈놓은 조씨 가문을 이끌어갈 책임을 무책임한 아들이 아니라 책임 의식이 있는 손자가 이어받는 것이다. 그것은 그렇게 해야 할 정도로 가장의 위치가 중요한 자리라는 것을 말해준다.

『삼대』가 보여주는 이 장면에서 우리가 분명히 알 수 있는 것은 여기에 전통적인 한국 가족제도의 원리들이 작용하고 있다는 사실이다. 한국의 전통적인 가족제도에서 가장이 이끄는 집〔家〕은 개인보다 훨씬 중요한 의미를 지녀왔다. 위에서 조의관이 "공부가 중하냐? 집안 일이 중하냐?"고 손자를 야단치는 장면이 그 사실을 웅변적으로 말해준다. 집은 손자인 덕기 개인의 공부 문제를 넘어서서 한 가문의 시조로부터 시작해서 현재의 나를 거쳐 미래의 자손에 이르기까지 반드시 영속되어야 할 절대적 가치였던 것이다. 다시 말해 집은 시조에서 후손으로 반드시 친자 관계에 의해 무한히 이어져 나가야 할 절대적 가치였으며, 중간에 망하거나 끊어져서는 절대로 안되는 것이었다. "열쇠를 붙들고 사당을 지키"라는 조부의 유언적 명령에는 그런 의미가 생생하게 들어 있다. 또한 집의 가치가 개인에 우선하기 때문에 조의관은 제사를 거부하고 가정을 돌보지 않는 아들을 건너 뛰어 곧장 손자에게 일가를 다스리고 이끌어갈 가장의 권리를 넘겨주는 것이다.

『삼대』라는 가족사 소설에서 알 수 있듯이 한국의 가족제도에는 몇 가지 특징이 있다. 그 첫째는 부부 관계에 우선하는 부자 관계이다. 영속되어야 할 집의 정신은 부자 관계를 다른 관계들, 이를테면 부부 관계 같은 것보다 우위에 놓도록 만든다. 그 둘째는 집의 통솔자로서 가장의 위치이다. 조상으로부터 이어받은 집을 자손들에게 올바르게 물려주기 위해서는 집의 구성원들 내부에 가장을 중심으로 한 위계질서가 확립될 필요가 있었던 것이다. 우리의 전통적인 가족제도에서는 반드시 제사를 주재하고, 가산을 관리하며, 가족들을 이끌어나갈 대표자로서 가장이 필요했으며, 이 역할은 장남에게 부여되었다. 그리고 가족 구성원들은 가장을 중심으로 위계질서를 형성했던 것이다. 그 셋째는 개인은 독립된 인격체로서 평등한 인간이라는 생각이 아니라 초개인적인 집에 속해 있는 불평등한 인간이라는 생각이다. 지금은 많이 달라지긴 했지만, 우리는 60, 70년대까지도 박봉과 열악한 근로조건에 시달리는 여공(女工)들이 결혼까지 늦추면서 악착같이 돈을 모아 고향으로 송금하던 경우를 많이 보아왔다. 가족을 위해 자신은 희생하더라도, 이를테면, 남동생을 공부시켜 집안을 일으키겠다는 생각이 자신을 그렇게 희생시키록 만들었으며, 또 개인의 그 같은 행위는 사회적으로 칭송의 대상이 되었던 것이다.

그렇지만 이와 같은 전통적인 가족제도의 원리들을 충실하게 반영하고 있는 『삼대』는 그와 동시에, 앞에서 지나가는 말로 언급했듯이, 그러한 원리들이 새로운 서구적인 제도와 문화의 유입 앞에서 균열을 일으키고 있다는 징후 또한 드러내 보이고 있다. 이 사실은 가문에 대한 할아버지의 집착이 아버지인 조상훈에게는 빈정거림의 대상이며, 그러한 아버지에 대한 할아버지의 증오가 주인공인 조덕기에게 달갑게 공감할 수 있는 일이 아니라는 사실에서 알 수 있다. 주인공의 자세는 기독교인이 되어 봉제사를 거부하면서 다른 한편으로는 가출해서 축첩(蓄妾)행위를 하고 집에 손을 내미는 무능한 아버지의 입장보다 인색하고 고집불통인 할아버지 편에 가깝지만 그가 가장이 되었을 때 할아버지와 다를 것이라는 사실 역시 분명하게 예고하고 있기 때문이다. 그는 가장의 역할을 떠맡으라는 조부의 명령적인 요구 앞에서 그 자리를 자신이 불가피하게 감당해야 할 역할로 받아들이지만 그의 개인적인 생각과 욕망은 할아버지식의 재산 관리와 가족 관리를 의심하고 넘어서려는 모습을 보여주는 것이다. 이를테면, 그가 사회주의자를 친구로 두고 가난한 노동자 모녀에게 연민의 정을 보이는 것 따위는 새로운 시대 속에서 그가 맡을 가장의 역할도 달라질 것이라는 사실을 암시하고 있는 것이다.

1930년대에 씌어진 이상(李箱)의 몇몇 작품들은 당시의 관념에서 볼 때 우리의 전통적인 가부장적 가족제도에 대한 혁명적인 반란이었다. 그는 가문과 가족이라는 울타리를 개인의 자유로운 성장을 가로막는, 이미 시효를 상실한 봉건적 질서로 생각하고 가문중심주의적인 윤리와 도덕으로부터 벗어난 새로운 인간이 되고자 했다. 그는 그러한 질서를 '19세기적인' 것이라고 규정하고 자신은 20세기적인 인간이 되려는 몸부림을 여러 가지 방식으로 시도했다. 그렇지만 그의 그같은 시도는 그 나름대로의 철저함에도 불구하고 결국은 거대한 풍속의 힘 앞에서 좌절될 수밖에 없었다. 그가 벌이는 일종의 자기기만적인 야릇한 장난과 제스처들은 이길 수 없는 싸움 앞에서, 자신의 날카로운 의식을 잠시나마 둔감하게 만들려는 시도들이었다. 이 사실을 이상의 「문벌(門閥)」이라는 다음 시는 여실히 보여준다.

   墳塚에계신白骨까지가내게血淸의原價償還을强請하고있다.天下에달이밝아서나는오들오들떨면서到處에서들킨다.당신의印鑑이이미實效된지오랜줄은꿈에도생각하지않으시나요―하고나는의젓이대꾸를해야겠는데나는이렇게싫은決算의函數를내圖章처럼쉽사리끌러버릴수가참없었다.(「문벌」 전문)

위의 시는 전통적인 가부장적 가족제도에 대한 격렬한 공격과 부정이다. 살아 있는 가족들은 물론 무덤 속에서 백골로 누워 있는 조상들까지 온갖 예의를 갖춰 모시며 살아야 했던 당시의 풍속에 대해 그는 "혈청(血淸)의원가상환(原價償還)을강청(强請)하고있다"고 비난한다. 그러면서 그 같은 풍속은 이미 지킬 가치가 없는 것이라는 사실을 "당신의인감(印鑑)이이미실효(實效)된지오랜줄은꿈에도생각하지않으시나요"라는 말로 선언한다. 이 같은 그의 말투는 관혼상제를 비롯한 전통적인 의식들에 대한 야유이며, 가문과 가족에 대해 무한책임을 요구하는 당대인들의 사고방식에 대한 부정이다. 한 개인, 특히 가장이 짊어져야 하는 그러한 책임은 이상에 의하면 실효된 인감과 같아서 효력이 없는 것이며 '쉽사리 끌러' 팽개쳐버려야 할 대상이다. 그렇지만 이 같은 생각은 이상 혼자의 생각이었지 당대 사람들의 일반적 생각은 아니었다. 그렇기 때문에 이상은 비록 말투는 과격하고 용감하지만 행동은 세상 앞에서 자꾸만 위축당한다. 그는 "천하(天下)에달이밝아서도처(到處)에서오들오들떨면서들킬"뿐만 아니라, "이렇게싫은결산(決算)의함수(函數)를내도장처럼"그렇게 "쉽사리끌러버릴수가" 도저히 없다. 당대의 가부장적 가족제도에 대한 이상의 공격과 투쟁이 그 과격한 말투에도 불구하고 공세적이 아니라 수세적으로 느껴지는 것은 바로 이 때문이다. 그가 아무리 용감하고 의젓하게 선언을 하고 가문과 가족에 대해 무책임해지려고 해도 세상의 관념과 시선 앞에서 그는 의젓하게 무책임해질 수가 없다. 당당하게 무책임해질 수가 없다. 이런 점에서 그는 당대의 가부장적 가족제도를 부정하면서도 자신이 부정하는 그 가부장적 가족제도의 포로임을 인정할 수밖에 없는 박제된 반항아였다. 가난한 가족들에 대한 면면한 애정이 깃들어 있는 「가정(家庭)」이라는 제목의 다음 시는 그래서 무능력한 가장이 가족들을 향해 하소연하는 아름답고 슬픈 참회록이 되고 있다.

門을암만잡아다녀도안열리는것은안에生活이모자라는까닭이다. 밤이사나운꾸지람으로나를좇른다. 나는우리집내門牌앞에서여간성가신게아니다. 나는밤속에들어서제웅처럼자꾸만減해간다. 食口야封한窓戶어데라도한구석터놓아다고내가收入되어들어가야지않나. 지붕에서리가나리고뾰족한데는鍼처럼月光이묻었다. 우리집이앓나보다그리고누가힘에

겨운도장을찍나보다. 壽命을헐어서典當잡히나보다. 나는그냥門고리에 쇠사슬늘어지듯매어달렸다. 門을열려고안열리는門을열려고.

(「가정」 전문)

이 작품으로 미루어 볼 때 이상은 가족에 대해 당대의 풍속이 요구하는 가장의 역할과 책임으로부터 의식적으로 자유스러워지려고 시도했지만 실제의 그의 의식은 한 발짝도 온전하게 도망가지 못하고 있다. 이 사실을 우리는 가족의 울타리 속에 필사적으로 끼어들려는 "문(門)을열려고안열리는문(門)을열려고"라는 시도에서 읽을 수 있다. 가족의 울타리를 부수려는 것은 그의 논리적 의식이었지 결코 생활 속의 실천이 될 수는 없었던 것이다. 그래서 이 시는 가장의 책임을 다하지 못한 남자, 가족에게 생활의 결핍을 가져다준 남자의 죄의식이며, 그럼에도 가족 옆에 서고자 하는 안타까운 몸부림이며 절규이다.

이와 같은 한국의 초개인적인 집의식이 만들어낸 가부장적 가족 질서를 결정적으로 크게 흔들어놓는 계기는, 물론 남북 분단과 6·25에 따른 민족이동도 한 원인이겠지만, 경제개발로 대변되는 근대화와 기독교로 대변되는 외래문화의 유입이라고 할 수 있다. 주지하다시피 한국의 집의식과 가족생활은 농촌 취락 사회와 밀접한 관련이 있었다. 가족 단위로 자급자족 생활을 영위하며, 그 닫혀진 울타리 안에서 효율적으로 노동력을 동원해야 했던 농촌 경제체제와 뗄 수 없는 관계에 있었던 것이다. 그러나 상공업 중심의 근대화와 도시화, 여기에 필수적으로 요청되는 인구의 이동과 개인주의 이데올로기의 확산은 종래의 집의식을 약화시키고 공동체적인 가족생활을 붕괴시켰다.

한국의 집의식과 가족생활은 유교문화와 깊은 관계가 있다. 그렇지만 기독교로 대표되는 외래문화는 20세기에 들어와 급속하게 세력을 확대하기 시작하면서 사람과 사람, 남자와 여자 사이의 관계를 바꾸고 전통적인 관혼상제(冠婚喪祭)의 방식을 파괴하거나 변형시킴으로써 결과적으로 집 중심의 가족 질서를 해체시키는 역할을 했다. 『삼대』에서 조의관이 얼치기 개화주의자가 된 아들 조상훈을 미워하는 가장 큰 이유나, 다음에 이야기할 김원우의 「추도(追悼)」에서 원래의 가족들과 남의 집에서 시집온 며느리들 사이에 일어나는 미묘한 갈등도 바로 제례 의식을 거부하는 기독교 때문에 야기되고 있는 것이다. 그러면 우리는 이제 다음에서 김원우의 「추도」를 통해 이 같은 사실들을 좀더 구체적으로 살펴보도록 해보자.

김원우의 「추도」는 한 가족의 제례 의식을 통해 흔들리고 있는 집의식과 가부장적 가족제도를 여실하게 보여주고 있는 뛰어난 작품이다. 이 작품에 등장하는 가족 역시 앞서 염상섭의 소설처럼 삼대가 함께 사는 대가족이다. 그렇지만 앞서와는 사정이 아주 다르다. 그것은 이 집에 권위를 지닌 가장이 없기 때문이다. 이 집에는 할아버지 세대와 아버지 세대라고는 오로지 여자들만 있다. 남자들은 손자 세대들뿐이다. 한 집의 중심이 되어 질서를 바로잡고 제례 의식을 주도해 나가야 할 가장이 부재하는 집인 것이다. 그 빈자리를 채워주는 사람이 바로 할머니이다. 젊어서 죽은 할아버지와 6·25 때 행방불명이 되어버린 아버지의 자리를 할머니가, 소설 속에서 구체적으로 드러나 있지는 않지만 짐작컨대, 채우면서 나이 어린 제주(祭主)들을 이끌고 제례 의식을 주도해왔던 것이다. 이 사실을 소설은 이렇게 말하고 있다.

촛불을 밝히고부터 할머니는 제상(祭床) 앞을 떠나지 않고 내가 나르는 제기(祭器)들이 놓일 자리를 손수 선별하고 있었다. 어동육서(魚東肉西)나 동두서미(東頭西尾)쯤은 우리 형제가 다 알고 있는데도 당신은 제상의 양쪽 귀를 앉은 걸음으로 왔다갔다 하는 것이 **제례(祭禮)를 장악하는 것으로 간주하는 모양**이었다. (강조: 필자)

제례 의식에서 할머니가 보여주는 이 같은 버릇은 가장이 부재하는 자리를 오랫동안 대신해온 사람만이 가질 수 있는 버릇이다. 이 점은 「추도」에서 다른 무엇보다 제례 의식에 관여하는 방식에서 드러난다. 할머니는 제상을 차리는 법도에만 관여하는 것이 아니라, 여자들에게 허용된 범위를 넘어서, 남자들의 일인 제례 의식 자체에도 깊숙이 관여하고 있다. "한숨을 길게 내쉰 할머니가 수저를 밥그릇 가운데 꽂았다. 그리고 나물 위에 얹힌 젓가락을 구운 고기 위에 놓으려다가 사슬 산적 위에 놓았다"라는 말이 그 같은 사실을 말해 준다. 가장이 정상적으로 제 역할을 해온 집안이라면 여자들은 제례에 참여하지 못하고 기껏해야 뒤늦게 뒷자리에서 절이나 몇 번 했을 것이다. 그런데 할머니가 제상의 앞머리에 나서서 이처럼 제례 의식 자체에 끼어들고 있는 것은 노망기 때문이 아니라 가장이 부재하는 자리를 오랫동안 메워왔기 때문일 것이다.

김원우의 「추도」에서 그러나 의사가장(擬似家長)으로서의 할머니의 위치는 『삼대』에서처럼 확고하지 못하다. 박씨 가문의 가족들은 할머니라는 상징적 가장을 중심으로 일정한 위계질서를 형성하지 못하고 있는 것이다. 사정은 오히려 그 반대이다. 할머니의 위치는 제사 때마다 입버릇처럼 되뇌는 "이 상(床)이 마지막 상인가 싶구마는"이란 말처럼 위태롭기 짝이 없으며 조만간 역사 속으로 사라질 상태에 있다. 이렇게 된 데에는 물론 시대의 변화라든가, 박씨 가문의 남자들이 유약해서 집안의 질서를 잡지 못하고 마누라 눈치나 보는 사람들이라든가 하는 이유도 작용했겠지만 소설에서 말하는 좀더 구체적인 이유는 그것이 아니라 기독교 때문이다. 제례를 주도하려는 할머니의 위치와 권위는 독실한 기독교 신자인 형수와 여기에 은근히 가세하고 있는 어머니와 아내에 의해 심하게 망가지고 훼손당해 있는 것이다. 그 결과 이 집안의 제례 의식에서는 할머니가 주도하는 유교적인 의식과 형수가 주도하는 기독교적인 의식이 내밀한 충돌을 일으키며 한자리에서 진행되는, 전통적인 가부장적 질서 하에 있는 집안에서는 감히 상상도 못할 풍경이 벌어지고 있다.

"연신 입에서 웅얼웅얼하는 소리를 읊조리는 할머니가 제기의 자리를 바꿔놓는 동작을 끝내자 손을 깍지낀 형수가 기도를 하기 시작했고, **그 기도 소리는 할머니의 웅얼거리는 음성에 비해 너무나 크고 당당했고 똑똑한 음향이었다.** 뒤이어 찬송가도 두 곡씩이나 형수가 낭랑하게 선창을 했으므로 형 이하 우리 형제는 큰절을 못하고 말았다."

(강조: 필자)

전통적인 제례를 고수하는 할머니와 기독교적인 간소한 의식으로 제례를 치루고자하는 형수 사이의 갈등이 여기에서 명백하게 드러난다. 그리고 이 갈등은 개인의 기질이나 성격이 일으키는 마찰이나 갈등이라기보다는 서로 다른 두 개의 문화가 충돌하며 빚어내는 마찰과 갈등이며, 집의식의 붕괴와 가장의 권위 상실에 따른 마찰과 갈등이다. 그렇지만 「추도」에서 이 마찰과 갈등이 해결되는 방향은 명백하다. 그 방향은 형수의 기도 소리가 "할머니의 웅얼거리는 음성에 비해 너무나 크고 당당했"다는 말속에 확실하게 나타나 있다. 할머니와 할머니로 대표되는 전통적인 가족 의식은 이제 웅얼거리면서 역사 속으로 스러져가는 모습을 하고 있는 반면, 형수로 대표되는 새로운 가족 의식은 당당하게 그 목소리를 드러내고 있기 때문이다.

그런데 우리가 이 소설에서 가장 주목해야 할 것이 바로 이 부분이다. 역사 속으로 사라져가는 할머니의 음성과 현실 속에서 울려 퍼지는 형수의 음성이 이루는 이 분명한 대비——이 대비를 느끼며 소설의 화자는 대단히 쓸쓸해하고 있다는 사실이 바로 우리가 주목해야 할 점인 것이다. 할머니의 웅얼거리는 소리가 이승에서 사라질 때, 그때는 화자 집안의 제례 풍경도 형수가 주도하는 기독교적인 추도의 방식으로 완전히 바뀔 것이다. 이 사실은 마땅히 가장의 역할을 맡아서 가족을 통솔해야 할 형이 여자들 앞에 주눅이 들어서 "지방도 못 붙이고 절도 없으니 제사가 이상하긴 이상하네"라는 무기력한 태도를 보여주는 데에서도 분명히 드러난다. 그렇지만 이 소설의 화자는 필연적으로 닥칠 이 변화, 시대의 걷잡을 수 없는 변화를 충분히 예감하면서도 몹시 쓸쓸해하고 있다. 그러면서 소설의 마지막에서 "우리 집안의 제례 풍습이 더욱 쓸쓸해질 것이라는 생각이 들었다. 역시 우리네 생활에는 늙은이가 당연히 필요할지도 모른다는 생각을 나는 동생 방에서 오래도록 되씹어 보았다"라고 말한다. 그러므로 「추도」는 소설 상의 이야기로는 동생의 죽음을 애도하는 '추도'이지만 사실은 사라져가는 우리의 전통적인 집의식과 가부장적 가족제도에 대한 소설가의 '추도'이며 만가(輓歌)인 셈이다.

　김향숙의「비어 있는 방」은 가족 사이에서 일어나는 문제를 다루고 있다는 공통점에도 불구하고 김원우의「추도」와는 또 사정이 아주 다르다.「추도」의 화자를 사로잡고 있는 쓸쓸함이 할머니로 대변되는 전통적인 집의식과 가장의 권위 부재로부터 오는 것이라면 김향숙 소설의 여주인공을 사로잡고 있는 쓸쓸함은 남편과 자식들, 그리고 자신에 대한 문제들로부터 야기되는 것이다. 이 사실은 먼저 가족 구성에서부터 뚜렷하게 드러난다.「비어 있는 방」에서의 가족 구성은「추도」처럼 대가족이 아니라 핵가족이다. 따라서 이 소설에는 전통적인 집의식 같은 문제는 이미 존재하지 않는다. 영속해나가야 할 집의식 같은 것은 가족 누구에게서도 찾아볼 수 없다.「비어 있는 방」의 주인공 경윤씨를 사로잡고 있는 문제는 그런 것이 아니라 가족 상호 간의 이해와 신뢰 문제이며, 실존적인 문제일 따름이다. "남편이나 딸 생각으로부터 놓여날 수 있다면 얼마나 좋을까"하는 것이 경윤씨를 지배하는 생각인 것이다.

　이런 점에서「비어 있는 방」에서 생기는 갈등은 대가족을 전제하는 '집〔家〕'이라는 범주 속에서의 갈등이 아니라 핵가족을 전제하는 '방(房)'이라는 범주 속에서의 갈등, 그것도 부모와 자식이 이루는 좁은 개념의 가족 테두리 안에서 일어나는 갈등이라고 할 수 있다. 그러므로 여기에는 결혼해서 한 가족이 된 며느리들과 시집 사람들 사이의 갈등 같은 것은 애초부터 일어날 소지가 없다. 또 부모와 자식이 이루는 가족이기 때문에 이해관계에 얽힌 갈등이 끼어들 소지도 그다지 많지 않다. 이러한 김향숙의 소설에도 물론 전통적인 집의식이 만들어낸 가치관이나 사고방식의 그림자가 전혀 없는 것은 아니다. 소설가 자신이 의식하고 있었건 없었건 간에, 이를테면, 남편이 보여주는 권위주의와 명령 투의 말속에 그러한 모습은 상당히 남아 있다.

나는 지금까지 내 몸을 돌보지 않으면서 일해왔어. 그런데…… 당신이나 자식들은 나한테 감사해 하기는 커녕 나로부터 멀어지려고만 하지. 내가 퇴직했다고 해서 **가장의 자리에서도 물러나야 할 수가 없는 일 아니겠어?** (강조: 필자)

이와 같은 남편의 말투와 의식은 그가 한국의 가부장제에 깊이 물들어 있는 전형적인 가장이라는 사실을 잘 보여준다. 한국의 남자들은 일반적으로 집안에서 가장이 절대적 권위를 지니는 것을 당연하게 여긴다. 경제적인 능력이 미흡한 경우 아내에게 주도권을 뺏기는 일도 있지만, 그런 일은 그다지 많지 않을 뿐만 아니라 부끄러운 일로 생각한다. 가족을 책임진 가장이 밖에 나가 돈을 벌어오는 것은 당연한 일이고, 반면에 여자가 집에서 가정을 돌보며 남편을 얌전히 기다리는 것은 아름다운 일로 여겨왔다. 따라서 남편이 내뱉은 위의 말은 단순히 소설 속에서 지어낸 말이 아니라 한국의 가장들이라면 누구라도 할 수 있는 말인 셈이다. 그리고 남편이 경윤씨가 밖에서 혼자 돌아다니는 것을 노골적으로 힐난하는 "혼자 커피점에 갈 수 있으면 다음번에는 어디로 가고 싶어지는지 당신이 나보다 잘 알겠지"라는 말 역시 같은 맥락에서 이해할 수 있다. 집은 친자에 의해 무한히 이어져야 하며, 그러기 위해서는 남자가 어떤 행동을 하건 간에 여자는 품행이 방정해야 한다. 경윤씨의 남편 역시 가부장제에 물든 한국 남자들이 가지고 있는 일반적인 생각, 여자와 옹기 그릇은 밖으로 나돌면 깨어지기 마련이라는 생각으로부터 자유롭지 못하다.

그러나 「비어 있는 방」에서 말하는 본질적인 문제는 한국의 집의식이 만들어낸 가부장제에 대한 것이 아니다. 가족 구성원들이 가장을 정점으로 만들어진 위계질서에 순응하며 사는 모습을 이야기하려고 한 것이 아닌 것이다. 그런 단계를 뛰어넘어 김향숙의 소설은 남편이 지닌 가장으로서의 권위 의식이나, 여자에 대한 생각을 이제 개인이 가진 성격과 품성의 차원으로 이해하려는 작품인 것이다. 다시 말해 가족 간의 불화를 불만이 있어도 따라야 하는 제례 의식과 같은 제도적 차원의 문제로 간주하는 것이 아니라 개인이 지닌 품성의 차원으로 간주하는 것이다. 김향숙의 소설이 한 집안의 가장을 참을 수 없는 남편, 참을 수 없는 아버지로 보여주는 것이 그 사실을 말해준다. 아내의 입장에서, 자식의 입장에서 참을 수 없는 남편, 참을 수 없는 아버지를 이야기 하고 있는 것이다.

「비어 있는 방」의 주인공 경윤씨가 겪는 갈등과 외로움은 여기에서 생겨난다. 가족들을 수직적 위계질서가 아닌 동등한 인격체로 놓았을 때 남편의 행태는 참을 수 없으며 자신은 전혀 이해받지 못하는 외로운 존재라는 생각이 드는 것이다. 퇴직하기 전에는 직접 피부로 느끼지 못했던 남편의 의심, 단호한 말투와 차가운 눈빛, 사고방식 등을 감내하기가 힘든 것이다. 그 결과 경윤씨는 "남편과의 생활에 아무런 변화가 생겨주지 않는다면……"이란 고민을 거듭하고, 딸은 "아버지를 참을 수 없다며 집을 나가 하숙생활을 시작"한다. 김향숙의 소설은 이와 같은 점에서 볼 때 새로운 의식과 질서로 재편되어야 할 가족 관계를, 아니 지금 진행되고 있는 변화를 우리 앞에 보여주고 있는 셈이다.

3. 가족의 해체라는 화두

우리는 앞에서 한국의 가족제도가 점차 흔들리고 붕괴되는 모습을 보아왔다. 그렇다면 이러한 진행은 어떤 방향을 향해 나갈 것인가? 그것에 대한 우리들의 짐작을 가능하게 해주는 것이 이순원의 「익명, 혹은 그런 이름의 사회학을 가진 여섯 개의 단상」(이하 「익명, ……」) 과 같은 작품이다. 이순원의 「익명, ……」은 한국 사회가 한편으로는 전통적인 집의식과 가족 관계의 틀을 지니고 있으면서, 다른 한편으로 범세계적인 대중 사회, 소비 사회의 틀 속에 편입되어 있다는 사실을 말해준다. 똑같은 모양의 옷을 입고, 똑같이 지어진 아파트에 살며, 누구나 알고 있는 이야기를 하는 사회, 유행을 개성으로 착각하며 사는 사회 속에 한국 사회도 들어선 것이다. 특히 한국 사회의 이 같은 변화는 90년대에 들어서면서 더욱 가속화 되는 측면이 있는데, 그것은 아마도 사람들이 민주화에 대한 정치적 강박관념으로부터 벗어나게 된 것과 우리도 경제성장을 향유해야 할 때가 되었다는 의식이 확산되는 것과 상관이 있다.

이순원의 「익명, ……」은 우리가 당면한 이러한 익명의 사회에 대한 비판 의식의 소산이다. 그래서 이순원이 말하는 익명성은 개인이 편안하게 숨을 수 있는 익명성이 아니라 끔찍하고 폭력적인 익명성이다. 그 모습에 대한 이야기를 이순원은 먼저 우리의 고유한 이름 대신 "56052-1273517"이라는 숫자가 더 통용력을 지닌 사회에 대한 이야기로부터 시작한다. 우리는 지금 자신의 이름과 본관과 부친의 이름 대신 주민등록번호를 대야 하는 풍습이 새로 들어선 사회, 자신의 존재를 확실하게 입증해 주는 것이 아라비아 숫자인 사회 속에 살고 있다. 다시 말해 우리는 서로의 정체를 잘 알 수 없는 익명의 기호들로 존재하고 통용되기 시작한 사회에 살고 있는 것이다. 이런 사회에서 익명의 개인들이 익명을 이용하여 저지르는 광기와 폭력, 증오와 욕망의 모습들을 이순원은 사소하고 개인적인 것에서부터 정치적이고 집단적인 것에 이르기까지 우리 앞에 생생하게 들춰 보이고 있다.

익명이 저지르는 폭력에 대한 이순원의 비판 의식은 무엇보다 그것의 무책임함을 향해 있다. 익명성의 뒤에 숨을 수 있다는 생각은 사람들로 하여금 무슨 일이든 저지르게 만든다는 것을 이순원은 보여준다. 그냥 상상적으로 보여주는 것이 아니라 실제로 있었던 사건들을 모자이크해서 소설 속의 사례들로 삼는 방식으로 보여준다. '얼굴 없는 시인'이라는 익명성 뒤에 숨어 싸구려 시를 쓰고, 알파벳 기호 하나로 표시되는 익명 뒤에 숨어 정치적 파문을 일으킬 수 있는 논문을 발표하며, 자신이 누구인지 드러나지 않을 것이라는 안도감에서 살인까지 저지르는 것을 보여준다. 또한 돈과 권력은 마땅히 책임질 수 있는 이름으로 드러나야 할 사람까지 무책임한 익명 속에 감추어놓을 수 있다는 사실도 보여준다. 따라서 최근 우리가 사이버 공간에서 경험하듯 익명은 얼마든지 이용될 수 있고 악용될 수 있다. 화장실의 무책임한 낙서로부터 광주에서 양민에게 총을 쏜 군인에 이르기까지. 더 나아가 그러한 개인의 뒤에서 그 같은 심리를 교묘하게 조종하는 권력에 이르기까지 말이다. 그래서 다시 말하지만, 개인이 개성과 특징 없이 기호로 존재하는 모습을 그려낸 이순원의 「익명, ……」은 끔찍하고 공포스럽다.

지금 우리가 살고 있는 한국 사회에서는 집과 가족과 개인에 대한 전통적인 관념들이 새로운 관념들로 하루가 다르게 바뀌고 있다. 특히 최근 30년 동안에 일어난 변화는 엄청나게 큰 것이다. 그렇지만 아직도 우리는 가족제도에서 성불변(性不變), 동성불혼(同性不婚), 이성불양(異性不養)의 원칙을 지키고 있다. 다시 말해, 남성 중심의 혈통 계승과 재산상속을 당연시하고 있다. 이 같은 전통이 존속되고 있는 다른 한편에서는 전통의 수정을 요구하는 여성들의 목소리와 어디에도 튼튼하게 소속되지 못한 고립되고 외로운 개인 의식이 무서운 속도로 커지고 있다. 이와 같은 변화가 앞으로 한국 사회와 한국 문학을 어떻게 변화시켜갈지 우리는 적극적인 관심과 비전을 가지고 주시해야 할 것이다. 〔1996〕

최근 30년간의 한국 문학
— 저항과 이념의 문학에서 대중문화의 한 부분으로

1. 양대 계간지의 폐간과 무크지 시대의 개막(1975~1987)

I. 70년대 후반의 한국 사회와 문학

70년대 문학을 주도한 것은 1966년에 창간된 계간지 『창작과비평』(이하 『창비』)과 1970년에 창간된 계간지 『문학과지성』(이하 『문지』)이다. 이 두 계간지는, 사람들이 70년대를 가리켜 '계간지 시대' 혹은 '양대 계간지의 시대'라 부르는 것에서 알 수 있는 것처럼, 『현대문학』이 주도해온 기존 문단의 틀을 변화시키면서 '문학'의 영역을 재편성했다. 오랫동안 『현대문학』이 독점적으로 누려왔던 특권적 지위를 와해시키고 이를 통해 형성된 문단을 재편성했으며, '문학'의 영역에 안주하던 잡지편집체제를 인문과학과 사회과학의 영역으로 확대시킴으로써 문학인을 지식인의 틀 속으로 복귀시켰다.

두 계간지가 보여준 이러한 신선한 태도는 당시 유신 체제에 도전하며 사회과학에 대한 학습에 박차를 가하고 있던 수많은 젊은이들로부터 적극적인 동조와 지지를 받았으며, 그 결과 두 계간지는 70년대 문학을 주도했을 뿐만 아니라 80년대 무크지 문학의 출현에도 막대한 영향을 미쳤다. 두 계간지가 한국 문학에 커다란 영향력을 발휘하던 70년대로부터 두 계간지가 강제 폐간되고 무크지들이 그 뒤를 잇게 되는 80년대에 대해 개략적으로 고찰해보면 다음과 같다.

70년대의 한국사회는 '한강의 기적' 혹은 '근대화/산업화'라고 부르는 급격한 사회 변화와 함께 이를 추진한 독재 권력이 노정하고 있던 독선적 통치 방식으로 말미암아 심각한 갈등을 겪고 있었다. 고도성장시대, 다른 말로는 개발독재시대라고도 말하는 이 시기에 한국은 빠른 속도로 농업 중심의 전통적 취락 사회에서 공업 중심의 근대적 도시 사회로 탈바꿈해나가고 있었다. 해방 직후 약 80퍼센트에 달하던 한국의 농촌 인구가 불과 20~30년 동안에 10퍼센트 내외로 줄어들 정도로 단기간에 급격히 이루어진 이 엄청난 변화는, 그렇기 때문에 또한 수많은 문제를 야기했다. 여기에 대해서는 당시의 문학, 특히 소설들이 잘 말해주고 있는데, 예컨대 소위 '달동네'라고 부르는 도시 빈민층의 증가와 여기에 수반된 문제를 그린 박태순의 '외촌동' 연작, 도시 변두리의 재개발을 둘러싸고 벌어지는 계층간의 소외와 갈등을 다룬 조세희의 '난장이' 연작, 산업화와 이농 현상 그리고 관치 행정과 이데올로기의 틈바구니에 낀 농촌 사회를 그려낸 이문구의 '관촌수필' 연작, 착취당하는 노동자들의 분노와 좌절을 생생하게 기록하고 있는 황석영의 『객지』, 인간의 자유와 행복의 문제를 심도 있게 천착한 이청준의 『당신들의 천국』 등이 그런 경우들이다. 이 소설들은 모두 이 시기에 불거져 나온 각종 사회문제가 얼마나 많았으며, 또 심각했던가를 증언하는 문학적 기록들인 것이다. 이와 같은 맥락에서 볼 때 황석영이 1973년에 발표한 「삼포 가는 길」은 몇 년 전에 발표한 『객지』와 함께 한국 사회의 핵심 문제로 부상하고 있던 노동 문제를 정면으로 다룬 기념비적인 의미를 지닌 소설이다. 그리고 70년대 내내 계속된, 유신독재를 향한 지식인들의 저항과 투쟁을 상징하는 김지하의 담시 「오적」 「비어」 등도 동일한 사회적 맥락에서 생산된 것이었다. 당시에 '민중'이라고 이름붙인 소외되고 억압받는 사람들을 대변하려는 태도와 점점 심각해지는 빈부 간의 격차를 고발하는 시각 때문에 김지하는 반공 노선을 강력하게 내세우던 당시의 정권으로부터 종종 공산주의자라는 혐의를 받아야 했으며, 신체의 자유를 구속당해야 했다.

당시 권력의 이러한 탄압에도 불구하고 70년대 문학의 키워드는 '민중'이었다. 애매한 계급적 의미와, 정서적 공감과, 변화에 대한 열망을 함께 담지하고 있는 이 용어는 정치, 경제, 사회, 문화의 다방면에서 이 시대의 핵심어로 등장했는데, 특히 문학 분야에서 그러했다. 예컨대 문학 쪽의 경우 1969년에 쓰인 백낙청의 「시민문학론」을 단초로 백낙청, 김지하, 염무웅, 신경림 등 제씨에 의해 부단히 갱신·발전되어온 민중문학은 70년대 후반에 이르면 거대한 문학적 흐름을 형성하게 되었다. 10년 정도의 시간 동안에 민중문학의 흐름은 20년대의 프로문학 이외에는 여기에 필적할 만한 것을 한국 문학사에서 달리 찾아내기 힘들 정도로 뚜렷한 줄기를 형성한 것이다. 그리하여 80년대에 이르면 민중문학은 리얼리즘문학, 농민문학, 노동문학의 가지를 지니고, 민족문학, 제3세계문학 등으로 시야를 확대하면서 이념 문학의 토대를 확실히 마련하게 된다.

II. 무크지 시대로의 진입과 문학적 경계의 상실

80년대 초, 물리적 힘으로 사소한 비판의 언어마저 용납하지 않던 절대 권력을 향해 파상적으로 도전의 화살을 날리기 시작한 것은 바로 문학이었다. 형상적 인식의 언어가 이때처럼 삶의 실감을 싣고 독자들을 향해 달려갔던 시기는 없었다. 권력의 무자비한 탄압, 문인들의 성명서와 가두진출 — 이런 사건들로 점철된 시대에서 문학 작품은 용기 있는 비판적 정보 전달의 매체 역할을 겸하고 있었다.

이러한 80년대에 한국 문학은 『창비』와 『문지』가 폐간됨으로써 새로운 국면에 접어들었다. 수없이 출몰하는 부정기 간행물들이 폐간된 두 잡지의 공백을 메우고 있었지만 70년대의 『창비』와 『문지』처럼 튼튼한 구심력을 발휘할 수 있는 잡지는 없었다. 그 대신 『창비』와 『문지』가 형성해놓은 정신적 기반이 새로운 젊은 세대들이 주도하는 '무크지'라는 부정기 간행물로 이어지는 한편 70년대 문학과는 다른, 확산된 전투적 국면을 만들어나가고 있었다.

70년대를 지배했던 양대 계간지가 폐간된 후 80년대에 활발하게 전개된 무크지 운동은 긍정적인 의미에서 볼 때 탈중심화 현상이었다. 권력에 비판적인 문학의 심장을 제거하겠다는 의도하에 취해진 강제 폐간 조치는, 그러나 실제로는 권력의 적절한 대응을 불가능하게 만드는 각종 소집단 운동의 분출을 가져오면서 80년대 문학의 흐름을 단일 중심부가 없는 상태로 변화시켰다. 『창비』 복간호의 권두좌담에서 최원식이 "요컨대 『창비』의 강제 폐간은 이 정권이 전혀 의도하지 않았지만 70년대 민족문학 운동의 대중적 확산에 기여했던 것"이라고 말하는 것은 80년대 문학 운동의 이 같은 측면을 적절하게 지적한 것이라 할 수 있다.

양대 계간지의 폐간에 의해 이루어진 80년대 문학 운동의 탈중심화 현상은 80년대의 문학, 특히 민중문학의 영역에서 다양한 이론적 분화를 가져왔다. 박노해의 시를 중심으로 행해진 노동문학에 대한, 다양한 견해들 특히 전문성과 소인성에 대한 논의와 지식인 문학에 대한 비판적 목소리의 대두는 그러한 이론적 분화의 특징적 측면을 뚜렷하게 드러내 보이는 대표적 예이다. 그리고 80년대에 이루어진 이 같은 분화는 80년대 말의 6월 항쟁 이후 속속 나타난 여러 계간지들 속에 뚜렷하게 반영되면서 민중문학의 이념적 분화를 확실하게 보여주게 되는데, 그 사정을 정리해보면 이렇다.

1966년 『창비』의 등장으로부터 1980년 『창비』와 『문지』의 폐간에 이르는 동안에 두 계간지는 4·19세대의 모임이라는 의미를 넘어서 두 잡지의 방향과 이념에 공감하는 많은 젊은 문학인들을 거느린 일종의 에콜로 성장해 있었다. 따라서 두 계간지가 폐간되면서 80년대에 나타난 무크지 문학, 혹은 소집단 운동은 크건 작건 간에 이 에콜의 계승과 분화라는 성격을 띠고 있었다. 이를테면 『우리 세대의 문학』『언어의 세계』 등이 『문지』 쪽과 정신적 맥을 잇고 있는 것들이었다면 『한국 문학의 현단계』『실천문학』『민중』『르뽀시대』『공동체문화』 등은 『창비』 쪽과 정신적 유대감을 가지고 있는 것들이었다.

80년대 민중문학은 70년대보다 훨씬 큰 강도로 각종 반체제 운동으로부터 많은 영향을 받았다. 특히 엄청나게 수적으로 팽창한 노동자들을 바탕으로 한 노동운동과 분단 상황이 야기한 반체제 통일 운동으로부터 지대한 영향을 받았다. 예컨대 자신들의 요구를 결집할 수 있는 효율적인 조직을 갖추지 못한 노동자들을 계몽시키는 과정에서 만들어진 운동론과 조직론으로부터 많은 영향을 받은 결과 노동

현장의 논리에 문학이 부응해야 한다는 이론과 실천이 생겨났다. 채광석, 김명인, 백진기 등의 글에서 우리가 "박노해, 박영근 같은 이는 리듬의 선택에 있어서도 활동상의 필요를 우선"시키며, "내용도 자기가 가지는 운동 속에서의 입장에 의해서 철저하게 규정을 받는다"는 이야기를 자주 목도하게 되는 것은 그 같은 맥락에서다. 여기에 반해 기존의 민중문학을 이끌어 온 백낙청, 최원식, 신경림, 고은 등의 견해는 이와 달랐다. 운동의 필요성에 의해서 문학 작품의 예술성이 임의로 변개되거나 규정될 수 있다고까지 그들은 생각하지 않았던 것이다.

이러한 와중에서 80년대 민중문학의 젊은 이론가들은 문학의 개념, 문학의 범주를 문화라는 이름하에 생활과 운동 속으로 확산시키려는 시도를 하게 되었다. 다시 말해 문학의 고유한 영역을 의식적으로 부수는 작업을 시작한 것이다. 주로 『공동체 문화』 『실천문학』 『르뽀시대』 등을 중심으로 일어난 이러한 운동은 글쓰기를 실제 운동의 차원으로 진전시켜서 문자 행위와 실천적 운동의 경계선을 무너뜨리려 한 데 그 특색이 있었다. 일찍이 『창비』 세대의 염무웅이 '민중적 실천'이라 말했던 것의 개념보다 한 걸음 더 행동과 실천 쪽으로 전진한 방향에 이들 민중문화 운동가들은 서 있었던 셈이다. 그 결과 『문지』와 『창비』의 성향에 대해 제한된 고유 영역을 고집하는 사람들, 일종의 문학주의에 사로잡힌 집단이라 비판하면서, 문학의 계급적 입장과 운동의 부문적 속성을 강조하는 전위적 이론들이 속출하기 시작했다.

80년대 문학이 시의 과잉에 반해 소설의 침체를 가져온 데에는 격동하는 사회와 구심점을 상실한 문학 풍토가 상당 부분 작용하고 있었다. 70년대 후반기에 나온 『어느 돌멩이의 외침』과 80년대 나온

『어둠의 자식들』은 기왕의 민중문학에 상당한 충격을 주었다. 체험수기 방식으로 진술된 이러한 작품들이 70년대 후반의 Y.H. 사건 및 그 이후의 역사적 사건들과 함께 상승 작용을 일으키며 민중문학의 변화를 재촉했던 것이다. 다시 말해 체험의 강열도가 지나치게 높아서 상상과 비유의 세계 속에서 상징적으로 현실을 드러내는 문학적 수법들을 무력화시킨 것이다. 여기에 가세해서 박태순처럼 상당한 입지점을 구축한 소설마저 「대머리산의 하룻밤」『어느 사학도의 젊은 시절』에서 소설을 역사화시키려고 노력함으로써 정통적인 수법으로 작품을 쓰는 작가들을 당황하게 만들었다. 자신이 알고 있거나, 보았거나, 생각했던 것들을 상상적 허구의 틀 속에서 써내던 소설가들은 생생한 역사의 현장과 체험적 수기와 실천적 운동 앞에서 문학의 무력함을 느끼기 시작했던 것이다.

2. 민주화의 진전과 이념의 과잉(1988~1995)

6월 항쟁 이후 복간되거나 새로 창간된 잡지들을 통해, 특히 운동권 출신의 젊은 비평가들이 편집하는 잡지를 통해 분출되기 시작한 급진적 마르크시즘문학은 몇몇 예외에도 불구하고 대체로 성숙한 문학이라기보다는 계몽적 수준에 있는 문학이었다. 그렇지만 그것이 상당한 지지자들을 가질 수 있었던 것은 식민지 치하에서 프롤레타리아문학이, 많은 점에서 잘 형상화된 작품이라기보다는 사회과학적 지식의 열거였고, 그러한 지식의 열거가 대부분을 차지하는 평론과 정치논문들이 구심점을 이루고 있었음에도 커다란 위세를 떨쳤던 사실과 유사하다. 그것은 아마도 그때나 80년대나 사람들이 우리 사회에 대해 그러한 계몽적 지식을 통해 획득한 새로운 논리적 인식, 과학이라는 이름으로 획득한 정치적 시각을 문학이라고 생각하는 풍토와 관계가 있을 것이다. 일부 젊은 작가들이 마치 돌아온 탕아가 어머니 앞에서 무릎을 꿇고 훈계를 듣듯이 노동 현실이라는 교사 앞에서 반성하고 방향을 바꾼 것이 그렇다. 자신들이 지금까지 써온 개인적 작품경향에 대해 반성하고 새로운 방향을 획득하고자 소그룹을 조직해서 학습을 하며 집단 창작을 열심히 시도한 것이라든가, 선두에 선 이론가들이 지사적인 자세로 문학이 아니라 현실에 대한 정치적 시각을 심어주기 위해 사회과학 서적을 들고 동분서주한 일 등이 그 점을 잘 말해준다.

이 같은 사실에 대한 구체적인 예가 6월 항쟁 이후의 민주화 분위기 속에 창간된 『노동해방문학』 『사상문예운동』 『노둣돌』 등이다. 이 잡지들은 '문학'을 전공한 사람들이 편집하는 문학 중심의 잡지였음에도 문학 작품보다는 현실 분석과 사회과학적 논문의 수록에 더 많은 관심을 가졌다. 예컨대 『노동해방문학』 90년 6월호는 약 500페이지 두께의 책인데 문학에 할애한 분량은 50페이지 정도밖에 되지 않으며, 나머지는 모두 현실 정치 문제를 분석하고 비판하고 성토하는 기사로 가득 차 있다. 이처럼 급진적 마르크시즘문학은 직접적 현실에 대한 정확한 인식이야말로 다른 무엇보다도 중요하다고 생각했다. 정치 현실에 대한 올바른 인식과 그에 따른 정치노선의 확립이 문학 자체보다도 더 중요한 문학적 본질이라고 생각했다. 그렇기 때문에 문학적 표현은 그 다음이며, 바로 여기에 미래 문학의 모습과 살 길이 있다고 생각했던 것이다. 또한 이러한 태도에 동요된 작가들도,

마르크시즘이 충분히 검증받을 수 없었던 우리 현실 속에서, 미래의 주인인 "노동자 계급의 걷잡을 수 없는 계급적 진출과 정치적인 성장"이 예언되고 6월 항쟁 이후 각종 파업 행위가 봇물처럼 터져나오는 현실 앞에서 무엇인가 부끄럽고 불안했으며 자신이 하고 있는 문학이 의심스러웠던 것이다.

이렇게 80년대의 급진적 마르크시즘문학이 계몽적 수준의, 예언적 현실의 사도가 됨으로써 나타난 중요한 현상은 문학을 사회과학적 인식의 산물로 간주하는 글쓰기 태도와 비평이 주도적 위치를 점하게된 모습이었다. 현실을 좀더 정확히 인식하고, 그 속에 더욱 깊이 뿌리박아야 한다는 강박관념이 낳은 이 같은 태도는 먼저 비평에서부터 나타나기 시작해서 비평의 지도 아래 점차 작가들의 작품에까지 확산되었다. 우리가 80년대의 급진적 마르크시즘문학 속에서 빈번하게 마주치는 총체성, 객관 현실, 역사적 필연, 계급, 역사 발전, 역사의 합법칙성 등의 용어들은 모두가 필연적 결과를 예언하는 '과학적' 용어로서 이 시기 비평이 특별히 선호했던 단어들이다. 80년대의 급진적 마르크시즘문학은 이와 같은 사회과학적 용어들과 법칙적으로 현실의 모순을 도해하는 과학적 담론들로 채워져 있었으며, 이런 경향은 산문뿐만 아니라 사회과학의 침투가 불가능해 보이는 시에까지 영향을 미쳐 리얼리즘 시를 주장하는 이론으로 번져나갔다.

그러나 80년대의 급진적 마르크시즘문학이 "이제 노동자 계급은 권력장악투쟁에 나섰다. 전 세계 혁명동지들이 개량주의 수렁으로 처박힐 때 여기 얼어붙은 남한 땅에 혁명적 사회주의의 깃발이 올랐다"고 외치면서, 앞으로 도래할 미래를 역사의 합법칙성을 빌려가며 힘있게 이야기한 것 속에는 일종의 종말론자들 비슷한 성급함이 있었다. 현실에 대한 해석의 체계로서의 사회과학은 자연과학과 같은 과학이 아니었지만, 도래할 노동자의 세상을 지나치게 성급히 보고하고 있는 과학 만능주의자들은 자연과학에 유사한 필연적 법칙으로 역사의 합법칙적 발전에 따라 그 결과가 곧 다가올 것이라고 자신하면서 우리 사회의 미래를 선명하게 논리화시켰던 것이다. 물론 역사는 아직 끝나지 않았고 누가 올바른 '과학적' 해석을 하고 있는지 우리는 아직 알 수 없다. 그렇지만 지금 돌이켜 보면 시한부 종말론은 분명히 조급한 결론이었던 것 같다. 시한부 종말론은 자기 논리에 필요한 정치 현실만을 자의적으로 선택해서 열거함으로써 '과학'이라는 말을 오히려 '비과학적'이라는 말로 만들고, 다른 수많은 가능성을 지닌 정치 현실을 충분히 고려하지 않은 채 독단적으로 세계를 해석하고 있었던 것이다.

다시 말하지만 우리 문학사에서 마르크시즘 계열 문학이 내세운 과학성이란 현실 자체가 아니라 현실에 대한 해석이며 당대적 상황을 반영하는 그 나름의 논리적 주장일 따름이었다. 당시 확신에 사로잡혀 있던 일부 사람들에게 과학은 현실, 아니 현실보다도 더 뚜렷하고 선명한 현실로 간주되었지만 실제의 현실은 아니었다. 그럼에도 80년대의 급진적 마르크시즘문학은 확신에 불타는 과학주의자들이 선두에서 질주하기 시작하면서부터 드높은 정치사상으로 무장하기 시작했으며 다음과 같은 신념 속에 살기 시작했다. "우리는 절대로 깨지지 않는 '불패의 조직'이 될 것이다. 노동자 동지들과 민중 형제 여러분은 이제 남한 사회주의 진영을 믿어도 좋다. 사회주의에 당신의 희망을 걸어도 좋다"라고 과감하게 말하는 비현실적 신념 속에 살기 시작한 것이다.

그러나 이렇게 확신할수록 이들이 지닌 이 협소한 정치성은 그들의 문학을 현실의 총체성으로부터 소외시켜 비현실적인 문학으로 점점 전락하게 만들었다. 도래할 미래에 대한 과학적 전망에 서 있어야 한다는 강박관념이 오히려 비과학성 속으로 그들을 몰고 간 것이다. 그리하여 질주하는 과학주의는 고전적인 작품과 총체적인 삶에서 문학의 전범을 구한 것이 아니라 '과학'을 가르쳐주는 사회과학 텍스트와 자의적으로 선택해낸 부분적 현실에서 구했으며, 결과적으로 문학에 사회 분석의 논리를 부여한 대신 인문적 교양과 서정적 부드러움을 제거해버렸다. 80년대의 급진적 마르크시즘 비평들과 이 계열의 문학 작품들이 대체로 인문적 교양을 결여한 반면에 자기 주장을 무서운 강도로 관철시키려는 태도를 보여주는 것은 바로 그 대표적인 예이다. 말하자면 세상을 향해 부드럽게 스며드는 문학 언어의 탄력성을 잃어버린 것이다.

80년대 후반의 민중문학논쟁에서 민중문학이 지금 어떤 단계에 있는가를 두고 백낙청을 중심으로 한 기성의 민족·민중문학론자들과 마르크시즘의 세례를 받은 젊은 이론가들 사이에 상당한 견해차를 드러낸 것도 바로 위와 같은 맥락에서이다. 민중문학의 현단계에 대해 백낙청은 "종전의 몇몇 선구적 투쟁 사례를 바탕으로 본격적인 민중운동이 이미 자리잡았다거나 심지어 노동계급의 주도성이 현실로 주어진 것처럼 이야기하는 [……] 성급한 행위"를 비판하면서 우리의 민중문학은 아직 그러한 "새 단계를 확보한 것이 아니라는" 견해를 피력했다. 반면에 김명인은 "80년대 들어와서 노동자들이 글을 쓰기 시작했다는 사실, 그리고 그 글이 자기들 내부에서 유통구조를 건설하고 그 결과가 기존의 문학유통구조로까지 들어오고" 있다는 사실은

"기왕의 민족문학론에서 설정해온 민중문학의 범주와도 성격이 다르며 여태까지의 이론들로서는 담기 힘든 부분이라고 생각"하기 때문에 "민족문학이 새 단계에 왔다"고 말했다. 그러면서 백낙청은 7, 8월 노동자 투쟁이란 것이 자신의 생각대로 "역시 그 조직성이나 정치 의식에 있어 전체 민중, 민족 운동을 주도할 만한 수준에는 현저히 미달했다"면서 이 사실을 앞의 주장에 대한 근거로 제시하고 있고, 김명인은 "독점자본 체제가 전일적으로 이 사회를 지배"하는 오늘의 한국 사회에서 신 중간층의 이해관계는 "궁극적으로 독점자본과 일치"하기 때문에 "역사적으로 의미 있는 계급으로서의 소시민 계급"은 이제는 사라져 버렸다는 '일종의 선언적 의미'를 그 근거로 제시하고 있다. 그래서 백낙청은 박노해의 "『노동의 새벽』한 권으로 민족문학의 단계적 비약이 이루어진 것처럼 보는 과장된 평가"를 경계하며, 이에 반해 김명인은 "새 단계라는 것을 객관적인 조건의 변화뿐만이 아니라 객관적인 조건의 흐름에 따라서 〔……〕 충분히 설정"될 수 있는 것으로 보아야 한다고 주장하는 것이다. 이처럼 이 시기에 이르면 민중문학은 급진적 분화를 이룩해서 잡지와 잡지들 사이에 현실에 대한 사회과학적 인식의 차이와 함께 민중문학의 미학적 성취 문제에 대해서도 상당한 시각차를 노정하게 된다.

3. 대중문화, 디지털 문화 시대의 문학(1995~2005)

90년대 중반 이후 한국 문학은 민주화의 진전과 함께 정치적 열기를 상실했다. 눈앞의 한국 사회에 대한 관심을 버리고 한편으로는 디지털 문화와 상업주의 문화에 깊이 침윤당하고, 다른 한편으로는 서구의 페미니즘, 생태주의, 포스트모더니즘 등에 대한 담론을 수용하고 재생산하는 쪽으로 방향을 선회한 것이다. 문학인들은 이와 같은 추세 속에서, 개인적인 기질이나 취향과는 상관없이 현실 정치에 대한 관심과 태도에 따라 특정한 진영으로 구분당하던 굴레가 모처럼 느슨해진 해방감을 즐기면서, 자신의 생존 방식을 찾아 각개 약진을 시작했다. 이렇듯 문학이 정치적 계몽과 무관해진 결과 우리 문단은 이전에 비해 훨씬 새롭고 다채로운 시각과 작품 해석을 보여주게 되었지만, 많은 사람들의 관심을 끄는 현실감 있는 문학, 쟁점다운 쟁점을 생산하는 데는 실패했으며, 이 같은 모습은 현재까지도 계속되고 있다.

이러한 대중문화의 번성에 가장 크게 기여한 것은 90년대 들어 빠른 속도로 보급되기 시작한 컴퓨터와 이를 통한 인터넷 문화의 확산이다. '디지털 혁명'이라 부르는 말에서 알 수 있듯, 인터넷으로 상징되는 디지털 문화는 우리 생활 전반에 엄청난 변화를 가져왔으며, 이 변화는 문학 분야에도 예외가 아니었다. '문자 언어에서 영상 언어로의 변화'라고 부르는 이 변화는 책의 제작과 유통, 지식의 축적과 전달에 대한 종래의 개념을 뒤흔들면서 우리들의 독서 방식에도 혁명적인 변화를 일으켰다. 그 결과 이제 책이란 특정 개인이 손으로 책장을 넘기면서 읽는 것, 낙서를 하거나 밑줄을 그으며 읽는 어떤 것이 아니라, 동시에 수백만의 사람들이 컴퓨터 화면 앞에서 마우스의 단추를 누름으로써 책과 책 사이를 자유롭게 넘나들면서 내용을 발췌하거나 편집할 수 있는 자료로 그 개념이 바뀌었다. 이런 변화에 따라 영화, 음악, 만화, 애니메이션 등의 보급과 영향력은 빠르게 커진 반면 전통적인 '종이책'에 의존하는 문학의 영향력은 점차 감소하기 시작했다. 『문학과사회』 2004년 가을호가 '장르문학의 현재와 미래'라는 제하의 특집에서 이영도, 듀나, 좌백, 최수완 등의 글을 통해 판타지, SF, 무협소설, 인터넷 소설 등에 대한 문제를 다루고, 『문학수첩』 2004년 겨울호가 '사이버 문학의 범주와 다양성'이라는 제하의 특집에서 인터넷 문학, 컴퓨터 게임, 애니메이션 등에 대해 다루는 것이 그러한 변화를 실증해준다.

90년대 중반 이후 가속화된 이러한 흐름은, 일종의 범세계적인 추세가 우리에게 현실화된 것이며, 그 결과 문학이 문화의 중심에서 주도적 영향력을 행사하던 시대가 종언을 고하고 있다. 일본에서 70년대에 시작된, 나카가미 겐지의 죽음과 무라카미 하루키의 부상으로 상징되는, 전통적인 글쓰기의 쇠퇴와 대중문화의 번성이라는 사태가 우리나라에도 현실화되기 시작한 것이다. 우리가 '한류'라는 이름으로 자랑스럽게 여기고, 일본 쪽의 경우 무라카미 하루키와 무라카미류 등의 작가들에 대한 경도로 나타나는 이 대중문화의 시대는, 그러나 그 본질은 무국적 세대들이 보여주는 대중문화에의 몰입이며, 근대문학의 종언인 셈이다. 정치적 긴장에 의해 상업주의가 자연스럽게 견제받던 90년대 이전과는 달리, 부끄럼 없이 대중문화에 몰입하는 시대가 도래한 것이다.

모든 시대에는 그 나름의 방식으로 젊은 세대들의 사고와 심리, 기호와 행동 방식을 대변하는 작가들이 있다. 무라카미 하루키의 소설이 일본에서 거둔 성공은, 일차적으로는 일본적인 진지함을 벗어버린 작품 세계, 새로운 감각의 작품 세계가 일본 젊은이들의 사고방식 및 생활 형태와 맞아떨어진 점에 기인한다. 이러한 성공에는 독자들의 공감을 쾌적하게 이끌어내는 능력, 이른바 '전공투(全共鬪) 세대'이면서 그 세대의 집단적 사유 방식에서 벗어나 개인의 사고와 행동을 자유롭게 만들어주는 능력이 작용했다.

무라카미 하루키의 소설이 우리나라에서 거둔 성공은, 일본에서 그의 성공을 가능하게 만들었던 바로 그 상황이 우리나라에서도 다소간의 시차를 두고 동일하게 형성된 것과 관계가 있다. 격렬한 학생운동과 대립적 이데올로기에 대한 염증, 자본주의 사회의 성숙과 물질적 풍요, 가족의 해체와 자유로워진 개인, 영상문화의 보급과 본격문학의 위축 등 일본에서 무라카미 하루키의 소설을 성공하게 만들었던 조건이 우리나라에도 구비된 것이다.

무라카미 하루키의 소설이 한국에서 다른 일본 소설들과는 달리 일반 독자들을 넘어 장정일, 윤대녕 등 비중 있는 소설가들에게까지 커다란 영향을 미친 것은 대중문화에 몰입하는 주인공의 생활과 사유가 무국적성을 띠고 있기 때문이다. 사회적 억압과 심각한 표정에서 벗어나 록과 댄스 뮤직의 흐름 속에서, 세계가 공유하는 문화 속에서, 자기만의 오롯한 쓸쓸함과 서정적인 상상 속에서 자기 인생을 자기 마음대로 즐기며 살려는 태도—이런 태도의 동질성, 무국적성이 하루키와 함께하는 한국 독자들을 만들어내고 있다. 힘들고 어렵게, 진지하고 심각하게 인생을 이야기하는 것이 아니라 무라카미 하루키의 말처럼 "지금까지 어느 누구도 쓰지 않았을 정도로 심플하게 언어를 쌓아, 심플한 문장을 만들고, 심플한 문장을 쌓아, 결과적으로 심플하지 않은 현실을 그리는" 방식이 양국 젊은이들의 공감을 얻고 있는 것이다.

국적 없는 작품에 대한 공감, 영화·음악·판타지의 융성, 게임과 인터넷에 대한 몰두, 동남아시아의 한류 열풍 등으로 나타나는 대중문화의 세계적 확산은 이미 성숙 단계에 이르고 있다. 그러나 이러한 문화의 공유에는 넘어야 할 여러 장벽이 있다. 문화의 경우, 무국적 세대들의 공감에도 불구하고, 본질적으로 그 문화가 가진 독특한 배타적 정서가 은밀하게 깔려 있는 일이 많으며, 윤리적으로도 우리가 용납할 수 없는 경우도 많기 때문이다. 이런 이유 때문에 지금까지 대중문화의 유입에는 일정한 제약이 있었으며, 그 제약은 앞으로도 여러 가지 형태로 존재할 것이다.

'문학'의 영역을 무너뜨리며 '문화'의 한 부분 속에 문학을 위치시키는 방식으로 흘러가는 현재의 추세가, 또 대중 독자들의 그러한 추세에 자신의 문학을 가담시키는 작가들이 날로 늘어나는 지금의 경향이 어떤 방식으로 진전될지 지켜볼 일이다. 역설적이게도 저항과 이념의 문학이 갈망했던 민주화의 진전이 문학을 주변부로 밀어내 버리는 쓸쓸한 현실이 작금의 모습인 것이다.   〔2007〕

친일 문제에 대한 고착 현상을 벗어나기 위하여

친일 문제에 대한 우리나라 사람들의 일반적 시각과 태도는 어떤 것일까? 오랫동안 우리가 얽매여 있던 감정적 차원을 넘어 이제는 객관적 분석과 해석의 차원으로 옮겨가는 것이 가능해진 것일까? 여기에 대한 필자의 생각은 부정적이다. 필자는 아직도 우리나라 사람들의 상당수는, 특히 지식인의 상당수는, 황지우의 말처럼 일본이란 말만 들어도 피가 거꾸로 도는 그런 감정적 상태로부터 여전히 자유롭지 않다고 생각한다. 그리고 그 구체적인 증거로 금년도부터 고등학교 2학년이 사용하기 시작한, 제7차 교육 과정에 따른 '문학 교과서'를 들고 싶다.

금년도부터 사용하기 시작한 이 검인정 문학 교과서들은, 첫째 그 속성상 개인의 돌발적인 주장보다는 표준적인 학설을 바탕으로 삼는다는 점에서, 둘째 30대와 40대의 소장학자들이 교과서 편찬의 주축을 이루고 있다는 점에서, 셋째 교육부의 철저한 심사를 거쳐서 인정을 받은 책이라는 점에서 이 책이 친일 문인을 다루는 방식과 식민지 시대의 작품을 해석하는 태도 속에는, 친일 문제에 대한 우리 사회의 현재적인 시각과 수준이 생생하게 들어 있다. 그런데 가령 이런 교과서 속에서 이상의 「거울」이라는 시에 대해 다음과 같은 설명을 붙여놓고 있다면 우리는 어떻게 생각해야 할 것인가? "이 시는 정상적인 사람이 비정상적으로 보이는 사회—바로 식민지 조선과 같은 사회의 속성을 거울이라는 사물의 속성을 절묘하게 활용하여 표현한 작품이다. 〔……〕 자신의 존재에 대해서조차 회의해야 하는 식민지 상황의 지식인의 내면풍경을 잘 그려내고 있다"라는 식으로 설명을 하고 있다면, 그리고 이 같은 식의 설명이 우연히 튀어나온 것이 아니라 여러 권의 교과서에서 손쉽게 만날 수 있는 설명 중의 하나라면 말이다. 이런 모습에서 알 수 있는 것은 식민지 시대의 문학에 관한 한 우리가 정서적인 피해 의식과 감정적인 애국심으로부터 자유롭지 못하다는 것이며, 그러한 상태가 문학 작품의 해석을 앞질러서 어떤 선험적인 결론을 생산하고 있다는 사실이다.

또한 필자는 제7차 교육 과정에 따른 이런 문학 교과서의 대부분이 이광수, 최남선, 김동인, 서정주 등의 작품을 고정적으로 수록하던 과거와는 달리 선택적인 태도를 취하면서 그 자리를 과거에 수록할 수 없었던 반체제 작가들의 작품으로 대체하는 것 역시 그러한 정서적인 측면과 무관하지 않다고 생각한다. 물론 해방 이후 우리가 줄곧 교과서에서 만날 수 있었던 대표적 작가들이 과감하게 배제된 데에는 새로운 교과서를 만든다는 의욕과 문학 작품을 작가의 삶이나 인격과 동일시하는 편찬자의 입장이 크게 작용했을 수 있다. 그러나 필자는 이광수, 서정주 등을 배제하거나 소홀하게 취급한 데에는, 그런 점들보다는 해방 이후의 우리 역사를, 문학계를 포함해서, 일정 부분 친일파의 역사로 파악하는 편찬자들의 역사 인식이 작용했으리라고 생각한다. 이 사실은 가령 서정주와 비교할 때 (시적 성취와 시사적 배경에서 뒤떨어지는) 이상화·이용악·이육사 등이 비교적 크게 대접받고 있는 사실에서 확인할 수 있다.

 이와 같은 제7차 교육 과정의 문학 교과서에는 문학 작품의 실제적인 의미를 넘어서 우리가 현재 가지고 있는 생각의 한 부분을 작품에 강압적으로 덮어씌운 모습이 분명히 들어 있다. 식민지 치하에서 생산된 작품 중 우리가 가치 있다고 생각하는 것에는 어떤 식으로든 저항의 모습이 들어 있다는 생각, 아니 들어 있어야 한다는 강박관념이 작품 설명에 개입하고 있는 까닭에 그렇다. 예컨대 교과서 편찬자 중의 한 사람이 정지용의 「향수」를 가리켜 "이 상황은 식민지 상황이며, 그 자신은 식민지 백성이라는 처지다. 또한 예전의 모습을 간직하지 못하고 있는 고향이며, 그런 고향을 잃은 또는 고향을 떠난 사람이다. 이런 사람들이 조국과 고향을 안타깝게 부르고 있는 것이다"라고 해석한 경우를 상기해 보라. 이런 모습이 말해주는 것은 현재의 우리나라 사람들, 그것도 교과서를 편찬할 정도의 식견을 지닌 지식인들 상당수가 친일 문제에 관한 한 일종의 고착 상태에 빠져 있다는 사실이다. 앞의 이상의 시에서 보았듯 식민지 시대 작품에 관한 한 우리 주변에서는 몇십 년째 아무런 발전 없이 상투적이고 감정적인 애국심을 노출하거나 애국적인 판관으로 돌변하는 모습이 반복되고 있으며, 이러한 증상은 친일 문제에 대한 우리나라 지식인들의 고착 현상에서 나온 것이라고 볼 수밖에 없기 때문이다.

 그래서 필자는 지금까지의 친일 문제 연구가 과연 1966년에 나온,

이 분야의 고전이라 할 수 있는 임종국의 『친일문학론(親日文學論)』으로부터 과연 얼마나 발전했는지를 심각하게 의심하고 있다. 특히 시각의 유연성과 관련할 때 더욱 그렇다. 임종국은 『친일문학론』을 펴내면서 첫머리에 이렇게 썼었다.

> 해방 20년—. 우리는 모든 구원(舊怨)을 씻고 일본과 우호하지 않을 수 없게 되었다. 그리고 그것은 오늘의 세계정세로 보아, 적어도 자유중국과 대한민국 및 일본이 가지는 세계사적 위치로 볼 때 필연적이요 불가피한 것이라고도 할 수 있다. 그와 동시에 오늘의 한국인에게는 일본의 인식이 여러모로 불가피한 것이 되고 있다.
> 그러나 이와 동시에 우리는 우리의 선대들이 그들의 통치 밑에서 얼마나 어리석게, 못나게, 불쌍하게, 억울하게 살아왔는가를 망각해서는 안 될 것이다.
> 이 책은 이러한 견지에서, 어차피 한 번은 정리해 놓지않을 수 없는, 어차피 한 번은 비판의 대상으로 오르지 않을 수 없는 1940년을 중심한 전후 약 10년간의 주체성을 상실한 문학을 내 나름으로 일단 정리해 보자는 것이었다. 그러나, 필자의 의욕이 그럴뿐 필자는 이 결과로써 그 전모를 남김없이 규명한 것이라고 주장할 의사는 없다. 즉 과거 어느 시대보다도 문제성에 충만해 있는 이 기간은 따라서 보다 다각적인 검토와 논의가 가해짐으로써만 비로소 그 참된 모습을 발견할 수 있게 되기 때문이다.

이처럼 임종국은 이 책의 첫머리에서 우리의 선대들이 일본의 통치 밑에서 "**얼마나 어리석게, 못나게, 불쌍하게, 억울하게 살아왔는가를**

망각해서는 안 될 것"이라는 생각에서 친일 문학자들에 관한 그 힘든 자료정리 작업을 시작했다고 썼다. 그의 이 말속에는 친일한 사람들은 우리 민족이 아니라거나, 우리 민족으로 간주하지 말아야 한다는 식의 태도나 감정이 들어 있지 않다. 그의 이 말속에는 친일문학자들을 매도하고 배제하기 위해서가 아니라, 당시의 실상을 정확하게 밝혀서 감내하고 포용해 들이기 위해, 우리가 과거를 올바로 기억하며 살아가도록 만들기 위해, 친일 문제를 객관적 학문의 연구 대상으로 삼기 위해 제 살을 깎는 아픔을 감수하면서 조사 연구를 진행했다는 소회가 들어 있다. 아무리 못난 부모도 부모이듯이, 기억하고 싶지 않은 친일 문학도 한국 문학의 한 부분이어서 언제까지나 외면하거나 쉬쉬할 게 아니라 울음을 터뜨리면서라도 정직하게 고백해야 할 것은 고백해야 한다는 것을 그는 강조하고 있는 것이다.

그러나 그가 이 책을 펴낸 후의 우리 현실은 그의 바람처럼 전개되지 않았다. 어리석고, 못나고, 불쌍한 선대들에 대한 정확한 이해와 고통스런 포용의 언어보다는 감정적인 원망과 증오의 언어가 기승을 부렸고, 따라서 사람들의 가슴에서는 이해와 용서의 감정보다 모멸과 부끄러움의 감정이 더욱 증폭되었다. 그것은 이후의 연구가 그가 바랐던, "과거 어느 시대보다도 문제성에 충만해 있는 이 기간에"에 대한 "다각적인 검토와 논의"로 발전해 나가는 대신,『친일문학론』에 들어 있던 비판과 부정의 정신만이 더욱 강조되는 방향으로 흘러서 선험적으로 결론을 내리고 접근하는 연구가 대세를 이룬 까닭이다. 그 결과 그가 이 책에서 후대의 작업으로 넘긴 '다각적인 논의와 검토,' 다시 말해 학문적 차원에서의 진정한 발전은 이루어지지 못한 채 그가 해놓은 사실 확인보다 가치가 떨어지는 도식적 해석과 판단만 무성해지는 결과가 빚어지고 만 것이다.
 이와 같은 우리의 현실 때문에 필자는 사에구사 도시카쓰라는 일본인 연구자가 친일 문제를 논하면서 이광수에 대해 다음과 같은 발언을 상기하면서 부끄러움을 느낀다.

> 비록 그가 민족을 위해 헌신했다고 인정받지 못했다 할지라도, 이광수 자신이 민족을 위해 헌신했다는 생각에는 변함이 없었을 것이다. 불교적인 주제로 쓴—「윤회무진」이라는 시에서— "저는 선을 행한 적도 없기 때문에 극락에 태어나는 것을 원치 않습니다. 제가 다시 태어나고 싶은 것은 이 나라입니다"라고 술하고 있다. 〔……〕 비록 현세에서는 민족을 구한다는 그의 생각과 행위가 인정받지 못했다 할지라도, 인과의 이치가 불멸인 이상 미래 영겁에 윤회를 되풀이하는 사이에 자기의 염원이 성취되는 것을 강조하고 싶었기 때문이다. 〔……〕 어쩌면, 그는 현세의 민족 배반자라는 자신의 모습에서 민족 구제를 위한 방편으로서의 모습을 보고 있었던 것이 아닐까.

 그것은 위의 글이 이광수가 가진 심리적 태도, 주관적 확신의 일단을 객관적인 거리에서 설득력 있게 분석해 보이는 까닭이다. 이광수는 자신의 친일 문제가 한창 도마 위에 올랐을 때 자기 심경의 일단을 「인과(因果)」라는 시에서 이렇게 피력한 바가 있다. "세상은 내가 '죽을 죄로 잘못했습니다. 나는 내 명리를 위하여서 민족을 반역했습니다'하는 참회만을 요구할 것입니다./그러나 나는 아무리 겸손을 꾸미더라도 그런 거짓말은 할 수 없습니다"라고. 사에구사 도시카쓰가 위에서 지적한 것처럼 이광수는 민족을 위해 친일을 했다는 생각에

요지부동이었다. 그랬기 때문에 그는 같은 시에서 "그러나 나는 내가 할 일을 하여 버렸습니다. 내게는 아무 불평(不平)도 회한(悔恨)도 없습니다./나는 '민족을 위하여 살고 민족을 위하다가 죽은 이광수'가 되기에 부끄러움이 없습니다./천지(天地)가 이를 알고 신(神)만이 이를 알 것입니다"라고까지 말했던 것이다. 그렇다면 이렇게 말하는 이광수를 두고 우리가 해야 할 올바른 작업은 무엇일까? 그것은 죽은 이광수를 향해 꾸짖거나 욕하거나 침을 뱉는 일일까? 그렇지 않다. 그것은 손쉬운 일이지만 그렇게 한다고 해서 달라지는 것도, 새로이 해명되는 것도 없다. 그런 식의 접근은 수난자 이광수의 모습에 어떤 조그마한 변화도 일으키지 못한다.

평생 민족을 위해서 살았다는 이광수의 일관된 자부심은 지금 우리가 바꾸거나 부정할 수 있는 것이 아니다. 그것은 그의 생각으로 남겨두어야 한다. 우리가 해야 할 것은 죽은 사람을 야단쳐서 생각을 바꾸려는 도로의 작업이 아니라, 그의 그런 생각이 어떤 논리와 심리에 근거하고 있는지를 정밀하게 추적하여 밝히는 것이다. 부정하는 것이 능사가 아니라 이광수의 생각과 주장을 따라가면서 심리와 의식과 논리를 정치하게 재구성하고 따져보는 것이다. 그렇게 할 때 우리는 이광수로부터 자유로워질 수가 있다. 필자가 사에구사 도시카쓰의 글을 읽으며 부끄러움을 느끼는 것은 그가 바로 이 일을 하고 있기 때문이며, 그럼으로 말미암아 고착 상태에 빠져 있는 우리나라의 연구 업적보다 훨씬 주목할만한 연구 업적을 산출하고 있기 때문이다.

그런데 최근 간행된 김윤식의 『일제 말기 한국 작가의 일본어 글쓰기론』(서울대학교출판부, 2003)과 복거일의 『죽은 자들을 위한 변호』

(들린아침, 2003)는 고착 상태에 빠져 있는 기왕의 연구서들과는 달리 독창적인 시각과 방법으로 친일 문제를 다루고 있다는 점에서 우리의 주목을 요한다. 이 두 책은, 전자는 문인이라는 제한적이고 미시적인 차원을 대상으로 삼은 반면 후자는 당시 상황과 실제 현실이라는 거시적 차원을 대상으로 삼는다는 커다란 차이에도 불구하고, 또 전자는 독특한 주관적 어법으로 작가들의 내면세계를 분석하는 반면 후자는 계량화된 자료를 바탕으로 당시 사회의 여러 국면을 검토한다는 차이에도 불구하고, 두 가지 공통점을 가지고 있다. 그 공통점은 첫째 이 두 책이 친일 문제를 비판과 타매의 대상이 아니라 이해와 포용의 대상으로 삼고 있다는 사실이며, 둘째 이 분야의 기존 저작들과는 달리 자유로운 시각과 어법으로 이 문제에 접근하고 있다는 사실이다. 이처럼 친일 문제를 다루는 시각과 방법에서 이 두 권의 책은 기왕의 저작들과 사뭇 다르기 때문에 우리는 이 책들이 이 분야 연구의 새로운 장을 열어줄 가능성에 대해 검토해볼 필요가 있는 것이다.

김윤식의 『일제 말기 한국 작가의 일본어 글쓰기론』은 엄밀하게 말해 친일 문제를 다룬 책이 아니다. 이 책이 친일 작가를 다루면서도 친일 문제가 주 테마가 되지 않은 것은 잠시 일본어로 글을 쓴 한국 작가를 다룬다는 저자의 독특한 시각 설정 때문이다. 제목에서 느낄 수 있듯 김윤식이 다루는 것은 '친일 작가'가 아니라 일제 말기의 한국작가일 따름인 것이다. 그럼에도 그는 이 책을 흥미롭게도 "『친일문학론(親日文學論)』의 저자 임종국 형께"라는 글로부터 책머리를 시작하고 있다. "형께선 자화상을 쓰는 말미에다 자기는 천치(天痴)였다는 것, 신라·고구려의 후손임을 모르게 한, 자기를 천치로 만든

'일체의 것'을 증오한다고 적었습니다. '일체의 것'이란 무엇일까?" 김윤식은 이렇게 의문형 어법으로 임종국을 끌어들인 후 곧 "'관계의 절대성' 혹은 '사상의 상대성'이 개인의 주체성에 앞선다는 그런 뜻이 아니었을까요"라는 답을 그 뒤에 놓음으로써 자신의 입장을 확보한다. 이로써 그는 자신이 이 책을 쓸 때 의식하지 않을 수 없었던 것이 임종국의 『친일문학론』이었다는 것을 은연중에 드러내고, 그와는 다른 방법, 다른 태도로 자신의 책을 쓰겠다는 결의를 분명히 한다.

김윤식은 『일제 말기 한국 작가의 일본어 글쓰기론』의 첫 장에서 친일 문인을 다루는 자신의 독특한 입장을 요시모토의 이론에 근거하여 정립하고자 노력한다. 인간관계의 본질을 결정하는 것은 결코 윤리적인 것도 입장이라는 것도 아니다. 그것보다 한층 객관적인 '관계의 절대성'이 인간관계의 본질을 결정한다고 생각하는 것이 바로 그것이다. 그래서 그는 다음처럼 쓴다.

요컨대 '사상의 상대성'에 대해 '관계의 절대성'을 대결시킴으로써 요시모토가 열어 보이고자 한 것은 과연 무엇일까. '인간은 사회적 동물이 아니다'의 명제를 전면적으로 내세우기로 이를 정리할 수 있다. 곧 인간은 본질적으로 고독하다는 것, 어쩌다 잘못되어 불가피하게도 공동체를 만들어버렸다는 것, 따라서 그 본질적인 것으로 돌아가기 위해서는 공동체를 해체하여 없애야 한다는 것이다. 극단적으로 말해 인간은 동물처럼 사는 것이 제일 좋다는 것이 된다.

이러한 관점으로 김윤식은 일단 친일 문학에 대한 윤리적 판단, 사회적 책임의 문제로부터 비켜선다. 그는 인간의 본질적 의미를 윤리나 사상, 선악의 판단 같은 것들과는 다른 차원에 있는 것으로 설정함으로써 친일 문학을 한국 작가의 이중어 글쓰기라는 가치중립적 대상으로 간주할 수 있는 근거를 마련하는 것이다. 그런 다음 그는 우리가 악취를 풍기고 있는 쓰레기처럼 간주하는 친일 작가들의 일본어 작품을, 한국 문학의 가장자리에 거적을 덮어씌워 방치해두었던 작품들을 과감하게 파헤치며 흥미 있는 이야기를 만들어내기 시작한다.

그렇다면 김윤식이 이러한 작업을 통해 우리에게 보여주려는 것은 무엇일까? 그것은 바로 그렇게 함으로써 드러나는 개별 작가들의 솔직한 모습들이다. 우리가 욕하며 때리려 들 때는 올바로 볼 수 없었던 것, 따라가며 이해할 때만 볼 수 있는 알몸의 모습들이다. 다시 말해, 그것이 '생의 구경적 형식'이건 무엇이건 간에, 작가들은 속성상 일본 제국주의가 생산해 놓은 거대한 사상과 논리에 대응하는 자신의 은밀한 세계를 가지고 있었을 것이고, 그것을 우리가 엿볼 수 있다는 것이 김윤식의 책에서 얻을 수 있는 가장 큰 소득이라 할 수 있다.

그러나 김윤식의 이 책에는 이러한 장점 못지않게 우리를 혼란스럽게 만드는 문제점 또한 적지 않다. 가령 요시모토의 이론만 해도 그것이 이 책에서 친일 작가들을 자유롭게 다루기 위한 가벼운 전제 조건에 지나지 않는 것인지 개별 문인들의 글과 행간에 숨어 있는 심리를 파헤치는 분석 틀인지 분명하지 않다. 특히 최재서를 논하는 글의 경우, 요시모토가 주장하는 "공동체와 무관한 개인"이라는 전제와 개인 최재서가 파시즘을 수용하고 받아들이는 방식이 정치하게 맞아떨어지지 않는다. 이런 점 때문에 우리는, 김윤식의 다른 책이 그렇듯이 이번 책의 경우에도, 징검다리를 건너듯 그가 자극하는 상상력을 나침반 삼아 다음 발을 놓아야 할 장소를 스스로 골라야 하는 어려움을 겪어야 한다.

복거일의 『죽은 자들을 위한 변호』는 "식민 통치는 무엇으로도 정당화 될 수 없다"는 전제 아래 "그러나 일본의 식민지 통치는 조선 사람들이 생존할 만한 환경을 제공했다"는 참으로 대담한 주장을 전개하고 있는 책이다. 그의 이 책을 필자가 대담하다고 말하는 이유는 이 책이 앞의 전제 조건을 고찰하는 것이 아니라 식민 통치의 긍정적 측면을 솔직하고 과감하게 고찰하고 있기 때문이다. 그것도 "죄 없는 사람이 저 여자를 돌로 쳐라"거나, 그 시대는 누구든 그렇게 살 수 밖에 없었던 시대가 아니냐는 식이 아니라 식민지 시대가 상식적으로 생각하는 것처럼 지독히 나쁜 시대만은 아니었다는 이야기를 근거를 들어 입증함으로써 친일 행위자=식민 체제 협력자를 변호하는 까닭이다. 예컨대 다음과 같은 그의 주장이 바로 그렇다.

일본의 조선 식민 통치에 대해 외국인 역사학자들이 비교적 후한 평가를 내린 셋째 그리고 가장 근본적인 이유는 일본의 식민통치가 실제로 식민 통치 치고는 상당히 효율적이었고 실적도 좋았다는 사실이다. 객관적으로 평가하면, 조선총독부는 식민 통치라는 근본적 한계 안에서 나름대로 잘 다스리려고 애썼고 상당한 성과를 거두었고 그 과정에서 조선을 중세적 사회에서 근대적 사회로 발전시켰다.

그런데 복거일이 이와 같은 주장을 펴는 것은, 아니 대담하게도 식민지 시대의 긍정적 측면을 계량적 접근을 통해 부각시키는 것은 그 시대가 좋은 시대였다는 주장을 하기 위해서가 아니다. 그가 이런 대담한 주장을 펴는 것은 책의 제목이 말해주듯 그 시대를 불가피하게 순응적으로 받아들였던 사람들에게 그럴 만한 이유가 있었는지를 검토하고, 지금 우리가 무엇을 하는 것이 생산적인가를 모색하기 위해서이다. 그는 식민지 사회가 최선의 모습은 아니지만 일정한 측면에서 차선의 모습을 가지고 있었다면, 그 사회를 선택하고 적응한 사람들을 이해하고 인정해야 한다고 주장하는 것이다. 그리고 복거일은 이 같은 자신의 주장을 설득력 있게 만들기 위해, 시간적으로는 구한말 때의 우리 처지로부터 현재 우리가 일본을 대하는 태도에 이르기까지, 공간적으로는 인구 변동으로부터 각종 사회 시스템 문제에 이르기까지 여러 문제들을 하나하나 계량적으로 검토해나간다. 그러면서 식민지 통치가 우리가 생각하는 것처럼 그렇게 나쁜 것만은 아니었다는 것을, 상당한 효율성을 지닌 통치였다는 것을 드러내 보이고자 한다.

  그렇지만 복거일의 이러한 주장에서 해방 후에 이광수가 편 논리와의 유사성을 발견하는 독자들은 몹시 불편하다. 더구나 영혼과 자존심의 문제를, 한 국가의 존망에 대한 문제를 계량적인 수치로 치환하는 것은 있을 수 없는 일이라고 생각하는 독자들은 더욱 불편하다. 간략히 요약한다면 이광수는 해방 후 친일파 처리 문제를 두고 이렇게 말한 바가 있다. 당시는 일본에 협력하지 않고는 살 수 없던 시대였기 때문에 국내에 남아 있었던 사람은 협력자가 아닌 사람이 없다. 그러니 누구든지 간에 함부로 남을 단죄할 수 없다. 또 반민법은 주로 유식, 유산 계급에 속하는 사람들, 앞으로 국가 건설에 기여할 수 있는 유능한 인재들을 대상으로 삼고 있는데, 이들을 잃는 것은 좌우, 남북이 대립하고 있는 이 시기에 우리 진영의 전투력을 감소시키는 일이다. 그런 만큼 지금 필요한 것은 망각법을 시행하고 민족이 일체가 되는 것이다. 이런 주장을 이광수는 펼쳤었다. 당대적인 상황과 현실적인 효용성을 들어서 친일의 문제를 무화시키려 드는 이광수의 이러한 태도는 우연적인 일이겠지만 "식민 통치의 효율과 그것이 결정하는 경제적·사회적 조건들"로부터 식민 통치의 긍정적 측면을 어느 정도까지 이끌어내고자 하는 복거일의 태도와 일치한다.

이런 점들 때문에, 식민 통치 동안 발전한 물질적 측면과 사회 시스템의 정비를 들어 친일 문제를 변호하는 복거일의 이야기를 듣는 우리는 불편하다. 그러나 필자는 복거일의 이번 책이 불편함의 대상으로만 간주된다면 그것이야말로 한국 사회의 정체성과 한국인의 옹졸함을 드러내는 불편한 사건이라고 생각한다. 필자의 생각으로는 복거일의 책은 친일 문제에 대한 우리의 윤리적 판단을 무화시키는 작업이 아니다. 친일 문제에 대한 정치한 윤리적 판단은 복거일의 책에 의해 부정되는 것이 아니라 그대로 존속될 수 있는 것이다. 복거일의 책은 우리도 이제 친일의 문제를 도덕적·윤리적 판단이 배제된 실제적 측면에서도 검토해볼 때가 되었다는 것을, 그렇게 검토하는 것이 친일 문제에 대한 우리의 고착된 시각을 해방시키는 전환점이 될 수 있다는 것을 말해주고 있을 따름이다.

친일 문제에 대한 일차적인 규명은 사실적 차원에서의 규명이며, 임종국의 작업은 주로 여기에 집중되었다. 그러나 이제 우리는 김윤식과 복거일의 경우에서 보듯 사실 차원의 조사 연구와 감정적 차원에서의 비판을 넘어설 때가 되었다. 어려운 일이긴 하지만 잘못된 것의 진실을 밝히는 일이 때로는 올바른 것의 진실을 밝히는 것보다 훨씬 값지다. 친일 문제의 경우처럼 사실과 진실, 상황과 윤리, 개인과 체제의 문제가 얽혀 있는 경우 진실은 하나가 아니기 때문에 그것을 밝히는 일은 무척 힘들고 어렵다. 그렇더라도 우리는 이제 이 문제에 대해 다양한 방식으로 섬세한 지적 성찰을 가하면서 서로의 가슴에 쌓인 감정의 응어리를 풀어주어야 한다.

필자는 김윤식과 복거일에 이어 앞으로 나올 새로운 작업을 기대하면서 팔봉 김기진의 경우를 예로 들겠다. 식민지 시대에 투쟁적인 문학을 전개해온 사람 중 하나였던 팔봉 김기진은 자신이 천황제 파시즘에 협조하게 되는 과정을 다음처럼 이야기하고 있다.

> 그래서 일본이 태평양전쟁을 일으킨 이후 나는 **일본이 이제서야 동양인을 대표해서 아편전쟁 이래 동양을 침략하던 상대방과 진정한 대결하는 것이니까 이에는 협력하는 것이 떳떳하다는** 생각을 일으켰다. 〔……〕 이렇게 되어 나는 42년 1월 이후부터 태평양전쟁을 지원하는 문학적 표현을 하기 시작했던 것이다. (강조: 필자)

팔봉의 이 말이 지닌 자기변명 여부와는 상관없이 당시 지식인들의 상당수는 '대동아공영권'이라는 일본의 논리가 서구 제국주의 열강의 아시아 지배에 대한 콤플렉스를 일정부분 해소시켜주리라는 기대를 분명히 가지고 있었다. 그리고 이런 태도는 비단 우리나라뿐만이 아니라, 중국, 대만, 베트남, 인도네시아 등의 상당수 지식인 속에서 공통적으로 나타난 현상이며, 그랬기 때문에 실제로 일본의 침략에 대한 저항도 국가들마다 편차가 있었다. 여기에 대해서는 최근의 동아시아 담론들이 의미 있는 결과를 산출하고 있는 중이니까 기대해 보기로 하자. 다만 필자가 팔봉의 말을 들어 이야기하고 싶은 것은 그의 이런 친일 행위에 대해 이제 우리는 일시적인 감정과 논리로 접근하는 일을 중지할 때가 되었다는 것이다. 우리가 친일의 문제를 민족의 부끄러운 치부로 간주하는 단계를 뛰어넘어, 그때 그 사람들이 진정 왜 그렇게 행동했던가를 논리적으로 정확하게 설명할 수 있는 단계로 진입할 때가 되었고 또 진입해야 하는 것이다. 그래야만 우리는 감정적인 언어들이 난무하는 지적 풍토를 벗어나 한 단계 성숙한 발전을 이룩할 수가 있다. 〔2003〕

제 2 부

기억의 굴레를 벗는 통과 제의
― 김원일의 「노을」

1

김원일의 『노을』(문학과지성사, 1991)은 내가 지금까지 읽은, 인간과 이념의 관계를 다룬 소설들 중 가장 뛰어난 소설의 하나이다. 해방 직후의 풍경을 그린 소설은 많지만, 이 작품이 지닌, 누구도 쉽게 흉내낼 수 없는 치밀한 사실성과 그 사실성이 전달하는 생생하고 묵직한 감동에 필적할 수 있는 소설은 거의 없다. 그리고 이 소설이 성취한 이 같은 탁월함 때문에 나는 부끄럽기 짝이 없다. 그것은 이 소설에 대한 나의 비겁한 태도 때문이다. 이 소설은 적어도 나에게는 지난 시절 내가 한 사람의 평론가로서 얼마나 무책임하게 살아왔는가를 뼈저리게 환기시키는 가장 아픈 상처 중 하나이다.

나는 80년대 내내 나와 가까웠던 상당수 진보적 평론가들이 이 작품에 대해 악평하는 것을 말없이 방치해왔다. 그들이 『노을』을 지나치게 반공주의적인 시각을 드러낸 작품이라고 일언지하에 평가절하해버리거나 술자리의 가벼운 안줏거리로 삼아 무책임한 난도질을 일삼을 때 나는 그 같은 행위를 침묵으로 승인했다. 이 뛰어난 소설의 본질적 가치와는 무관한 자의적이며 시류적인 평가들에 대해, 그 시절 나는 시대적 분위기와 동떨어진 사람으로 간주되는 것이 두려워서, 그러한 왜곡된 평가의 득세를 말없이 승인하며 살았었다. 그런 태도는 분명히 나의 비겁함 혹은 무책임함의 표현이었다. 그러므로 나는 뒤늦게나마 이 글을 내 과오에 대한 한 줄 참회록으로 만들 필요성을 통감하고 있다.

2

　김원일의 『노을』은 서울을 떠나 과거의 기억이 담긴 진영을 향하는 것으로 시작해서 진영을 떠나 현재의 거주지인 서울을 향하는 것으로 끝나는 소설이다. 그리고 이 두 떠남 사이에 포괄된 며칠 되지 않는 시간이 소설의 전체 내용을 이루고 있다. 이런 점에서 이 소설은 언뜻 김만중의 『구운몽』에 방불한 격자소설의 구조를 갖추고 있는 것으로 생각할 수 있다. 현재의 시점에서 시작해서 다시 현재로 돌아오는 것으로 끝나는 방식이라든가, 짧은 여행 기간이 소설의 대부분을 차지한다든가, 대면을 회피했던 과거의 기억들과 마주치고 돌아온 주인공이 그 이전과 다른 상태로 변화되어 있는 점 같은 것들이 그렇게 유사성을 느끼도록 만들 가능성이 있다. 그러나 이런 유사성을 느끼는 사람들은 작품을 정밀하게 따져가며 읽는 전문적인 소수의 사람에 지나지 않을 것이고, 대부분의 사람들은 방금 말한 한두 가지 외형적인 유사성에도 불구하고, 실제로는 이 두 소설에서 거의 비슷함을 느끼지 못할 것이다. 그 이유는 꿈과 현실의 세계가 별개의 세계로 확실하게 단절되어 있는 『구운몽』과는 달리 『노을』에서는 과거와 현재가 결코 단절될 수 없는 하나의 세계로 끈끈하게 연결되어 있기 때문이다. 다시 말해 『구운몽』에서는 구조상으로도 격자 구조 안의 이야기와 밖의 이야기가 서로 다른 시간의 차원으로 선명하게 구분되어 상호 간섭이 불가능하지만 『노을』에서는 두 떠남 사이에 포괄된 과거의 시간과 현재의 시간이 29년 동안의 격절에도 불구하고 결코 나와 분리된 타인의 시간으로 바뀔 수 없는 까닭이다.

김원일의 『노을』은 구성상으로 볼 때 두 개의 시간이 교차하는 방식으로 이루어져 있다. 해방 직후라는 시간적 배경과 그로부터 29년의 세월이 흐른, 현재라는 또 다른 시간적 배경이 바로 그것이다. 그리고 이 두 시간적 배경은 진영과 서울이라는 두 개의 공간에 대응하면서 김갑수라는 소년(유년 시절의 나)과 출판사의 중견 간부인 '현재의 나'를 소설 속에 등장시키게 된다. 따라서 이 소설은 두 개의 시간에 대응하는 두 인물을 가지고 있는 셈이며, 두 인물로 대변되는, 오랫동안 기억의 저편에 유폐시켜 놓았던 '유년의 나'와 그 '유년의 나'와 만나는 것을 기피했던 '현재의 나'가 화해를 향한 시소 게임을 벌이는 것으로 구성되어 있다. 이렇게 볼 때 이 소설이 현재의 시점에서 과거의 기억이 담긴 장소로 여행을 떠나는 것으로 시작하여, 29년 전에 떠났던 그곳에서 과거와 고통스런 드잡이질을 하는 것으로 내용을 만들어나가는 것은 구성에 합치되는 자연스러운 흐름이라고 할 수 있다.

그리고 김원일의 『노을』은 이와 같은 자연스러운 흐름으로 우리나라 장편소설 중 가장 모범적이라고 할 수 있는 짜임새를 우리 앞에 선보이고 있다. 소설의 전체적인 구성은 물론이고 세부적인 사건과 행위의 묘사에 이르기까지 작가는 어느 것 하나 어긋남이 없게 모든 것을 배치하고 있는 것이다. 이 사실은 예컨대 과거의 기억을 갑자기 몰고 오는 전보, 그 기억의 고통스러움을 미리 상징적으로 암시하는 핏빛 노을, 떨칠수록 끈끈함으로 달라붙는, 기억 속의 계절로 이어질 여름 더위 등 이 소설의 첫머리에 등장하는 모든 것들이 이후의 이야기 전개와 긴밀한 관계를 맺고 있는 데에서 잘 알 수 있다. 이처럼 작가는 과거와 현재를 이어주는 연결 고리들을 용의주도하게 소설 속에 배치하면서 소설을 이끌어나가고 있다. 그뿐만이 아니다. 작가의 섬세하고 치밀한 주의력은 진영 일대의 당시 풍광과 인물들에 대한 묘사는 물론이고, 그 묘사를 수행하는 '유년의 나'가 드러내는 심리와 언어, 거기에 담긴 세계 인식과 사고방식 등에 이르기까지 소설의 모든 부면에 빈틈없이 스며들어 있다. 그래서 한번 소설 속에 발을 들여놓으면 마치 우리 자신이 해방 직후라는 실제의 시간과 공간 속에서 벌어지는 일과 대면하고 있는 듯한 생동감을 주고 있다. 김원일의 『노을』은 이런 측면에서 분명히 우리 소설이 도달한 '리얼리즘의 승리'의 한 측면을 보여준다.

  김원일의 『노을』은 고향에서 날아온 "금일삼촌별세급하향"이라는 한 장의 전보로부터 시작한다. 어느 날 갑자기 날아온 전보, 그 전보는 주인공의 유년기를 체험으로 기억하는 피붙이가 고향에는 이제 더 이상 존재하지 않는다는 사실을 알려준다. 그 기분을 소설은 "묵은 괴로움이 삭아지는 쓸쓸함"과 "한 줄기 시원한 소나기라도 맞은, 마음 개운함"의 이중적 감정으로 표현하고 있다. 그것은 주인공에게 고향이 한사코 대면을 기피하고 싶은 두려운 장소/기억이면서 그런 노력만큼이나 머릿속에 잊을 수 없는 기억으로 또아리를 틀고 들어앉은 곳이기 때문이다. 주인공은 이렇게 말하고 있다. "그러나 고향을 떠나 산 스물아홉 해 동안 나는 하루도 고향을 잊어본 적 없다"고. 또한 이렇게도 말하고 있다. "고향을 잊으려 노력해온 만큼 이곳은 나로 하여금 더욱 잊지 못하게 하는 어떤 힘을 지니고 있었다"고. 그렇다면 도대체 어떤 기억이 주인공으로 하여금 잊을 수 없는 기억에 대해 한사코 잊어버리려는 무망한 노력을 하게 만드는 것일까? 그것을 알기 위해 우리는 주인공이 지닌 기억의 심연을 들여다볼 필요가 있다.

> 그제서야 내 마음 저 아래, 결코 남에게 보이고 싶지 않은 묵혀둔 얼굴 하나가 비를 만난 지렁이처럼 꿈틀대며 몸을 뒤척이더니 내 마음을 휘저었다. 평소에도 나는 그 얼굴을 두려워했다. 아니, 나는 그 얼굴을 잊으려 노력했다 말해야 옳았다. 핏줄로서 연민을 느끼며 잊으려 노력해온 그 얼굴은 다름아닌 아버지 모습이었다. (p.104)

이러한 주인공의 고백에서 알 수 있듯 가장 끔찍하고 두려운 이미지로 기억 속에 자리잡고 있는 것은 아버지의 얼굴이다. 그 얼굴은 주인공이 29년 전 어느 여름날 "개만도 몬한 자슥……"이라고 욕설을 내뱉었던 얼굴이며, "죽어뿌려. 총알 맞아 돼져부려! 이제 우리 앞에 영영 사라져뿌려!"라고 소리쳤던 얼굴이다. 그런 아버지의 얼굴이기 때문에 "결코 남에게 보이고 싶지 않은 묵혀둔 얼굴"이다. 그 얼굴과 대면하기 위해 고향인 진영으로 떠나는 주인공의 심정은 온몸에 찬 기운이 돌 정도로 두렵고 힘들다.

앞을 막아선 산에 눈을 준다. 관악산은 이미 그늘져 침침한 회청색을 띠고 있다. 그 뒤로 아직도 끓는 더위와 어울려 자줏빛 노을이 가라앉는 참이다. 그 핏빛 노을이 먼 기억의 실마리를 집어내어, 잊으려 지워온 깊은 상처를 새로이 긁는다. 어느 사이 땀에 젖은 러닝 셔츠가 차갑게 살에 닿는다. 그 찬 기운 탓이 아닌데, 나는 한차례 어깨를 떤다. 비로소 강한 통증이 뒷골을 친다. 눈앞이 뿌옇게 흐려 보인다. (p.11)

주인공의 기억 속에서 아버지는 교육이나 윤리에 의해 순치되고 제어받는 인간이 아니라 원초적인 본능에 따라 움직이는 인간이다. 배가 고프면 먹어야 하고, 욕망이 생기면 배설해야 하며, 돈이 생기면 도박에 몰두하는, 가족의 생계나 안위는 안중에도 없이 동물적 본능에 따라 움직이는 인간이 아버지이다. 배가 고프면 으르렁거리고 포만감에 잠기면 온순지는 짐승처럼 그렇게 행동하는 사람, 타인과 세계에 대한 진지한 이해 위에서 행동의 옳고 그름을 판단하는 것과는 상관없는 사람, 자기 기분에 따라 아내와 자식을 아무렇게나 개 패듯 두들겨 패는 사람이 아버지이다. 기억 속의 아버지는, 백정이라는 신분과 '개삼조'라는 별명이 말해주듯, 사회의 주류에서 밀려난, 손가락질 받는 변두리 인간이며 그럴수록 더욱더 본능의 광포함을 가족과 세계를 향해 드러내는 원초적 인간이다.

  주인공의 유년기는 이러한 아버지가 휘두른 가공스런 폭력으로 온통 점철되어 있다. 주인공뿐만이 아니다. 다시는 기억조차 하고 싶지 않은 아버지의 이미지에 시달리는 것은 주인공의 어머니 역시 마찬가지이다. 아버지의 폭력에 대한 어머니의 증오와 공포 또한 얼마나 컸던지 "어머니에게 아버지는 골수에 맺힌 원수"가 될 정도이다. 한때 살을 섞고 자식까지 낳으며 같이 살았던 사람을 두고 '골수에 맺힌 원수'라고 생각할 정도로 주인공 가족에게 있어 아버지의 이미지는 폭력의 대명사였던 것이다.

  그런데 소설에서 이 원초적이고 본능적인 성격의 아버지가 휘두른 폭력은 가족을 향한 폭력으로만 끝나지 않는다. 사회의 변두리에서 가난을 어쩔 수 없는 운명처럼 받아들이며 인간말짜로 살아가던 아버지가 어느 날 공산주의자가 되어 그 폭력성을 그를 '개삼조'라고 부르며 차별하고 손가락질하던 세상을 향해 폭발시킨 것이다. 그리고 바로 여기에 『노을』의 의미심장함이 있는 것이다. 주인공은 그의 아버지가 공산주의자가 된 사정을 아버지의 다음과 같은 말로 대신해주고 있다.

> 갑수야 인제 쪼매마 있어바라. 애비가 구루마에 살 수십 가마를 져다 날을 테이께. 그라고 이런 돼지우리 같은 집에서 안 살게 될 끼데이. 짐삼조 동무가 근사한 기와집에서 내 보란 듯 떵까떵까하미 안 사는가 두고 바라. 물론 니도 중핵교에 턱 들어가서 사지 기지로 옷 한 불 짜악 빼입게 될 끼고 말이데이. (p.74)

이렇듯 주인공의 아버지는 자신의 처지가 어느 날 갑자기 180도 바뀔 수 있다는 환상을 품고 공산주의자가 되었다. 밑바닥 천민 백정인 자신을 '개삼조'가 아니라 '김삼조 동무'라고 인간적으로 불러주는 것에 감격해서, 인간말짜로 취급받던 그가 '혁명의 영웅'으로 떠받들리는 것에 신이 나서, 운명처럼 생각했던 가난을 벗어버리고 보란 듯이 이 세상 사람 위에 군림할 수 있다는 희망에 넋이 빠져서 열렬한 공산주의자가 된 것이다. 다시 말해 그는 이 세상의 모순을 논리적으로 이해하고 그것을 극복할 수 있는 이성적 대안으로 공산주의를 선택한 것이 아니라, 해방 이후 좌익에 동조했던 노동자와 농민들 대부분이 그랬듯이, 지극히 본능적이고 정서적인 차원에서 공산주의자가 된 것이다. 따라서 그가 공산주의 세상을 다음과 같은 모습으로 이해하는 것은 당연한 일이다.

"삼조행님, 행님은 공산주이가 먼지 제대로 알기나 해예? 제대로 알고 사람을 소 쥑이드키 쥑이나 말임더."
"모른다, 와. 부자와 가난뱅이 차별 없어지는 시상이 되고, 양반 상늠 차별 않고, 똑같이 일하고 똑같이 나나 묵는다 카는 기 공산주의라는 것쯤은 안다. 배선상도 장선상도 내한테 똑같은 말을 배아줬다. 와, 내 말 틀리나?" (p.278)

그리하여 주인공의 아버지는 한 편의 말을 빌리면 '혁명의 영웅'이 되어, 또 다른 편의 시각을 빌리면 인간 백정이 되어 반동들을 처단하는 칼날을 무자비하게 휘두르는 사람이 된다(『노을』에서 유년의 나에 비친 아버지의 반동 처단 장면은 정신을 혼미하게 만들 정도로 끔찍하고 참혹한 장면이지만, 작가는 끝까지 이 장면을 생생하게 그려서 이데올로기의 부추김을 받은 한 인물의 절정에 이른 광포함을 냉정하게 증언하고 있다). 그리고 이때의 충격은 주인공으로 하여금 아버지를 영원히 용서할 수 없는 존재로 규정하는 결정적 요인이 된다.

이렇게 어느 날 날아온 한 장의 전보가 다시 추체험하게 만드는 주인공의 아버지 상은 단순하게 폭력적인 아버지의 이미지로만 끝나지 않는다. 그 아버지는 1948년 여름에 주인공이 생사의 기로에 서서 겪었던 이데올로기이며 우리가 살고 있는 분단된 이 세상과 동일한 것이다. 그렇기 때문에 주인공이 유년의 기억을 극복하는 것은 쉽지 않다. 분단된 현실 속에서, 이데올로기의 대립이 여전히 맹위를 떨치는 세상 속에서 그 기억의 극복이 쉽지 않기 때문에 주인공이 본능적으로 할 수 있는 것은 철저히 정치적인 문제와는 담을 쌓고 사는 일이다. 아버지에 대한 기억으로부터 어떤 식으로건 벗어나서 생존의 뿌리를 내리고 과거의 모든 기억을 지워버리는 일이다. 그러나 그 기억은 세상 때문에 그렇게 쉽게 지워지지 않는다. 사소한 일에도 온 가족이 화들짝 놀라서 '하루종일 전전긍긍'하거나, 바람이 문풍지를 울리는 소리에도 잠을 설치며 '48년 여름 시절의 악몽에 시달려야' 하는 상태로 여전히 살아 있다. "아버지 시대와 달리 그런 쪽과 담을 쌓고 살려는 나에게까지 남북의 극단적인 대치 상황이 그렇게 가깝게 영향력을 미칠 줄 나는 미처 몰랐다"는 주인공의 말처럼 이데올로기는 항상 그의 주변을 어른거리고 있다.

　김원일의 『노을』은 이처럼 고향/기억으로 상징되는 이데올로기 콤플렉스와의 싸움이며, 고향/기억과 정면으로 맞서서 견딜 수 있는 상태에 도달하기까지의 기록이다. 이런 점에서 주인공이 보여주는 기억의 여행은 주인공이 유년의 기억으로부터 자유로운 어른이 되기 위한 통과 제의일 뿐만 아니라 우리 민족이 지난 시절의 삶의 실체와 편견 없이 마주서기 위한 제의적 절차이기도 하다.

지금 노을진 차창 밖을 내다보는 현구 눈에 비친 아버지 고향도 반
드시 어둠을 기다리는 상처 깊은 고향이기보다, 내일 아침을 예비하는
다시 오고 싶은 아버지 고향일 수 있으리라. (p.345)

이처럼 우리가 이 소설에서 깨달아야 할 것은 지금과 같은 분단 현
실에도 불구하고 우리는 우리가 살아온 지금까지의 대립의 역사를 이
미 끝난 것으로 만드는 고통스런 작업을 시작해야 한다는 사실이다.
김현의 말처럼 소설의 주인공이 아직도 살아 있는 유년의 기억을 이
미 끝나버린 기억으로 만들기 위해 노력하듯이 우리 역시 아직 끝나
지 않은 이데올로기의 대립을 끝난 것으로 생각하는 노력을 시작해야
하는 것이다. 그래야만 이데올로기의 대립 문제는 극복될 수 있다.

3

김원일의 『노을』은 이데올로기에 휩쓸린 사람들의 모습과 그 후유
증의 치유 방식을 다루고 있는 소설이지 이데올로기 자체를 다루고
있는 소설은 아니다. 그럼에도 사람들은 종종 이 작품이 이데올로기
자체의 문제를 이야기하는 것처럼 "반공소설이다, 아니다"하며 논란
을 벌인다. 김원일의 『노을』이 말하고자 하는 것은 어떤 이데올로기
가 그 자체로 좋다 나쁘다 하는 그런 차원의 이야기가 아니다.
『노을』이 보여주고 있듯이 우리나라의 이데올로기 투쟁은 사실 이
데올로기 자체와는 관계가 먼 사람들이 이데올로기의 하수인이 되어
행동한 것에 문제가 있는 것이다. 따라서 그가 비판하는 것은 이데올

로기가 소설 속의 아버지와 같은 인물을 추동할 때 나타나는, 마치 아편을 주입 당한 사람처럼, 사람들로 하여금 제정신을 잃고 설치게 만든 측면, 그리고 인간을 위해 만들어진 이데올로기가 인간을 끔찍한 공포의 대상으로 만들어버리는 측면일 따름이다.

 이런 점에서 김원일의 『노을』은 우리가 지닌 이데올로기 콤플렉스의 상당 부분은 남북이 대립하고 있는 현실에서 비롯된 것이 아니라는 사실을 말해준다. 그것의 상당 부분은 특정 이데올로기에 대한 개인적 호오(好惡)의 감정을 넘어서, 『노을』이 소년의 시선을 빌려 정확하게 보여주는 것처럼, 이데올로기가 당대의 모순을 부추겨서 만들어낸, 인간들의 예측할 수 없는 광기에 대한 두려움에서 비롯된 것이다. 이런 점에서 우리가 지닌 이데올로기 콤플렉스의 상당 부분은 역사적 경험에 의거한 것이며, 그것을 『노을』은 아버지의 행위에 대한 주인공의 공포를 통해 생생하게 말해주고 있다. 그래서 형성된 일반적 동의, 즉 어떤 독재도 무질서보다는 낫다는 심리 상태가 해방 후 몇 차례의 좌익 폭동과 6·25 전란시의 상호 보복 과정을 경험하면서 사람들의 의식 속에 깊이 자리잡게 되었고, 그것이 반공을 빙자한 독재 체제를 우리나라에서 오랫동안 가능하게 만들었던 셈이다. 이런 역사적 경험이 적어도 우리 기성 세대들에게는 완강히 자리잡고 있는 것이다.

 김원일의 『노을』은 동시에 어느 한 쪽을 무조건 미화하거나 증오하는 태도로는 과거의 이데올로기적 대립을 극복할 수 없다는 사실을 말해준다. 중요한 것은 『노을』처럼 숨김없이 진실을 드러내는 것이다. 그 시절에 이데올로기가 어떤 종류의 사람들을 어떻게 행동하게 만들었는지를 솔직하게 이해하고 받아들일 때 우리는 지난 역사와 올바르게 대면 할 수 있다. 이 점은 『노을』에서 긍정적인 인물로 그려지고 있는 치모라는 젊은 청년에 대한 긍정적 묘사에서 엿볼 수 있다. 아버지 세대의 문제에 정면으로 맞서면서 그것을 현실 속에서도 당당하게 풀어나가는 치모는 이 소설에서 가장 적극적인 인물이며 작가가 기대하는 미래형의 인물인 것이다.

그래서 다시 강조하지만 김원일의 『노을』은 반공소설이 아니다. 그러한 편견은 이 소설 속의 아버지 모습을 곡해한 결과이다. 『노을』은 우리 민족의 이데올로기적 상처를 역사의 노을로 만들어서 우리 모두가 두려움 없이 내일을 생각할 수 있도록 만들어주려는 소중한 노력이다. 〔1997〕

소설로 가는, 기억의 길
— 이문열의 「금시조」

　이문열은 소설 『그대 다시는 고향에 가지 못하리』의 마지막에 이렇게 쓰고 있다. "진정으로 사랑했던 고향에로의 통로는 오직 기억으로만 존재할 뿐 이 세상의 지도로는 돌아갈 수 없다"라고. 이문열의 이 말에서 우리가 '지도'라는 말 대신 '소설'이란 말을 집어넣는다면 그 결론은 어떻게 될까? 그렇게 한다면 결론은 "돌아갈 수 있다"일까, "돌아갈 수 없다"일까? 현실로는 돌아갈 수 없는 고향, 다시 돌이킬 수 없는 과거로의 여행을 소설은 가능하게 만들어줄 수 있는 것일까? 분명히는 말할 수 없지만 아마 어느 정도까지는 가능하게 만들어줄 것 같다. 소설이 사라져버린 과거를 다시 눈앞에 되살려놓을 수는 없겠지만 적어도 한때 생생했던 기억들에 대한 접근은 가능하게 해줄 것 같다. 그것은 오직 기억으로만 존재하는 고향/과거는 기억을 되살리고 반추하는 방식으로밖에 접근이 불가능하며, 회상의 형식으로서의 소설은 적어도 뒤늦게 서럽고 안타까운 기억을 매만지는 일 정도는 가능하게 만들어줄 수 있는 까닭이다. 그래서 이문열은 소설을 쓰는 것일까? 사실 그의 상당수 소설들은 그가 고향에 대해 쓴 글에 붙인 제목처럼, '귀향(과거—필자 주)을 위한 만가'들이다. 이제는 그때 그 모습대로는 다시 볼 수 없는, 따라서 영원히 돌아갈 수 없는 고향/과거에 대한 엘레지이다. 그는 그 이유를 이렇게 말한다.

진정으로 사랑했던 고향에로의 통로는 오직 기억으로만 존재할 뿐 이 세상의 지도로는 돌아갈 수 없다. 아무도, 사라져 아름다운 시간 속으로, 그 자랑스러우면서도 음울한 전설과 장려한 낙일(落日)도 없이 무너져 내린 영광 속으로 돌아갈 수 없고, 현란하여 몽롱한 유년과 구름처럼 흘러가 버린 젊은 날의 꿈속으로 돌아갈 수 없으므로, 한때는 열병 같은 희비(喜悲)의 원인이었으되 이제는 똑같은 빛깔로만 떠오르는 지난날의 애증과 낭비의 열정으로는 누구도 돌아갈 수 없으며 강풍에 실이 끊겨 가뭇없이 날아가 버린 연처럼 그리운 날의 옛 노래도 두번 다시 찾을 길 없으므로. (『그대 다시는 고향에 가지 못하리』)

이처럼 이문열은 화려한 어조로 그러나 비감하게 이제는 다시 돌아갈 수 없는 고향/과거를 이야기한다. "진정한 고향을 가졌던 마지막 세대였지만 미처 우리가 늙어 죽기도 전에 그 고향은 사라져버린" 세대의 상실감을, 그렇게 모든 아름다운 것은 고향으로 표상되는 과거에 있었다는 듯한 문체로 이야기한다. 그럴 뿐만 아니라 자신이 버리거나 내팽개친 것이 아니라 고향/과거가 스스로 '사라져'버렸기에 더욱 아섭다는 투로 이야기한다. 이 말 속에는 이런 의미가 들어 있다. 그의 앞 세대는 변하지 않는 고향 속에서 살았던 세대이며, 뒷 세대는 진정한 고향을 아예 가져보지 못한 세대이다. 그 중간에 자신의 세대가 끼어 있다. 한때 진정한 고향을 가졌었지만 고향이 스스로 사라져버린 세월—그동안에 세상은 얼마나 많이 바뀌었던가!—을 살아온 것이 바로 작가 자신의 세대라는 생각, 따라서 고향의 의미를 가장 절실하게 증언할 수 있는 세대는 자신의 세대뿐이라는 태도가 들어 있다. 고향에 대한 애틋한 상실감은 내내 고향 속에서 산 세대나 고향을 가져보지 못한 세대보다는 한때 가졌다가 놓쳐버린 세대가 더욱 절실하게 느낄 테니까 말이다.

또한 이문열은 위에서 기억으로서의 고향에 대해 이야기한다. 고향은 이제 어떤 지점이 아니라 과거의 기억이라는 사실, '경상북도 영양군 석보면 원리동'이라는 지리적 위치가 고향이 아니라 오로지 기억 속의 세계가 고향이라는 사실을 이야기한다. "장려한 낙일(落日)도 없이 무너져 내린 영광" "현란하여 몽롱한 유년" "구름처럼 흘러가버린 젊은 날" "열병 같은 희비의 원인" 등 그가 예로 드는 것은 모두가 과거에 대한 기억이며 감정들이다. 지리적 위치와 사물들은 기억을 되살리는 모티프일 뿐 작가가 간직하고 있는 고향의 모습이 아니다. 그것들은 마음을 아프게 하는 변해버린 흔적들일 따름이다. 예컨대 "조상의 글씨가 원래 있을 곳에 있지 못하고 홀대를 당하는 느낌에 새삼스레 가슴이 썰렁해졌다. 이 몇 년 도회적인 삶에 익숙해지면서 희미해져버린 옛 결의가 문득 되살아났다. 만약 주인들과 얘기가 된다면 옛날 판 값의 천 배를 주고라도 되사고 싶은 심정이었다"(「귀향을 위한 만가」)에서 보듯 사물은 어떤 기억의 모티프이자, 감정을 유발하는 매개물이다. 그러므로 고향/과거의 생생한 모습은 오직 기억 속에 있으며, 그 기억이 현재의 이문열을 지난 세월 속으로 들어가게 만든다. 고향에서 가족, 친지 들과 함께 만든 기억들, 함께 살 수 없는 유랑의 시간이었기 때문에—실제로 그는 네 번 실향했다—함께 만든 기억보다 더 생생한 기억들이 그를 잡아당긴다.

따라서 우리는 이문열에게 있어서 고향/과거의 의미를 어떤 지리상, 시간상의 지점이라는 형식적인 의미로만 생각해서는 안 된다. 우리는 그것을 고향/과거와 관련된 기억의 총체를 의미하는 것으로 넓게 생각해야 하며, 거기에는 당연히 그가 특정한 공간 속에 안주하지 못하고 안식처를 찾아 유랑했던 시간의 흐름, 그의 말을 빌리면 '지난날의 애증과 낭비의 열정'으로 보냈던 세월까지 포함된다. 이렇게 볼 때 이문열의 소설은 넓은 의미에서 본다면 어떤 식으로건, 『변경』이 선명하게 보여주듯이, 고향을 가지고 있으면서도 그곳을 고향으로 삼지 못하고 떠돌아야 했던 사람의 안타까운 고뇌와 방황의 기록이며, 역설적으로 들릴지 모르지만, 신산스런 삶으로 채워진 과거, "빼앗기고 빼앗기던 나머지 청소년의 꿈조차 일그러진 아픔을 일생 기억 속에 간직하고 살게"(『변경』) 만든 과거에 대한 진혼적인 이끌림이다. 이문열의 소설은 "이 세상의 지도로는 돌아갈 수 없는" 고향/과거를 그리는 사람이 자신의 삶을 반추하는 일종의 자전적 형식이며, 그러한 형식으로 여행을 감행하는 사람이, 되살아나는 신산스러운 기억들과 함께 벌이는 고통스러운 (언어의) 통과 제의인 것이다.

그렇기 때문에 이문열의 소설은, 특히 장편소설은 상당수가 자전성을 강하게 띠고 있다. 『젊은 날의 초상』『그대 다시는 고향에 가지 못하리』『영웅시대』『변경』 등 작가의 생애와 직접적인 관련을 찾을 수 있는 작품은 물론이고, 『황제를 위하여』『우리가 행복해지기까지』「금시조」「우리들의 일그러진 영웅」 등 상상적인 작품도 정신적인 맥락에서는 자전성을 강하게 띠고 있다. 필자가 이 글에서 이문열의 소설 세계를 고향/과거와 관련된 자전성의 측면이란 열쇠로 설명할 수 있는 가능성을 찾아보려는 것은 이 때문이다. 이문열의 소설이 지닌 자전성의 의미와 역할을 어느 한 작품에 한정된 핵심어가 아니라 가능하면 이문열의 전반적 작품 세계를 두루 유람할 수 있는 핵심어로 삼을 수 있는 가능성, 다소간 어폐가 있는 용어일지도 모르지만, 일종의 마스터 키 역할을 할 수 있는 가능성을 모색해보려는 것이 이 글의 의도인 셈이다.

이문열의 소설에서 고향/과거와 관련된 자전적 측면을 찾아내는 것은 조금도 어려운 일이 아니다. 그의 소설 속에 등장하는 공간적 배경과 시간적 배경, 등장인물과 사건들, 인물들이 사용하는 말투와 보여주는 생각 등 여러 가지 측면에서 우리는 그 사실을 지적할 수 있다. 이를테면, 『그대 다시는 고향에 가지 못하리』에 나오는 "장터 거리의 타성 아이들이 날래고 영악한 데 비해 언덕 위의 문중 형제들은 문약하고 유순하다"라는 묘사에는 그의 문중이 세거(世居)하고 있는, 양반은 높은 언덕에 상민은 낮은 골짜기에 살고 있는 석보면(石保面) 원리동(院里洞)의 지리적 환경이 그대로 그려져 있으며, 「그해 겨울」에서 불목하니로 일하는 화자와 색시들의 모습에는 학업을 중단하고 석보 장터거리에서 여관 겸 술집을 열고 있던 큰 형님에게로 돌아간 작가 자신의 모습이 상당 부분 투영되어 있고, 『변경』에서 명훈이 땀흘려 산비탈을 개간하지만 농사에는 실패하는 이야기에는 실제로 작가 자신도 참여해서 선산 발치의 2만여 평 땅을 개간했던 경험이 고스란히 옮겨져 있다. 그 밖에도 『변경』에서 인철이 보여주는 "예술과 인격을 분리시키려는 서구적인 예술가론에 대한 남다른 거부감"(『변경』)이란 말과 『그대 다시는 고향에 가지 못하리』를 쓰고

"고향의 전통적인 가치관과 내가 선택한 가치(문학) 사이의 충돌을 몹시 괴로워했다"(「귀향을 위한 만가」)는 고백 속에는 어려서부터 고향의 전통 속에서 습득한 "말과 글은 생각이나 느낌을 담는 그릇"(『변경』)이라는 재도지문(載道之文)의 관점, 즉 "예는 도의 향이며, 법은 도의 옷이다. 도가 없으면 예도 법도 없다"(「금시조」)는 관점이 들어 있으며, 『황제를 위하여』에서 보여주는, 비웃음과 조롱거리로 전락해가는 전근대적인 가치들에 대한 향수에는 작가 자신의 문중으로 대표되는 한 세계가 근대화에 떠밀려 역사의 전면에서 사라지는 것에 대한 안타까움이 들어 있다. 물론 작가 자신은 그의 소설들에 대해 자전적이라고 이야기하는 것을, 『변경』 이외의 경우에는, 그리 적절한 생각이라 여기지 않으면서, 심지어는 "모든 것을 픽션으로 받아들여 주기 바라며, 소설의 주인공과 작가의 동일시는 철저히 사양하겠다. 〔……〕 소설과 기록문의 기사 또는 기록문을 끝내 구별해 주려고 하지 않는 당신들의 완강함에 나는 지쳤다"(『그대 다시는 고향에 가지 못하리』, 서문)고까지 말하고 있다. 그럼에도 우리가 그의 작품 속에서 자전적 측면 혹은, 자전적 측면의 변형을 찾아내는 것은 앞에서 보았듯이 그리 어려운 일이 아니다. 그것은 그의 소설들이 지닌 자전적 측면이 양의 다소와 변형의 정도 문제이지, 있느냐 없느냐의 문제가 아닌 까닭이다. 더구나 작가 자신이 한편으로는 소설에 자전적이라는 레테르를 붙이는 것을 별로—아마도 일부 평자들의 성급하고 조야한 동일시 때문이리라—탐탁하게 여기지 않는다는 발언을 거듭하면서도 다른 한편으로는 자신의 소설이 바로 자기 삶의 분신이며, 그 출발점이 자신의 삶이라는 사실을 이 작품 저 작품에서 밝혀놓고 있기 때문에 사정은 더욱 그렇다. 그 한 예가 『영웅시대』에 대해 붙여놓은 다음과 같은 설명이다.

> 사람은 일생을 통해 꼭 하고 싶은 얘기가, 그러기에 평소보다는 오히려 더 가슴 깊이 묻어 두게 되는 하나의 얘기가 있게 마련이다. 어쩌면 누가 어떤 직업을 택하는 것도 바로 '그 얘기'를 나름대로 펼쳐 보이기 위해서가 아닌지 모르겠다.
> 내게 있어서 '그 얘기'는 바로 『영웅시대』, 아니 6·25를 전후한 우리의 불행한 가족사(家族史)였다. 지금으로부터 17, 8년쯤 전에 어렴풋하게나마 내가 작가로 끝장을 보게 될는지 모른다는 예감이 문득 나를 사로잡았을 때, 가장 먼저 떠올린 소설거리가 그것이었기 때문이다.

평자들로 하여금 소설과 실제 사실의 일치 여부를 궁금하게 여기도록 만드는 시발점이 되었음직한 이 발언은 가장 단순하게 이해하면, 『영웅시대』는 이문열 자신의 가족사를 바탕으로 쓰였으며, 그는 가족사에 얽힌 이야기를 하기 위해 작가가 되었다는 고백이 된다. 그러나 우리가 이 같은 고백을 실제 사실과의 일치 여부에만 관심을 가지는 방식으로 읽는다면 그것은 남의 일을 엿보고 싶어하는 악취미 이상이 못 될 것이다. 중요한 것은 그런 사실 자체가 아니라 무엇이 왜 그로 하여금 소설을 쓰게 만들었으며, 되풀이되는 자전적 요소들은 어떤 기능을 하고 있고, 소설과 소설들 사이의 단절과 비약은 자전적 요소들을 탐색함으로 말미암아 이해할 수 있는 상태로 바뀔 수 있느냐 하는 점일 것이다.

필자는 앞에서 이문열의 소설을 두고 "고향/과거를 그리는 사람이 자신의 삶을 반추하는 일종의 자전적 형식"이라고 말했다. 이문열의 소설을 이 같은 의미로 자전적 형식이라 규정하기 위해서는 먼저 여기서 사용하는 '자전성'의 의미 규정이 필요할 것 같다. 필자는 먼저 '자전적'이라는 말을 넓게는 글쓰기라는 것이 필연적으로 그렇게 되기 마련인, 현존하는 자신과 주변 세계에 대해 쓴다는 측면과 관련된 원초적 자전성의 측면으로 사용하고자 한다. 모든 글쓰기가 자기 자신으로부터 떨어져서 끊임없이 과거화하고 있는 현재를 기록하는 측면이 있듯이 자신의 현재 모습에 대한 기록이자 향수라는 측면에서의 자전성인 것이다. 이 사실은 이를테면 이문열의 경우 『변경』에서 누구나 짐작할 수 있는 '시대와의 불화,' 특히 혁명을 외치는 1980년대 지식인들과의 불화를 시간의 유효성이 다하기 전에, 아득하게 잊혀진 과거로 바뀌기 전에 반드시 소설로 남겨 놓으려는 의지에서 읽을 수 있다. "당신들은 내 전망의 결여를 걱정하지만 나는 오히려 지나치게 무성한 당신들의 전망을 걱정한다. 당신들은 내 무이념을 의심쩍어하지만 나는 또한 오히려 당신들의 이념 과잉이 못 미덥다"(『변경』)는 것과 같은 발언은 주인공의 목소리를 넘어서서 시대를 향해 자신의 존재를 확인시키려는 작가의 직접적 발언인 것이다. 또한 이 원초적 자전성의 측면은 이문열의 경우, 「그해 겨울」과 같은 작품에서 보듯이, 일기나 메모와 같은 과거의 기록을 통해, 이미 사라져버린 삶의 편린들을 다시 현재화하여 더듬고 소설화하는 데에서도 엿볼 수 있다. 그것은 기록만이 사라져가는 존재의 고통을 붙들 수 있는, 이문열의 표현을 빌리면 '잊을 수 있는' 유일한 방식이기 때문이다.

다음으로 '자전적'이라는 말을 좁게는 실제적인 체험의 기록이라는 의미로 사용하고자 한다. 작가 자신과 관련된, 살았던 고장, 있었던 사건, 존재했던 인물, 받았던 교육 등을 소설 속에 등장시킨다는 측면에서의 자전성인 것이다. 이 같은 자전성은 『그대 다시는 고향에 가지 못하리』에서 볼 수 있듯 주로 소재적인 장치로 작용하는데, 때로는 그 역할이 『변경』과 『영웅시대』에서처럼 소재의 차원을 넘어서 작품의 진행에까지 결정적인 영향을 미치기도 한다. 그렇지만 우리는 이 사실을 이문열의 모든 소설을 실제 사실과 관련시켜 해석하는 일부 사람들처럼 지나치게 확대할 필요는 없다. 그것은 그러한 해석이 원래 의도와는 상관없이 작가의 창조적 상상력의 빈곤을 은연 중에 지적하는 빗나간 결과를 낳는 것도 문제이지만, 그러한 해석 자체가 종종 작가의 생애와 소설을 일대일로 대비하는 소박한 실증적 리얼리즘에 빠지는 것이 문제이기 때문에 더욱 그렇다. 우리는 이문열의 소설 속에 그려진 어떤 자전적 측면도 백 퍼센트 실제 사실과 일치한다는 식으로 말할 수 없는 까닭이다. 따라서 '실제적인 체험의 기록'이란 말 앞에는 늘 작가의 역할이 보장될 수 있는 적절한 수식어를 붙일 준비를 우리는 항상 갖추고 있어야 한다.

이문열은 필자와의 대담에서 "모든 소설은 자전적이며, 모든 자서전은 소설적이다"(『문예중앙』, 1993년 겨울)라는 말로 소설의 자전성 여부에 대한 질문에 대답한 바가 있다. 그는 '자전적'이라는 말을 작가가 쓴 작품이 어찌 그 작가의 생각과 삶을 보여주지 않겠느냐는 식의 넓은 의미로 사용하고 있었다. 그러면서 그는 자신의 작품에 실제 사실보다 허구적인 요소가 훨씬 많다는 사실을 애써 강조했다. 필자는 당시 이문열의 그 같은 발언에 동의했으며 지금 역시도 부정하고 싶지 않다. 그렇지만 여기에서 분명히 말하고 싶은 것은 허구적인 부분의 상당량은 넓은 의미에서는 자전적이라는 사실이다. 그가 「새하곡」에서 허구적으로 만들어낸 한 병사의 입을 빌려 "모든 것은 타아

(他我)에게 맡겨 버린 자아의 절망입니다. 우리에게 존재를 부여하는 생명까지도 병사는 자기 것으로 가지고 있지 않습니다. 그가 가진 것은 철저한 무(無)죠"라고 말했을 때 이 같은 발언에는 과연 자전적인 요소가 전혀 없는 것일까? 그렇지 않다. 거기에는 대학을 중퇴하고, 고시 공부도 뜻대로 안 되고, 문단 데뷔에도 실패한, 따라서 돌아갈 수 있는 온전한 집도 절도 없이 입대를 한 그의 심정이 적어도 얼마간은 투영되었을 것이다. 그것도 아니라면 적어도 데뷔작인「새하곡」에는 스스로 고백해놓은 다음과 같은 비관주의가 스며들어 있었을 것이다.

다시 말하자면 습작시대는 물론 지금도 나의 쓰는 행위가 주로 의지하는 바는 그것이 무엇을 내게 주기 때문이 아니라 내 존재에 필요한 최소한을 지키기 위해서인 것입니다. 더욱 즐겁기 위해서 쓰는 것이 아니라 덜 괴롭기 위하여 쓰는 것입니다. 문학은 낙관만으로는 건널 수 없는 내 비관주의의 바다에 드물게 남겨진, 그리고 어쩌다 내게 가장 가까워 쉽게 헤어가게 된 섬이며, 쓴다는 것은 바로 거기에 절망적으로 매달리는 행위일 뿐입니다. (「독자에게 보내는 작가의 편지」, 『작가세계』, 1989년 여름)

그러므로 필자가 사용하는 '자전적'이라는 말에 함축된, 넓은 의미와 좁은 의미의 두 자전성은 서로 상보적인 관계이다. 말하자면 전자의 경우는 후자의 예시와 근거를 통해 설명되고 이해되어야 할 자전성이며, 후자의 경우는 전자를 통해 허구적인 상상력의 뿌리라는 의미를 부여받아야 하는 관계인 것이다. 물론 필자의 이와 같은 형식적인 구분에도 불구하고 한 작가의 소설에서 넓은 의미의 자전성과 좁은 의미의 자전성을 명확히 가름하는 것은 어려운 일이고, 실제로 중첩되어 나타나는 이 두 측면을 굳이 구별하는 것이 불필요할 때도 있을 것이다. 그러나 이문열의 소설처럼 '자전적' 측면이 종종 특별한 논란거리가 되는 경우에는 그의 소설에 가해지는 온갖 편협한 사실지상주의적 해석을 막기 위해서 이 같은 구분이 필요할 수도 있을 것이다.

이문열의 소설에서 자전적 형식을 구성하는 가장 중요한 요소는 고향과, 부재하는 아버지의 망령으로 상징되는 문중(門中)과, 가족에 대한 기억과 자신의 유랑으로 상징되는 실존적 삶의 각박함이다. 그것들이 날줄과 씨줄로 교직되면서 소설의 자전적 형식을 구성하고 있다. 다시 말해 그의 소설은 개인사, 가족사, 정신사가 서로 중첩되면서 여러가지 형태의 가지와 잎을 소설 속에서 만들고 있는 것이다. 물론 「그해 겨울」을 포함한 『젊은 날의 초상』으로 대표되는 개인사적인 의미와, 『영웅시대』와 『변경』으로 대표되는 가족사적인 의미, 그리고 『황제를 위하여』 「들소」 「금시조」 등으로 대표되는 정신사적인 의미, 이 세 가지가 중첩되어 나타나는 『그대 다시는 고향에 가지 못하리』의 의미를 각각 별개의 차원으로 분리해서 따질 수도 있겠지만 그것은 어디까지나 편의적인 분류일 따름이니까 일단 여기에서는 보류하기로 하자. 그 대신 그것들이 중첩되면서 만들어내는, 이문열의 소설에 가장 일반적으로 통용될 수 있는 의식이 어떤 자전적 측면과 결부되어 있는지를 규명하고 설명하는 것으로 만족하기로 하자.

필자는 이문열의 소설에서 자전적 측면과 관련하여 가장 주목해야 할 것은 변경인 의식과 대결 의식이라 생각한다. 동전의 양면을 이루고 있는 일종의 피해 의식과 공격성이라 할 수 있는 이 두 의식은 원초적으로 그의 예사롭지 않게 신산스러웠던 삶에 깊이 관련된 것이면서 점차 습득한 온갖 지식의 도움을 받아 논리화된 것이다. 특히 대결 의식의 경우가 더욱 그렇다. 먼저 그의 변경인 의식은 근대적인 문명에 대비되는, '강원남도'라고 불릴 정도로 외진 산골이었던 고향으로부터 시작된다. 『변경』에서 고향을 두고 시인 지망생이었던, 실재한 형의 분신이라 생각되는 명훈의 입을 빌려 읊는 "은성한 제국의 도회에서 불어오는 바람이여 〔……〕 잘 있거라, 내 나고 자란 변경(邊境)의 산과 들이여"라는 구절이나, 영희가 "모든 사람들이 풍요와 화려함 속에 번성"하는 서울에 대비시켜 머릿속에 떠올리는 "돌내골의 허물어져 가는 고가들이 피었다 스러지고 버얼건 개간지가 떠오르고 새까맣게 농투성이가 되어 가는 오빠와 작은 가방 하나를 든 채 한없이 걷고 있는 인철이 지나가는" 풍경이 그 사실을 말해준다. 자신이 "캄캄한 원주민의 밤"에 속한 변경인이라는 의식은 여기에서 생긴다. 더구나 그의 삶을 일반적인 사람들의 삶으로부터 유리시킨 좌익이었던 아버지, 그로 인한 집안의 몰락과 장터거리로 내려앉은 형의 술장사는 고향/변경 속에서도 그로 하여금 변경인이라는 의식을 떨쳐버릴 수 없게 만든다. 이제 고향은 따뜻한 안주의 터전이 아니라 회한과 애증이 겹쳐진 장소일 따름이며, 변경인 의식을 가중시키는 어떤 곳이다. 또한 그의 변경인 의식은, 그의 표현을 빌리면 "한 곳에서 삼 년을 넘기지 못하고 되풀이된" 가족의 유랑으로 말미암아 좀더 직접적으로 강화된다. 그러한 생활이 야기한, 어떤 장소나 집단에도 소속되어 있지 않다는 의식, 고아원 생활의 외로움, 그리고 정상적인 교육과정으로부터의 이탈 등은 변경인 의식을 키우기에 충분한 환경인 것이다.

이상이 이문열의 자전적 측면의 어두운 뒷면을 구성하는 변경인 의식의 형성 배경이라면 그 앞면을 구성하는 대결 의식은 어떻게 해서 생긴 것일까? 그것은 필자의 생각으로는 아마도 어머니의 영향 아래서 만들어진 것으로 짐작되는, "일찍부터 고향을 떠나 낯선 도시들을 떠돌며 살았지만, 정신적인 교육환경은 전통적이고 소박한 유가(儒家)의 사상"(『작가세계』, 1989년 여름)이었다는 고백에서 드러나는, 몰락한 반가(班家)의 후예다운 자존심과 문자에 대한 남다른 집착, 따라서 모름지기 남아 대장부라면 유랑하는 가족을 다시 일으켜 세워 일가 친척들 앞에 당당하게 내세워야 한다는 생각, 그리고 그것을 용납하지 않는 현실적인 삶과의 힘겹고 지루한 갈등 이런 문제들이 복합적으로 어우러져 만들어낸 의식일 것이다. 그래서 가족이 연좌제에 걸려 있으면서도 그의 형은 오기로 육군사관학교를 지원했으며, 그는 부질없는 고시 공부에 열을 올렸을 것이다. 또한 소설가로 성공한 뒤에도 그에게 비판적인 수많은 이론가들을 적으로 삼아 대치하는 국면을 만들어냈을 것이다.

뿐만 아니라 그는 그 방면으로 자리를 잡아 갈수록 이론으로만 예술하려는 무리, 특히 어쩌다 자신이 전공하게 된 인구어(印歐語)의 한 갈래가 결정해 준 특정의 이론에 송두리째 영혼을 내맡기고, 우매할 만큼 비판도 회의도 없는 습득과정을 반복한 뒤 이윽고는 거기서 얻은 자〔尺〕로만 예술을 재려 드는 무리에게는 숨김없는 혐오와 경멸을 드러냈는데…… (『변경』)

그런데 우리가 자전적 형식으로서의 이문열의 소설쓰기와 관련해서 대결 의식을 이야기할 때는 반드시 조심스럽게 접근해야 할 점이 한 가지 있다. 그것은 그의 소설쓰기가 "세상의 지식과 힘있고 아름다운 문장"에 대한 탐욕스러운 욕심, 정규적인 교육을 받은 사람에게 결코 지지 않겠다는 일종의 대결 의식의 소산이면서도 바로 그렇기 때문에 또 다른 차원에서는 변경인 의식의 소산이란 점이다. 그는 자신이 작가가 된 이유를 소설 속에서 다음처럼, 상당히 유보적이긴 하지만, 변경인 의식이 추동해 낸 대결 의식 때문이란 것을 암시하는 방식으로 이야기한다.

역시 근거 있는 추측이다. 어머니로서는 밝혀주기 싫거나 바로 설명하기 어려웠던, 그리고 초자아의 결여라는 말로는 다 담을 수 없는 아버지의 부재(不在), 알지 못할 불안에서 나중에는 피해망상으로까지 발전해 간 연좌제(連坐制)의 그늘, 작은 파산(破産)에서 파산으로 이어지는 것과 다름없던 가계(家計), 한 곳에서 3년 이상 머문 적이 없을 만큼 떠돌이에 가까웠던 생활, 불규칙한데다 중단되기 일쑤였던 학업, 그러면서도 스스로는 밥벌이를 해야 할 만큼은 아니어서 학교에 있던 학생들보다 상대적으로 많았던 시간의 여유— 이런 것들은 한 말과 글의 사람을 길러 내는 토양으로 매우 그럴듯해 보인다. 특히 학교를 다니지 않으면서도 빈둥거리며 책을 읽거나 몽상에 잠길 시간이 많았다는 것은 나 자신도 내가 오늘에 이르는 데 거의 결정적인 계기를 주었으리라고 생각할 때가 있다. (『변경』)

위에서 보듯 이문열은 자신을 변경인 의식의 소유자로 만든 그 환경이 그를 소설가로 길러낸 토양이었을 가능성을 이야기한다. 그 열악한 환경 때문에 오히려 더 오기를 부린 지식과 문장에 대한 탐욕, 다시 말해 대결 의식이 그를 작가로 만들었을 가능성을 말하고 있는 것이다. 그리고 실제로 그는 변경인 의식(피해 의식)과 함께하는 날카로운 대결 의식(공격성)을 자주 소설에서 드러내 보이고 있다. 이를테면 "당신들은 내 무이념(無理念)을 의심쩍어하지만 나는 또한 오히려 당신들의 이념과잉이 못 미덥다. 우리는 분열된 세계제국(世界帝國)의 변경인(邊境人)이다.〔……〕때로 당신들도 그 실상을 꿰뚫어봐 이번에는 이른바 제3세계를 빌려 온다. 그러나 내가 거기서 보는 것은 검은 피부나 갈색의 피부를 빌린 제국의 정신이다"(『변경』)와 같은 말에 들어 있는 변경인 의식과 대결 의식이 그 사실을 입증해준다. 문학적 문체 속에 사회과학적 지식을 담아 자신의 적들을 공격할 정도로 논리화된 두 의식의 모습을 우리는 여기에서 엿볼 수 있는 것이다.

그렇다면 그에게 있어 소설가로서의 성공이 의미하는 것은 무엇일까? 그것은 변경인 의식을 벗어나는 훌륭한 계기가 될 수 있는 것은 아닐까? 반드시 그렇지만은 않은 것 같다. 그것은 이문열이 소설가로 성공한 다음에도 여전히 자신이 사장지학(詞章之學) 따위나 하는 글쟁이란 사실을 부끄러워했으며, 이 사실을 두고 "나는 조금도 감정의 과장 없이 내 진실을 밝힌"다면 "어린 내 정신을 지배했고 지금도 이따금씩은 묵은 상처처럼 어떤 아픔을 일으키는 것은 쓴다는 행위에 대한 부끄러움과 죄의식"이라고 고백한 바가 있는 까닭이다. 그것은 왜일까? 그 이유는 바로 그에게 현실 세계와의 대결 의식을 심어준 유가적 전통의 패러다임에 그가 속해 있기 때문이다. 그의 가족과 문중이 신봉하는 유가의 전통에서 볼 때 소설가가 되는 일은 자랑스러운 승리를 뜻하는 것이 결코 아닌 까닭이다. 자랑스러운 승리는 오로지 고시와 같은 시험에 합격해서 세상에 공명을 떨치는 일을 통해 가능한 것인데, 그는 자랑스럽지 못한 소설가가 된 것이다. 그 때문에 그는 한편으로 "작가란 모든 것에 대해 알지 않으면 안 된다. 그는 작은 조물주이고, 그래서 한 세계를 창조하기 위해서는 전지전능하지 않으면 안 되는 것이다. 나는 모든 것에 대해 알고 난 뒤에 내 얘기를 시작하리라"(「젊은 날의 일기」, 『작가세계』, 1989년 여름)와 같은 오만한 의미를 부여하면서도, 문중으로 상징되는 고향 앞에서는 지레 '초라한 성공'이라며 스스로 움츠러들곤 하는 것이다.

　이런 의미에서 우리는 「금시조」와 같은 작품을 그에게 변경인 의식을 계속 떨쳐버리지 못하게 만드는 고향의 유가적인 전통과의 보이지 않는 투쟁이라고 읽을 수도 있다. 그의 의식 속에 끈덕지게 도사리고 앉아서 부끄러움을 강요하는 그 전통과의 내면적 갈등을 「금시조」와 같은 소설로 만들었다고 볼 수 있는 것이다. 다시 말해 「금시조」에서 지사풍의 석담과 예술가풍의 고죽이 보여주는 불화는 그의 의식 속에 공존하는 석담으로 상징되는 유가적 전통과 소설가의 길을 걷는 이문열의 자아가 벌이는 불편한 심리적 관계를 보여주는 것이라고 읽을 수도 있는 것이다. 그리고 우리는 이 같은 사실을 "아마도 내가 받아온 교육과 자라온 환경(유가적인 교육과 환경—필자 주)에 대한 반발이었겠지만, 실로 무모한 열정이었습니다. 내 영혼을 물어뜯는 부끄러움과 죄의식만큼이나 맹렬하게 나는 세상의 지식과 아름다운 문장과 깊이 있는 정신의 함양에 탐욕을 부렸기 때문입니다"(「젊은 날의 일기」, 같은 책)와 같은 말로 뒷받침할 수 있다.

그러므로 이문열의 소설쓰기는 변경인 의식의 소산이면서도 무의식의 차원에서는 또다시 변경인 의식을 만들어내는 근원이 되는, 그런 순환관계 속에 들어갈 소지를 가지고 있다. 고향/과거를 향한 소설쓰기가 그의 행동 방식 속에 들어 있는 과거의 흔적들, 그를 현실 속에서 외로운 투사로 행동하게 만드는 어떤 기억들을 다시 차근차근 되돌아보고 정리하게 만드는 것이 아니라, 그것들의 강력한 영향력을 다른 세련된 논리와 이야기로 재생산해내는 작업에 빠지게 만들 가능성을 가지고 있는 것이다. 그러나 이러한 예상은 아직 어떤 구체적 확신을 가진 것이 아니다. 이 예상이 판가름나기 위해서는 "나의 삶과 밀착됨으로 말미암아 특별한 노력 없이도 곧잘 솟구치던 감흥과 열정"으로 아직까지 써나가고 있는 『변경』의 종결을 우리는 기다려야 하며 아직 젊은 그가 앞으로 내놓을 작품을 좀더 지켜봐야 할 것이다.

〔1995〕

원미동—작고도 큰 세계
―양귀자의 「원미동 사람들」

　양귀자가 그려 보이는 원미동은 작고도 큰 세계이다. 그 세계는 소설 속에서는 부천시 원미동이라는 구체적 장소에서, 그 장소에 살고 있는 몇몇 인물들이 펼쳐 보이는 작은 삶들로 이루어져 있지만, 양귀자의 소설을 읽는 독자들에게 그 세계는 커다란 세계이다. 그것은 원미동의 세계가 지금 우리가 살고 있는 삶이기 때문이다. 부천, 부평, 주안, 시흥, 안양, 군포 등 서울 변두리의 고만고만한 동네에서 우리는 원미동을 쉽게 만난다. 원미동은 '멀고 아름다운 동네'라는 문자 그대로의 의미로, 양귀자의 역설적 표현을 빌면 "가나안에서 무릉도원까지"의 아득한 거리에 있는 동네가 아니라, "기어이 또 하나의 희망"을 만들어가며 살아야 할 우리들의 동네이다. 그러므로 원미동은 작고도 큰 세계이다.
　양귀자의 원미동 연작에는 희망과 절망, 폭력과 소외, 갈등과 이해 등으로 얼룩져 있는 우리들의 일상적 삶이 압축적으로 들어 있다. 거기에서는 사소한 일로 종종 말다툼이 벌어지고, 몇 푼 안 되는 돈 때문에 명암이 교차하며, 개인들의 조그마한 삶이 바스러지고 새로 생겨난다. 예컨대 원미지물포 주씨는 그 우락부락함 때문에 자주 말다툼을 하고, 형제슈퍼의 김반장은 이웃에 새로 생긴 김포슈퍼 때문에 울화통을 터뜨리며, 행복사진관 엄씨는 뒤늦게 사랑을 통해 삭아가는 자신의 삶을 움켜잡으려 한다. 그러므로 원미동은 우리들의 삶이며 작고도 큰 세계이다.

양귀자가 보여주는 이러한 원미동은 먼저 다음과 같은 원경으로 우리 앞에 제시된다. 이 풍경은 마치 토마스 하디가 보여주는 황무지의 풍경들처럼 상징적으로 나타난다.

> 〔……〕여기저기에 난립한, 똑같은 모양의 집장사 집들이 공터들 사이에 어색하게 서 있는 한적한 거리를 몇 분 달리고 나자 비로소 그가 살아야 할 동네가 저 멀리에 펼쳐지기 시작하였다. 그리고 주택가와 잇대어 있는 암회색의 어두운 공장 지대와 굴뚝의 시커먼 그을음이 보였다. 그리 멀지 않은 곳에 동네를 따라 길게 누워 있는, 병풍 같은 산자락 위에 드문드문 남아 있는 흰 눈이 어두운 하늘 밑에서 부연 먼지처럼 바래지고 있는 모습도 보였다. (p.32)

이 원경은 이주민과 원주민, 공장 지대와 주택가, 인위적인 풍경과 자연적인 풍경이 뒤엉켜 이루어진 풍경이며, 이 속에서 양귀자의 이야기들이 펼쳐질 것이라는 것을 상징적으로 암시하는 풍경이다. 예컨대 농경지를 매립해서 주택지로 바꾸어놓은 원미동에서는 「마지막 땅」의 강만성 노인과 같은 인물이 완강하게 농경인으로 버티고 살면서 땅을 화폐가치로만 생각하는 사람들에게 저항하고 있고, "주택가와 잇대어 있는 암회색의 어두운 공장 지대"에서는 「지하 생활자」의 '그'가 동굴 속처럼 어둡게 보이는 삶 속을 헤매고 있으며 아직 덜 훼손된 원미동 주변의 산에서는 도시생활의 울타리를 뛰어넘은 「한 마리의 나그네 쥐」가 외롭게 자유(본성의 회복)을 향한 여행을 하고 있다. 그리고 주요 배경이 될 주택가에는 이 소설집에 실린 소설에서 크고 작은 역할을 맡을 인물들이 살고 있다. 이처럼 양귀자가 앞에서 제시한 원경은 그 자체로 빠짐없이 소설 속에서 일정한 역할을 담당한다. 이 원경과 관련된 사람들의 답답하고, 우울하고, 사소하고, 어두운 생활——그러면서도 내일을 생각하며 희망을 키워나가게 될 원미동 사람들의 생활을 잘 계산된 상징성으로 드러내 보인다.

그러므로 원미동으로 들어가는 입구에서 소설의 배경으로 제시된 원경을 기억하는 독자들에게 다음과 같은 표정으로 원미동이 나타나는 것은 자연스러운 일이다.

마침내 트럭이 멈추었다. 노모와 어린 딸과, 만삭의 아내를 이끌고 그는 이렇게 하여 멀고 아름다운 동네 원미동(遠美洞)의 한 주민이 되었다. 트럭이 멈추자 맨처음 고개를 내민 것은 강남복덕방의 주인 영감이었고 이어서 어디선가 꼬마가 서넛 튀어나와 트럭을 에워쌌다. 미장원집 여자는 퍼머를 말다 말고 흘낏 문을 열어보았다. 지물포집 사내도 도배일을 나가다 트럭이 멈춘 것을 보았다. 연립주택의 이층 창문으로 나타난 퀭한 눈의 한 청년도 트럭이 짐을 푸는 것을 지켜보았다. (p.32)

앞으로 우리들에게 원미동의 모습을 증언해보일 관찰자인 '그'와 그의 가족들, 좀더 확실하게 말해 화자의 가족들이 원미동의 한 주민으로 편입되는 모습과 그들의 눈에 비친 원미동의 표정(근경)은 위와 같다. 이 표정(근경)은 뒤에 원미동 연작에서 구체성을 띠고 나타나게 되겠지만, 위에서 제시된 모습만으로도 안정되지 못하고 들떠 있는 어떤 생활을 느낄 수 있다. 강남부동산, 미장원집, 지물포집, 연립주택과 같은 것들이 주는 인상도 그렇지만, 그 속의 사람들이 보여주는 반응 역시 그렇다. 이번엔 어떤 사람들이 또 이사를 오는가 혹은 떠나는가 하는 눈길로 그들은 관찰자 가족을 맞이하고 있는 것이다. 후에 관찰자는 이삿짐을 풀었던 앞의 거리를 훨씬 객관적으로 다음처럼 다시 묘사해놓는다.

〔……〕 원미동 23통의 모양새를 알기 쉽게 이야기하자면 그것은 흡사 장터 객주집의 국자와 같은 꼴이었다. 국자의 손잡이 부분에 원미지물포, 그〔「찻집 여자」의 주인공—필자 주〕의 행복사진관, 써니전자, 강남부동산, 우리정육점, 서울미용실 등이 한켠으로 촘촘히 박혀 있고 맞은편에는 강노인이 푸성귀를 일궈먹는 밭과 무궁화연립, 그리고 김반장의 형제슈퍼가 자리잡고 있었다. 손잡이가 끝나고 종구라기 모양의 몸통이 시작되는 부분은 노상 이것저것 잡다한 종류의 가게가 문을 열었다가는 슬그머니 사라지고 또 누군가가 새로운 가게를 열었다가는 이내 문을 닫곤 하는, 말하자면 원미동 23통의 사각지대였다. (p.181)

위에 묘사해놓은 거리 풍경에는 첫인상 때의 경우보다 훨씬 많은 상호가 추가되어 있다. 그러나 이 거리가 앞의 거리와 동일한 것임은

'강남부동산' '서울미용실' '무궁화연립' 등의 상호에서 쉽게 확인할 수 있다. 이제 관찰자 가족은 원미동 주민의 한 사람으로 살아가는데 익숙해짐으로써 "잡다한 종류의 가게가 문을 열었다가는 슬그머니 사라지고 또 누군가가 새로운 가게를" 여는 원미동의 불안정한 거리 풍경을 이해하게 되고, 그들 역시 원미동에 새로 이주해오는 틈입자를 자신들이 이사올 때 받았던 시선으로 맞이할 준비가 되어 있다. 그래서 이러한 변모를 거친 관찰자의 시선을 통해 다시 묘사된 풍경이 위의 인용문처럼 나타난 것이다.

그러면 위와 같은 풍경을 지니고 있는 원미동에 살고 있는 사람들은 어떤 인물들일까? 우리는 이미 앞에서 몇몇 인물들의 등장을 보았고, 그들이 일련의 원미동 연작에서 크든 작든 일정한 역할을 담당할 것이라는 예상을 할 수 있다. 예컨대 관찰자 일가가 이사올 때 얼굴을 내밀었던 인물들, 빈터에서 푸성귀를 일궈 먹는 강노인, 형제슈퍼의 김반장 같은 인물들이 바로 그렇다. 그렇다면 이제 좀더 자세하게 원미동 연작에서 중요한 역할을 담당하는 인물들의 면모를 살펴보기로 하자.

먼저 관찰자 가족의 면모를 생각해볼 필요가 있다. 관찰자 가족은 원미동 연작에서 소설 속의 주요한 역할을 담당하고 있을 뿐만 아니라, 3인칭 주인공으로 나타나는 원미동의 인물들을 우리 앞에 보고해 주는 역할을 하고 있기 때문에 대단히 중요하다. 일단 소설 속에 나타난 사실만으로 보았을 때 이들의 가족 구성은 서울의 직장에 출퇴근하는 그(남편)와 주부이면서 작가인 아내, 그리고 노모와 어린 딸로 이루어져 있다. 작품에 따라 구별하기 힘든 변화도 있지만, 예컨대 「불씨」의 경우 딸 아이가 진만이라는 사내애로 바뀌어져 있고 남편의 실직으로 가난에 시달리지만(그리하여 관찰자가 일가가 아닌 원미동의 다른 가정을 연상시키기도 하지만), 다른 대부분의 작품에서 이들 가족은 그런 대로 안정된 생활을 영위하고 있다(「비오는 날이면 가리봉동에 가야 한다」와 「한계령」의 경우를 보면 그렇다).

그러나 이들의 성격은 뚜렷하게 부각되어 있지 않은데, 그것은 이들 가족이 원미동의 주민이면서도 원미동 사람들과 늘상 어울려 지내는 것이 아니라 어느 정도의 거리를 두고 지내기 때문이다. 특히 '그'의 생활이 그러해서 소설을 써나가는 수법에서도 '그'(남편)는 주로 원미동 밖의 세계를 독자들에게 알려주는 데 이용되고, 아내이자 작가인 '나'는 자전적 생애를 회상하거나 원미동 주민들을 관찰하는 데 사용된다(우리는 원미동 이야기를 들려주는 화자가 여성—좀더 분명히 말해 그의 아내라는 것을 여러 곳에서 느낄 수 있다). 따라서 이들 가족은 이웃과 이웃의 관계 속에서 그들의 성격을 드러내는 원미동 주민들과는 차이가 있다.

다음으로 원미동 연작에서 주목할 수 있는 인물은 강만성 노인이다. 「마지막 땅」에서 주인공으로 등장하는 이 강노인은 원미동의 토박이 지주이다. 그는 건장한 체격의 농민다운 외모를 가진 사람이며 땅이란 농사짓기 위해서 있는 것이라는 생각을 버리지 못하는 사람이다. 그에게 부동산 투기와 같은 것은 어울리지 않으며, 고집스레 주택가에서 땅의 본질적 의미를 지키려 함으로써 주민들과 종종 충돌을 일으킨다. 우리는 이 강노인의 모습에서 노동을 통해 본래적 의미의 가치를 산출하는 땅과 화폐가치로만 존재하는 땅 중 어느 쪽이 땅의 본질적 기능에 합당한지를 확연하게 깨달을 수 있다. 그렇지만 현실 속의 원미동에서 이 같은 생각을 가진 강노인이 오래 버티고 살 수 없듯이 이 소설집에서도 강노인은 여러 작품에 얼굴을 내밀지 못한다. 그것은 원미동 연작이 도시 변두리의 삶을 그린 것이지 농촌의 도시화 과정을 그린 것이 아니기 때문이다.

강만성 노인처럼 한 작품에서 중요한 역할을 수행한 후 다른 작품에서는 아예 사라져버리는 경우에 「지하 생활자」의 '그'가 있다. 승용차의 바닥 커버를 만드는 조그만 공장에서 일하는 '그'는 원미동의 공식적인 주민이라고 보기 어려우며, 이 소설집 속에서 자주 얼굴을 내미는 주민들과도 별다른 안면이 없다. 그러나 첫머리에서 제시된 원미동의 원경을 감안한다면 「지하 생활자」의 '그'와 같은 비공식적 원미동 주민이 상당한 숫자에 달하리라 예상할 수 있다. 그리고 강노인이 도시화되기 이전의 원미동을 상징적으로 대표한다면, 도시화된 원미동의 이면 세계를 대표할 수 있는 인물이 바로 '그'이다. 원미동의 감추어진 세계와 음습하고 어려운 삶을 생활 자체로 대변하는 것이 '그'이기 때문이다.

원미동의 표면적인 삶은 강남부동산의 박씨, 형제슈퍼의 김반장, 행복사진관의 엄씨, 원미지물포의 주씨 등에 의해 영위되는 삶이기 때문에 이들의 삶이 소설의 이곳저곳에 가장 많은 빈도수로 나타난다(특히 김반장이 그렇다). 이들은 모두 평범한 일상적 삶을 살고 있는 인물들이지만 간혹 사진관의 엄씨처럼 찻집 여자와 사랑에 빠짐으로써 똑같은 삶의 되풀이를 벗어나 소설의 주인공으로 부상하기도 한다. 이들은 원미동의 원주민에 속한 사람들은 아니지만 신흥 주택가인 원미동에서는 가장 원미동 사람다운 사람이다. 양귀자가 앞으로 원미동 연작을 더 써나간다면 일정한 역할을 계속 담당할 가능성이 가장 높은 부류들이 바로 이들이라고 할 수 있다.

그 밖에 「원미동 시인」에서 화자의 역할을 하는 계집애와 비슷한 부류의 어린이들, 원미동이 부천시의 변두리가 아니라 서울특별시의 변두리임을 보여주는 샐러리맨, 농촌 인구의 도시 유입을 반영하는 각종 소상인들, 인생의 황량함을 말해주는 찻집 여자, 그리고 멋쟁이 소라 엄마를 비롯한 원미동의 주부들 등 많은 인물들이 원미동의 모습을 구성하는 면면으로 등장한다.

그렇다면 양귀자는 이들 인물을 통해 무엇을, 어떤 삶의 모습을 보여주려는 것일까? 필자는 이 글의 첫머리에서 작고도 큰 세계라는 말을 사용했었다. 그러면서 희망과 절망, 폭력과 소외, 갈등과 이해로 얼룩져 있는 우리들의 삶이 원미동 연작에 압축적으로 들어 있다고 말했다. 원미동 연작이 보여주는 풍경과 인물의 면면을 살펴본 우리는 이제 이 점을 살펴볼 때가 된 것 같다.

원미동 연작에서 희망과 절망의 교차는 거의 모든 소설 속에 나타나고 있지만 특히 「멀고 아름다운 동네」「비오는 날이면 가리봉동에 가야 한다」「방울새」「찻집 여자」「한계령」에서 뚜렷한 색채로 드러난다. 물론 이들 작품들의 경우도 과거의 삶에 대한 회상과 현재적 삶의 모습을 교차시키며 서정적으로 고달픈 삶을 감싸 안는 작품이 있는가 하면(「한계령」), 조금씩 조금씩 바스러져가는 자신의 삶을 마지막으로 움켜잡아보려는 허망하고 절망적인 몸부림을 보여주는 작품도 있고(「찻집 여자」), 소시민의 아득바득한 삶 속에서 오직 내일을 희망으로 생각하며 살아가는 모습을 보여주는 작품도 있어서(「멀고 아름다운 동네」) 일률적으로 희망과 절망의 교차를 보여주는 작품들이라 규정하는 데에는 무리가 있을 수 있다. 그러나 그러한 차이를, 삶의 피곤함이란 동질성을 가진 우리 평범한 인간들도 자세히 들여다보면 제각기 평범하지만은 않은 고달픈 궤적을 그리고 있듯이, 삶의 궤적에 동반된 희망과 절망의 교차를 평범한 부류의 인간들이 보여주는 희망과 절망의 다양성으로 우리는 이해할 수도 있을 것이다. 그러면 구체적으로 양귀자의 소설이 보여주는 희망과 절망의 모습들을 다음에서 한번 살펴보자.

1) 그러나, 도처에 희망은 널려 있었다. 단지 그를 위한 희망이 아닐 뿐이었다. 다만 한 가지 위안이 있기는 하였다. 십구 일이 지나면 때로 일요일도 오는 것이고 보너스를 탈 수 있는 날짜가 닥쳐오기도 하는 법이다. 무언가 다른 것을 기대하고 만에 하나라도 움직여보고자 한다면 추락하고야 말 것이란 위협도 새겨들으면 해롭지도 않았다. (p. 28)

2) 센 바람에 그깟 받침 하나는 이미 십리 밖으로 날아갔을 것이었다. 받침조각 찾는 것을 포기하고 그는 다시 한번 자신의 간판을 올려다보았다. 행보사진관. 글자들 사이로 여자의 얼굴이 다가왔다. 여자가 떠나거나 떠나지 않거나 간에, 날아가버린 기억 받침을 다시는 찾을 수 없으리라. 그는 어깨를 늘어뜨린 채 기운없이 사진관 안으로 들어갔다. 바람은 억세게도 불어댔다. (p. 203)

3) 집에 돌아와서야 나는 내가 만난 그 여가수가 미화라는 것을 확신하였다. 넘어지고 또 넘어지고, 많이도 넘어져가며 그애는 미나 박이 되었지 않은가. 울며울며 산등성이를 타오르는 그애, 잊어버리라고 달래는 봉우리, 지친 어깨를 떨구고 발 아래 첩첩산중을 내려다보는 그 막막함을 노래부른 자가 미화였다는 것을 그제서야 깨달은 것이었다. (p. 273)

표면적으로 보기에 1)은 일상적인 나날의 삶 속에서 한 도시 소시민이 꿈꿀 수 있는 희망과 절망을, 2)는 아득바득 먹고 사는 생활 속에서 좌절된 엄씨의 꿈을, 3)은 미화라는 한 무명가수가 걸어온 신산스러운 삶을 이야기하고 있다. 그래서 이들이 겪는 희망과 절망의 교차는 이들의 직업과 생활이 다른 만큼 달라 보인다. 그러나 사실은 희망과 절망이라는 점에서 모두 동일하다. 그들은 모두가 하루하루를 경영해나가기에 바쁜 사람들이고 그 와중에서 젊은 시절의 야망을 잊어버렸던 사람들이다. 그들은 "무언가 다른 것을 기대하고" 모험을 해볼 수 있는 처지에 있지 못하며, 설혹 사진관 엄씨처럼 모험을 해본다 할지라도 결과는 무력함의 재확인으로 돌아올 따름이다. "여자가 떠나거나 떠나지 않거나 간에, 날아가버린 기억 받침을 다시는 찾을 수 없으리라"는 것을 그들은 잘 알고 있다. 그래서 미화의 경우처럼 "넘어지고 또 넘어지"며 모은 돈으로 '좋은나라'라는 카페를 개업하는 성공을 거두어도 달성한 희망의 부피만큼이나 커다란 절망의 덩어리를 안고 있다. 그것은 그들 소시민이 꿈꾼 조그만 희망의 달성은 또 다시 걸어가야 할 막막한 절망의 시작이기 때문이다. 연립주택을 마련하고, 자신의 카페를 가지게 되고, 떼인 돈을 다시 받아내고 하는 일은 한 순간 삶의 목표이지 항구적 목표가 아니다. 그것이 달성되면 일상적 삶의 질긴 끈에서 해방되는 것이 아니라 더욱 깊이 얽매인다. 그리하여 그들은 나날의 삶이라는 "짐꾸러미의 무게에 짓눌려" 다시금 조그만 희망과 절망을 만들며 살아가야 한다.

양귀자는 소시민들이 겪는 이와 같은 희망과 절망의 교차를 암담하고 우울한 색조 속에서도 따뜻한 사랑을 잃지 않으며 그려낸다. 양귀자가 이들 일상적인 소시민들의 삶에 얼마나 따뜻한 사랑을 가지고 있는지는 「한계령」에서 가장 뚜렷하게 나타난다. 자전적 측면이 강한 작품이어서 더욱 그럴 수도 있겠지만, 이 작품에서 힘들게 살아온 미화와 화자의 형제들을 작가는 각별한 이해와 사랑으로 그린다.

〔……〕 무대 위에서 혼신의 힘을 다해 노래를 부르는 저 여가수가 미화 아닌 다른 사람일지라도 상관없는 일이었다. 〔……〕 질퍽하게 취하여 흔들거리고 있는 테이블의 취객들을 나는 눈물어린 시선으로 어루만졌다. 그들에게도 잊어버려야 할 시간들이, 한줄기 바람처럼 살고 싶은 순간들이 있을 것이었다. 어디 큰오빠뿐이겠는가. 나는 다시 한번 목이 메었다. (pp. 272~73)

양귀자는 여기에서 "나는 다시 한번 목이 메었다"라고 쓰고 있다. 미화와 큰오빠처럼 무거운 삶의 짐을 지고 인생의 여정을 허위허위 걸어온 사람들 모두에게 이해와 연민의 눈길을 보내며 작가는 이 부분에서 더 이상 냉정한 자세를 유지하지 못하고 그만 감정을 노출한다. 그 감정은 바로 어렵고 힘들게 살아온 사람들에 대한 사랑이다 (이 사랑 때문에 양귀자는 노사 문제를 다룬 「지하 생활자」에서 자수성가한 사장에게 그처럼 긍정적인 시선을 보낸다). 양귀자는 1980년 10월호 『한국문학』에 쓴 「예언자의 지팡이」란 글에서 "내 이웃과 삶을 들여다보고 있으면 눈물겹다"고 한 바가 있다. 이 발언 역시 어렵고 힘들게 살아온 '잊어버려야 할 시간들'을 가지고 있는 사람들에 대한 사랑을 담고 있다. 그래서 우리는 이 사랑이 아마도 양귀자로 하여금 원미동 연작을 쓰게 만들었는지도 모른다는 생각마저 하게 된다.

양귀자의 원미동 연작에서 폭력과 소외의 문제는 「원미동 시인」과 「한 마리의 나그네 쥐」에 가장 잘 나타나 있다. 무분별한 도시화와 산업화의 뒤안길에서 인간들은 공동체적 연대감을 상실하고 길들여진 짐승처럼 살아간다. 그리고 이웃이 당한 불행을 소문처럼 이야기하며 자신의 일이 아니라는 데 안도한다. 양귀자는 폭력과 소외에 이렇게 무방비 상태로 노출된 도시인의 삶을 이미 첫 창작집에 수록한 「밤의 일기」를 비롯한 몇몇 작품에서 밀도 있게 그려보인 바가 있다.

「원미동 시인」은 이유 없이 한 개인이 당해야 하는 폭력의 섬뜩함과 이 폭력에 대한 이웃들의 방관을 보여준다. 양귀자는 「밤의 일기」에서 이웃의 수난에 대한 사람들의 무관심을 두고 "강도보다도 더 미운 것은, 이 아파트에 사는 우리들의 이웃"이라고 말했었다. 그런데 그녀가 그 소설에서 인간들이 겪는 "무엇보다 큰 상처는, 바로 그 절벽," 이웃 간의 단절 현상이라고 말한 그 모습이 원미동과 같은 도시 변두리에도 어느새 침투해 있다. 이 점은 선량하기 그지없는 몽달씨가 당하는 폭력에 대해 평소 그로부터 무상의 노력 봉사를 받고 있던 형제슈퍼 김반장이 보여주는 태도에 잘 나타나 있다.

흰 이를 드러내며 빨간 셔츠가 으르렁거렸다. 순간 몽달씨가 텔레비전이 왕왕거리고 있는 가겟방을 향해 튀었다. 방은 따로이 바깥쪽으로 난 출입구가 있었기 때문이었다. 그러나 몽달씨보다 더 빠른 동작으로 방문을 가로막아버린 사람이 있었다. 바로 김반장이었다.
"나가요! 어서들 나가요! 싸우든가 말든가 장사 망치지 말고 어서 나가요!"(p.92)

경찰서를 들먹이며 합법적 폭력인 양 날뛰는 폭력배 앞에서 김반장은 몽달씨를 낯 모르는 타인이라고 대답하고 이웃들 역시 고의적으로 얼굴을 돌린다. 그러면서도 맥주병이 깨어질까 봐 그것을 급히 치우는 잇속 차림을 보여주는 김반장처럼 이웃들은 자신의 이익을 챙기기에 바쁘다. 그들은 폭력의 정당성 여부에는 관심이 없어서 전후맥락을 따져보려 하지 않는다. 양귀자의 이 소설은 지금의 우리 사회가 지니고 있는 무서운 측면, 다시 말해, 보이지 않는 힘으로부터 개인에게 가해지는 비합법적 폭력과 이 폭력에 대해 이의를 제기하지 못하는 사회 구조가 원미동 주민들의 의식에까지 침투되어 있음을 보여준다.

「한 마리의 나그네 쥐」는 소외된 현대인의 심리 세계를 설화적 수법을 빌어서 그려보인 작품이다. 보이지 않는 곳으로부터 감시당하고, 보이지 않는 제도에 구속당하며, 보이지 않는 사람들에게 지배받아야 하는 현대인들, 이들은 비좁은 회사 사무실에 갇혀 있고, 가족들의 눈길에 갇혀 있고, 출퇴근의 혼잡한 전철 속에 갇혀 있다. 비유컨대 자신의 야수성을 도발 당하는 한 마리의 짐승처럼 그렇게 갇혀 있다. 그래서 '그'는 어느 해 5월 인간들의 이런 누적된 불만이 야수적 폭력성으로 무고한 시민들을 향해 발산되는 것을 보고, 그 자신 역시 비좁은 전철 안에서 그를 옥죄는 승객들을 향해 맹렬한 적개심을 충동적으로 느낀 적이 있다. 이 때문에 '그'는 도시란 우리를 벗어나 원미동의 자연 속에서 도발 당한 자신의 야수성을 순치시키고자 한다.

〔……〕새로 돋아오른 깨끗한 햇살을 받고 있음에도 불구하고 엉성하게 짜여진 도시는 지저분한 얼룩에 찌들어 끈끈한 땀냄새를 풍기고

있었다. 마치 짐승우리에게 풍겨오는 악취를 맡는 것 같았다. 이제 막 그가 지나온 숲과는 전혀 달랐다. 흡사 저 우리 안으로 그 자신 한 마리 짐승이 되어 기어들어가야만 할 것 같은 찜찜한 기분이었다. 할 수만 있다면 다시 몸을 돌려 숲으로 돌아가고 싶었다.(p.105)

혹독한 훈련을 통해 기계처럼 움직이는 사람들을 만드는 군대 사회에서 그 성원들이 야수성을 키우는 것처럼 익명으로 순종하며 살아갈 것이 요구되는 현대 사회의 사람들도 야수성을 키우고 자극받는 측면이 있다. 공동체적 연대감을 상실하고 고립된 영역에서 소외된 개인으로 살아야 하는 현대인들은 누구나 조금씩 그러한 심리를 가지고 있다. 그러므로 「한 마리의 나그네 쥐」는 현대인들의 심리 속에 자라나는 이 같은 위험한 무의식의 세계를 가리키는 작은 경고이다. 현대의 소시민들이 자신도 모르게 키우고 있는 불안한 심리와 억제된 폭력에 대한 경종인 것이다.

원미동 연작에서 이웃 사이에 벌어지는 갈등과 이해의 모습은 「일용할 양식」에 잘 나타나 있다. 형제슈퍼와 김포슈퍼 사이에 벌어지는 고객 확보 전쟁과 그것을 유용하게 이용하려 드는 주민들의 약삭빠른 모습을 통해 우리는 갈등과 미움이라는 것이 얼마나 비이성적인 것이며, 이기적인 뿌리를 가진 것인가를 알 수 있다. 또 얼마나 하찮은 것인지도 알 수 있다. 예컨대 "고흥댁도 말귀를 알아들었다. 싸게 주는 쪽으로 가는 것이야 말리지 않지만 요령껏, 어느 쪽이 더 싼지 눈치를 살핀 후에 행동에 옮기라는 말일 것이었다"라는 말에서 느낄 수 있듯 조그만 판매 경쟁이 감정적인 경쟁 심리로 발전하고, 마침내는 이해타산을 따지는 사람들의 심리를 부추겨서 온 동네를 더욱 황량한 인간관계 속에 빠지게 만든다. 따라서 이 소설은 원미동이라는 조그만 사회를 뒤흔들어놓는 두 상점의 갈등과 불화를 통해 더불어 함께 사는 사회에서 인간들이 지켜야 할 이해와 공존의 원리를 재치있게 환기시켜주는 작품이라 할 수 있다.

이상에서 살펴본 작품 세계를 통해 그렇다면 양귀자는 무엇을 의도하는 것일까? 경기도 부천시 원미동이라는 한 자그마한 동네의 모습을 집요하게 작품화함으로써 양귀자는 삶의 어떤 모습을 보여주려는 것일까? 그것은 조금 성급하게 결론짓자면 우리 사회의 총체적 모습을 압축적으로 형상화하려는 시도라 할 수 있다. 원미동이라는 한 자그마한 소우주 속에 우리 사회의 전체상을 압축적으로 담아보려는 의욕인 것이다. 작자 자신의 생활 공간인 이 조그마한 동네를 통해 구체성이 담보된 전체상의 상징적 형상화를 이룩해보려는 시도를 하고 있는 것이다. 원미동을 우리 사회의 문제점들이 집약된 상징/축도로 그려냄으로써 양귀자는 분명히 그러한 의욕을 드러내고 있다.

필자에게 양귀자의 이 같은 의욕은 포크너의 말을 연상시킨다. 포크너는 그 자신이 평생을 살면서 자신의 소설 무대로 삼았던 미시시피주의 옥스퍼드 일대에 대해 다음처럼 말한 적이 있다. "나는 우표딱지만 한 조그마한 내 고향 땅이 글을 쓸 만한 가치가 있으며 그것에 대하여 평생을 두고 글을 써도 충분히 쓸 수 없을 것이라는 사실을 깨달았다. 〔……〕 그와 더불어 나는 금광과도 같은 다른 인물들을 발견했으며, 따라서 나는 나 자신의 우주를 창조한 셈이었다"라고. 양귀자의 원미동 연작이 포크너와 같은 태도에서 비롯된 것인지 아닌지는 필자는 모른다. 그렇지만, 우리 소설사에서 박태원의 『천변풍경』이래 어느 한 지역을 집중적으로 해부함으로써 그 사회의 모습을 입체적으로 드러낸 소설로서는 가장 뛰어난 것의 하나가 될 것임에는 틀림없다.

이제 필자는 마지막으로 원미동 연작의 시점 문제와 관련하여 몇 마디를 보태는 것으로 이 글을 맺고자 한다. 원미동 연작의 시점은 작품에 따라 상이하다. 3인칭 '그'라는 인물을 등장시켜 서술해가는 방식과 '나'라는 인물이 직접 화자로 등장하는 방식, 어린애를 등장시켜 이야기하는 방식과 '그'와 원미동 주민의 관점을 번갈아 채택하는 방식 등 원미동 연작은 시점의 다양한 변화를 보여준다. 이 소설집에서 이같이 시점이 변화하는 것은 전달하려는 이야기가 서로 다른 질감을 가지고 있기 때문에 질감에 따라 효율적인 전달의 방식을 확보하려는 작가의 노력 때문이라 볼 수 있다.

그런데 이 같은 시도 그 자체에 대해서는 필자도 별 이의가 없지만, 시점의 변화에 따라 소설의 주관성과 객관성의 농도가 달라지고 연작의 균질성에 흠결이 생기는 것은 문제라고 생각한다. 원미동 연작 전체가 유지해야 할 객관성과 주관성의 농도, 다시 말해 묘사의 균질성에 틈이 생기게 함으로써 원미동 연작을 조금 불안하게 만들고 있는 것이다. 이 같은 균열은 원미동 주민들에 대한 이야기를 할 때와 관찰자 가족의 이야기를 할 때 잘 드러나는데, 그 모습을 우리는 「일용할 양식」과 「한계령」의 대비에서 실감할 수 있다. 작가의 주관적 감정이 거의 배제된 채 객관적 묘사만으로 일관하는 전자와 작가의 주관적 감정이 종종 노출되는 후자의 경우는 분명히 같은 연작이면서도 차이가 있다. 따라서 독립적으로 볼 때 아주 우수한 작품인 「한계령」이 원미동 연작에서는 뒤떨어지는 「일용할 양식」보다 오히려 더 낯설어 보이는 결과를 야기하고 있는 것이다.

마지막으로 원미동 연작의 시점 문제와 관련하여 기우일지도 모르지만 박태원의 『천변풍경』에 가해졌던 비판을 한 가지 환기시키는 것으로 이 글을 맺고자 한다. 그것은 세태소설적 요소를 지니고 있는 원미동 연작이 치밀한 묘사와 관찰의 측면에서 일정한 성과를 이룩할지라도 묘사하는 대상의 배면에 숨어 있는 본질적인 사회 구조, 다시 말해 우리 삶의 핵심 문제를 정확하게 포착하지 못한다면 세태소설에 가해진 비판을 마찬가지로 받을 가능성이 생길 수 있다는 기우이다. 그러나 이런 점은 필자가 작고도 큰 세계, 원미동에 대한 반가운 느낌 때문에 표면화되지 않은 우려를 지레 해보는 셈이다. 이러한 우려가 괜스레 작가에게 부담이 되지 않기를 바라며 즐겁게 이 글을 맺는다.

〔1990〕

권력과 인간에 대한 집요한 탐구
―정찬의 『완전한 영혼』

1

　정찬의 소설이 집요하게 추구하는 주제는 권력과 관계된 인간의 행위이다. 권력과 말, 권력과 예술, 권력과 종교, 권력과 생명, 권력과 인간성 등 권력을 둘러싼 인간의 행위 전반에 대해 현재적이거나 당대적인 시각에서가 아니라, 원론적인 시각에서의 접근이 그의 소설적 탐구의 핵심을 이루고 있다. 그의 이 같은 관심은 첫번째 소설집은 물론 두번째 소설집에서도 일관되게 나타나고 있다. 「말의 탑」「수리부엉이」「다모클레스의 칼」「기억의 강」 등 그의 첫번째 소설집에 수록된 대부분의 소설들이 그렇듯이 「얼음의 집」「신성한 집」「길 속의 길」「영산홍 추억」 등 두번째 소설집에 수록된 소설들 역시 권력의 문제에 대한 관심의 연속성을 보여주고 있는 것이다.
　정찬처럼 권력의 문제를 원론적이고 형이상학적인 차원에서 다루는 일은 구체적인 사건을 정면으로 다루는 일보다 더 어렵다. 권력과 언어, 선과 악, 권력과 생명, 사랑과 증오 등 권력에의 의지와 관계된 추상적 가치들을 천착해나가는 일은 자칫하면 몸체 없는 논설로 소설을 전락시킬 우려가 많은 까닭이다. 또 그런 방식은 논리적인 측면에서 소설을 진지하게 만드는 만큼이나 정서적인 측면에서 소설적 흥미를 감소시킬 우려가 있다. 그래서 종종 엄숙한 철학적 논리나 종교적 믿음의 세계에 섣부르게 접근한 소설은 사건의 구체성을 확보하지 못하고 감동이 전혀 없는, 실패한 철학서나 종교서로 전락하고 마는 모습을 보이게 된다.

추상적 관념을 다루는 일이 지닌 이런 위험성에도 불구하고, 우리 문단에서 끈덕지게 관념의 세계를 천착해온 보기 드문 소설가 중의 한 사람이 정찬이다. 이 같은 점에서 정찬은 우리 시대가 만들어낸 소설가들 중에서도 특이한 소설가이다. 정찬의 소설들은 전면적으로건 부분적으로건 항상 권력과 인간의 관계를 탐구하는 데 관심을 쏟고 있으며, 그것도 기존의 소설가들과는 달리 훨씬 원론적이고 형이상학적인 수준에서 그 관계를 다루고 있기 때문이다.

지나가는 이야기이지만, 정찬이 자의 반 타의 반으로 오랜 습작 기간을 거칠 수밖에 없었던 데에도 신춘문예용으로는 부적절한, 지나치게 무거운 소설적 테마 문제가 작용하고 있었다. 그의 소설은 신춘문예와 같은 제도적 장치를 뚫기에는 너무 무거운 문체와 사상을 가진, 본격적인 소설이었던 것이다. 그 때문에 그는 신춘문예가 가지고 있는 매력과 그를 원천적으로 거부하는 제도라는 모순의 그물에 발목을 잡혀 다행스럽게도 오랫동안 습작 기간을 거칠 수 있었던 것이다.

정찬은 데뷔작인 「말의 탑」에서부터 권력과 인간의 관계를 탐구하기 시작했다. 그는 자신의 소설쓰기를 온갖 권력의 도구로 전락해버린 '말'의 본래적 의미를 찾는 작업으로부터 시작한 것이다. 그것은 유신 체제하의 타락한 말에 질려버린 그에게 절대적 권력이란 무엇보다 순수한 말의 타락, 다시 말해 이데올로기화한 말이 낳은 결과물로 비춰졌기 때문일 것이다. 그런 연유로, 데뷔작인 「말의 탑」이 그렇듯이, 그의 소설을 표면적으로 지배하는 관념은 우리 현실과 강한 밀착성을 지니고 있는 관념이다. 그것은 오랫동안 독재 권력의 횡포에 시달려온 우리에게 권력의 의미와 본질을 심각하게 비판적으로 성찰하는 습관이 그만큼 체질화 되어버린 까닭 때문이기도 하고, 우리 현실이 권력의 의미를 되묻게 만드는 풍토일수록 정찬 소설의 관념성은 리얼리티로 느껴지는 까닭 때문이기도 하다. 이런 점에서 필자는 두번째 소설집에 대한 이야기로 들어가기 전에 먼저 첫번째 소설집에서 그가 탐구한 권력과 말에 대한 시각을 다시 되돌아볼 필요를 느낀다.

정찬은 「말의 탑」에서 태초에 먼저 말이 있었으며, 권력은 그 말의 순수함을 지키기 위한 수단으로 생겨난 것이라고 이야기했다. 그가 말과 권력의 이런 근원적 관계를 뒤돌아본 것은 아무도 의심하거나 부정할 수 없게 된 권력의 신화를 깨트리기 위해서이다. 그 신화는 태초에 권력이 있었고, 권력은 삶의 질서와 행복의 근간이라는 관념이다. 그러나 정찬은 지금 사람들이 의심하지도 않고 의심할 수도 없게 된 그 같은 관념을 거부한다. 그에 의하면 권력은 최소한의 필요악이다. 권력은 권력 자체의 유지나 강화를 위해서 생겨난 것이 아니라 욕망의 충돌과 언어의 타락을 조절하기 위한 장치로 만들어진 것이다. 따라서 권력은 그 자체를 위해 폭력을 행사할 수 없으며 행사해서도 안 된다. 권력은 인간의 잘못된 말을 제어하기 위한 수단일 따름이지 본질이 아니기 때문이다. 정찬은 이 소설에서 그리하여 권력을 위해 행사되는 권력은 어떤 방법이나 이데올로기로 자신을 분식하더라도 정당성이 없다는 것을 강력하게 암시하고 있다. 이런 점에서 이 작품은 말이 생겨난 이유와 권력이 생겨나게 된 이유 및 양자의 관계를 그가 만들어낸 가상의 세계를 통해 소설적으로 검증함으로써, 우리가 살고 있는, 권력이 지배하는 현실 세계를 근원적으로 의심하고, 비판하고, 부정한다.

이렇듯 정찬에 의하면 권력은 인간들의 욕망을 제어함으로써 말의 순결성을 유지하고 보호하기 위한 장치로 태어난 것이다. 그러나 권력이 나타났다는 사실은 곧 한 인간이 다른 인간을 다룰 수 있게 되었다는 것을, 한 인간이 다른 인간에게 말의 힘을 행사할 수 있게 되었다는 것을 뜻했으며, 힘을 행사하여 한 인간이 다른 인간을 징벌할 수 있게 되자 서로 위상이 다른 말이 생기고 순수성을 상실한 말의 낭비가 가속화되기 시작했다. 징벌할 수 있는 힘을 가진 집단들은 그 힘을 행사하는 과정에서 징벌을 합리화하는 수단으로 말을 낭비하기 시작한 것이다. "진실의 말은 함부로 낭비"될 수 없음에도 말은 무한정 낭비되었고, 진실과 거짓은 서로 뒤섞여서 구별할 수 없게 되었다. 힘의 무리들은 "검은 돌을 치켜들어 흰색의 돌이라고 외치"면서 "혓바닥에서 쏟아져 나오는 현란한 말의 가지들"로 "검은색을 흰색으로 바꾸어" 놓았다. 권력은 인간의 순결한 말을 유지하는 보조 장치라는 사실이 차츰 망각되고 도리어 말이 권력의 보조 장치로 사용되기 시작한 것이다.

그리하여 욕망과 생리에 의해 스스로를 조직화하기 시작한 권력은 말을 자기 집단의 이익을 방호하기 위한 이데올로기로 전락시킴으로써 마침내 스스로를 '말의 탑'을 대신하는 절대적 숭배의 대상으로까지 만들게 되었다고 정찬은 이야기한다. 이 모습은 본말이 완전히 전도된 관계이다. 따라서 권력이 지배하는 전도된 세계는 말이 지배하는 혼란된 세계보다도 더 나쁜 세계이다.

2

  정찬은 그의 두번째 소설집에서도 첫번째 소설집이 보여준 이러한 주제들을 이어받으면서 권력과 인간의 관계를 지속적으로 진지하게 탐구한다. 절대적인 힘을 지닌 권력 앞에서 자신을 지키려는 인간들의 의지를 고문자의 심리를 통해서, 예술가의 고뇌를 통해서, 순수한 한 인간의 영혼이 폭력에 의해 파괴되는 모습을 통해서 그는 이 주제들을 천착해 나간다. 그러나 첫번째 소설집과는 달리 이번에는 좀더 직접적으로 권력의 편에 선 사람들의 내면적인 심리까지를, 권력의 하수인들이 권력으로부터 자신을 지키기 위해 어떻게 자신의 내면을 제어해야 하는가까지를 심도 있게 천착하는 방법으로 권력과 인간의 문제를 다룬다. 이 같은 점에서 「얼음의 집」은 두번째 소설집에서 가장 주목해야 할 중요한 작품이다.
  정찬의 「얼음의 집」은 임철우의 「붉은 방」과는 정반대로 고문자의 입장에서 폭력과 인간의 내면 문제를 다룬 특이한 소설이다. 정찬은 이 소설을 통해 권력의 하수인으로 기능하는 한 고문자가 권력으로부터 스스로를 지키기 위해 만들어낸 정치한 논리를 보여준다. 그리고 그 정치한 논리가 사소한 감정의 흔들림에 의해 어떻게 부서지는지도 보여준다. 이런 점에서 정찬의 「얼음의 집」은 일종의 '고문자의 사상'이라고도 부를 수 있을 정도로 고문자의 안과 밖을 심도 있게 탐구한 작품이다.

정찬에 의하면 완벽한 고문자는 '얼음의 집'에 사는 인간이다. 완벽한 고문자는 권력의 도구로 기능하지만, 부여받은 권력의 힘을 즐기려고 해서는 안 되는 까닭이다. 완벽한 고문자란 자신에게 부여된 권력을 통해 그 권력의 정상에 오르는, 내면의 사다리를 완성하는 인간이다. 따라서 그는 자신의 일을 처리함에 있어서 한 치의 감정도 개입하는 것을 허용해서는 안된다. 고문자가 피고문자의 전락을 즐기려고 하는 순간 그는 피고문자들의 증오와 원한의 퇴적물인 역사 속으로 함몰하기 때문이다. 그 역사 속에 자신을 함몰시키지 않고 자신을 지켜내면서 스스로를 새로운 권력의 자리에 앉힐 수 있는 길—그것은 정찬에 의하면 쾌락을 지우고, 권력의 얼굴을 지우는 것이다. 그렇게 함으로써 고문자 자신을 증오와 원한의 퇴적물인 역사로부터 비켜서게 할 수 있다는 것이다.

정찬의 「얼음의 집」은 이 같은 '고문자의 사상'을 하야시라는 고문기술자의 입을 통해 개진한다. 그리고 그가 이 같은 고문자의 사상을 만들어내게 된 역사적·실존적 이유를 하야시의 제자인 '나'라는 한국인이 하나하나 밝혀나가는 방식으로 소설을 전개해 나간다. 다시 말해 「얼음의 집」은 주인공인 '나'가 떠올리는 하야시의 가르침과 주인공이 추적해서 찾아낸 하야시의 삶('나'의 삶에 대한 회상도 포함해서)이라는 두 측면으로 구성되어 있다. 그것들이 고문자의 사상의 안과 밖을 이루면서 이 작품의 관념성과 현실성을 만들어낸다. 이를테면 하야시가 개진하는 고문의 사상 속에 내제된 자폐적 관념성이라는 '안'쪽은 그가 비천한 천민층인 에타 출신이라는 '밖'쪽을 이해할 때

확실한 현실적 부피를 획득하는 것이다.

필자가 보기에 정찬의 「얼음의 집」이 전해주는 메시지 중 가장 주목해야 할 것은 다음 두 가지이다. 첫번째는 권력에의 욕망은 권력을 가진 사람이 권력을 휘두르는 크기에 비례해서 그것의 피해를 받는 사람들의 가슴속에서도 마찬가지 크기로 자란다는 전언이며, 두번째는 어떤 냉혹한 권력에의 의지도 사랑 앞에서는 흔들리고 무너진다는 전언이다.

이를테면 「얼음의 집」에서 평생 동안 구축해온 고문자의 사상(얼음의 집)을 일거에 무너뜨리고 하야시를 죽음으로 몰아넣은 것이 바로 이 사랑이다. 소설 속에서 하야시는 이렇게 말한다. "사랑은 내가 이해할 수 없는 기적의 생명이다. 나로서는 상상할 수 없는 희귀한 정신의 기적"이라고 말한다. 사랑은 고문자의 냉혹한 정신을 치명적으로 파괴하며 고문자가 지녀야 할 기본적인 자세, 즉 살아 있는 인간을 단순한 사물로 간주하는 자세를 망가뜨린다. 그것은 사랑이 기계적으로 인간을 다루어가야 할 고문자의 내면 세계에 감정의 흔들림을 가져오고, 대상과의 관계 속에서 즐거움을 느끼도록 만들기 때문이다.

— 잘 들어라. 이것은 나의 마지막 가르침이다. 너는 아들을 갖지 말아라. 권력은 한 올의 사랑도 용납하지 않는다. 그 한 올의 사랑 때문에 내 얼음의 집은 허물어졌다. 하지만 그것이 사랑이었던가? 아니었다. 사랑의 얼굴로 변신한 권력이었다. 혈육 속으로조차 파고드는 권력의 냉혹한 생명 운동. 한 마리 작은 새는 증오의 부리로 얼음의 집을 쪼고 있었다. 너는 아들을 갖지 말아라. 그리하여 얼음의 집을 완성시킨 최초의 인간이 되어라. 그 장려하고 황홀한 얼음의 집을.

이런 점에서 볼 때 정찬의 「얼음의 집」은, 사랑 속에서까지 권력은 냉혹한 생명력의 싹을 틔우고 자란다는 하야시의 주장에도 불구하고 필자에겐 사랑의 힘을 이야기한 것으로 읽힌다. 정찬은 「얼음의 집」에서 그토록 집요하게 인간들의 끔찍한 권력 의지를 탐구함으로써 거꾸로 사랑의 위대한 힘을 보여주려 한 것이라 필자는 읽고 싶다. 그것은 이 작품에 대한 필자의 억지가 아니라 정찬이 「얼음의 집」에 이어서 발표한 「완전한 영혼」이라는 작품과의 연속성 때문이다.

「완전한 영혼」은 인간이 지닌 생명의 의미, 생명 속에 깃들인 사상(선과 악)의 의미를 묻는, 관념의 세계를 다룬 작품이다. 정찬은 「완전한 영혼」에서 "악의 실체를 모르는 정신"을 지닌 장인하라는 "완벽한 무사상적 인간"을 내세워 우리 주변에 너무나 흔하게 널리 있는, 선과 악을 분명하게 구별할 줄 아는 철저한 사상적 인간과 대립시켜 놓고 있다. 그리고 전자를 통해 후자의 반성을 유도해내고 있다. 어린애의 천진성과 티 없음에 방불한, 순수한 영혼을 지닌 장인하와 "세계가 객관적으로 존재하며, 이 세계를 진보의 방향으로 움직이게 하는 객관적 진리가 있다고 믿"는 지성수로 대표되는 이 관계는, 소설 속에서 진보에 대한 신념이 흔들리게 된 후자가 전자에 대해 겸손하게 이해와 경의를 표하는 것으로 끝나고 있다.

그렇다면 정찬이 이 같은 관념의 세계를 집요하게 다룸으로써 말하려는 것은 무엇일까? 하나님이 모든 종류의 인간들을 통해 역사하고 있으니 우리는 우리 앞에 놓인 모든 살아 있는 존재들을 경외감으로 대하면서 배워야 한다는 교훈을 말하려는 것일까? 이 소설이 자신의 논리를 확신하며 살던 사람들에게 좀더 겸손해질 것을 가르친다는 점에서 그렇게 말할 수 있는 측면도 있다. 그러나 필자는 그보다 장인하의 죽음이 지닌 다음과 같은 속죄양적인 측면에 더 비중을 두고 싶다.

문학비평가이자 인류학자인 르네 지라르René Girard는 "제의 때 사용되는 동물"이란 의미의 속죄양을 재해석해서 "한 사람에게로 보편적인 증오가 집중된 바로 그 죄 없는 사람"이란 의미를 만들어냈다. 그리고 그러한 의미의 완전한 속죄양으로 예수를, 될 뻔하다가 못 된 속죄양으로 욥을 들었다.

지라르가 예수를 완전한 의미의 속죄양으로 보는 이유는 그가 욥보다 더 완전하게 무죄였지만 욥처럼 항의하지도 않았으며, 욥과 같은 방식으로 되살아나지도 않았기 때문이다. 예수의 수난에는 그를 박해하고 죽인 사람들이 그를 죄인이라고 믿게 만들 만한 어떤 단서도 없었기 때문에 예수는 우리가 상상할 수 있는 한계 내에서는 가장 완벽한 희생자인 것이다. 따라서 완전한 의미의 속죄양인 예수의 죽음은 그에게 가해진 박해 체계의 폭력과 그러한 박해 체계가 가지고 있는 은밀스런 신비함을 우리 앞에 더 이상 은밀스럽거나 신비하지 않은 것으로 만든다. 그의 완전한 무죄는 그에게 가해진 폭력이 이제 더 이상 신비스러운 것이 될 수도 합법성을 띨 수도 없다는 것을 보여준다. 죄 없는 예수의 죽음은 제의적인 의식으로서 희생양을 만들어내고, 그러한 희생양을 통해 대중의 불만을 해소하는 체제의 허구성을 우리 앞에 여지없이 폭로해 보이고 있는 까닭이다.

정찬은 "권력의 반대편에 서서 권력의 실체를 예수만큼 그토록 생생히 드러내었던 사람이 과연 그전에도 있었을까"하고 말한 적이 있다. 예수는 '사랑의 군중을 거느렸고' 그럼으로 말미암아 권력의 폭력성을 누구보다 생생히 드러낼 수 있었다고 정찬은 이야기했던 것이다. 또 「기억의 강」의 마지막에서는 「수리부엉이」에서 피력한 일종의 종교적 사랑에 상응하는 역사관으로, 다시 말해 언어의 절대적 순결성을 지키기 위한 고난의 행진이 '소설쓰기'라는 생각으로 다음처럼 기독교적 상징을 빌어 소설을 끝맺었었다.

> 푸른 강이 떠올랐다. 빛이 넘쳐 흐르고 소금이 들의 백합화처럼 가득한 강. 흰 옷을 입은 사람이 배를 젓고, 그의 노래가 물이 되어 흐르는 강. 마태의 강이었다. 그 강을 향해 한 사내가 걸어오고 있었다. 등에 무엇인가를 짊어지고 휘청이며 걷고 있는 사내. 그는 윤명수였다. 입은 굳게 다물고 있었고, 반쯤 감긴 눈 위로 핏물 같은 땀이 흘러내렸다. 여윈 등 위의 짐을 받치고 있는 그의 손이 천천히 펴지고 있었다. 앙상한 손바닥에 움푹 팬 구멍이 얼핏 보였다. 못의 형해였다.

이와 같은 맥락에서 필자에게 장인하라는 죄 없는 순수한 인간의 죽음은, 그의 천진난만한 의식과는 상관없이, 속죄양 의식에 방불한 것이다. 그는 예수가 십자가로 끌려가는 것처럼 그의 주변을 둘러싼 정황들에 의해 그렇게 한 마리 순한 양처럼 죽음을 향해 끌려갔다. 그리하여 죄 없는 그가 희생되도록 방치한 지성수와 같은 사람들, 아니 우리 독자들 모두가 바로 죄인들이라는 이야기가 자연스럽게 만들어지고 있다. 장인하는 예수처럼 희생자이고 그의 희생을 요구한 체제나 상황 혹은 온갖 권력의 부산물들은 그의 죄 없음으로 말미암아, 그의 죄 없는 죽음으로 말미암아 폭력적이라는 사실을 보여주고 있는 셈이다.

따라서 필자가 생각하기에 정찬은 「완전한 영혼」에서 80년대 광주

이후 우리들의 마음속에 들어앉은 혁명적 사상을 새로운 시각에서 검토하고 있다. 그는 사상적 확신이 만들어내는 도그마와 적과 동지의 구분이 만들어내는 증오와 원한의 감정 등은 장인하와 같은 자기 희생적인 순수한 영혼에 대한 그리움 없이는 근원적으로 치유되지 않는다는 사실을 말하고 있는 것이다. 그래서 정찬은 우리들의 가슴속에 장인하와 같은 순수한 영혼의 자리를 만들려는 노력이야말로 "사상 속으로 생명의 힘을 불어넣는 운동"이라고 했을 것이다.

정찬의 「길 속의 길」과 「신성한 집」 「황금빛 땅」 「영산홍 추억」은 모두 권력과 예술의 관계에 대한 소설적 천착이다. 그는 이 작품들 속에서 「말의 탑」에서 개진했던 권력과 말에 대한 그의 생각을 심화시키면서 개인들이 절대적인 권력에 맞서서 자신의 진실과 예술 세계를 지켜나갈 수 있는 방법을 탐구한다.

나는 이 이야기 속에서 권력과 예술의 관계를 압축적으로 보여주는 상징의 빛을 발견했고, 그 상징의 빛을 소설로써 육화시키려 했다. 그것은 예술의 원형적 얼굴이며, 예술에 접근하고자 하는 이라면 누구나 한번쯤은 원형적 얼굴을 엿보고자 하는 욕망을 품어봄직하지 않는가.

권력과 예술의 관계를 그리스 신화를 빌어와서 이야기하고 있는 「황금의 땅」의 한 대목이다. 그런데 이런 그의 이야기는 필자에게 「길 속의 길」과 마찬가지로 간접적으로는 지금까지의 자신의 소설쓰기에 대한, 직접적으로는 앞서 발표했던 「얼음의 집」에 대한 정직한 반성과 변명처럼 느껴진다. 이 정직함으로 그는 소설로 자신의 소설쓰기를 변명하는, 어떻게 보면 관념적이고 추상적이라는 세간의 평에 대해 우회적으로 반박하는 촌스럽기 짝이 없는 일을 하고 있는 게 아닌가 짐작되는 것이다. 이를테면 정찬이 「길 속의 길」에서 비소설적인 "소설이란 무엇인가. 다리를 드러내는 일이다. 관념과 현실을 잇는 황금빛 다리"라는 식의 문체로 소설 아닌 소설을 써나가고 있는 것이 바로 그 증거이다.

필자에게 이런 그의 모습은 두 가지 생각을 하게 만든다. 하나는 소설가는 어떤 경우에도 소설로 답해야 한다는 식의 명제는, 소설가들의 논리적 반박을 원천적으로 봉쇄하기 위한, 비평가들이 자신에게 유리하도록 만든 명제가 아닌가 하는 반성이다. 그리고 다른 하나는 이청준식의 우회적인 반성에 비해 90년대 소설가들이 자신의 소설쓰기에 대해 보여주는 반성은 훨씬 더 직접적이 아닌가 하는, 소설가들을 향한 질문이다. 이런 생각 때문에 필자에게 정찬의 "고치란 무엇인가, 언어가 만드는 정신의 집이다"라는, 그가 소설로 말하는 소설(쓰기)에 대한 명제는 소설적 감동으로가 아니라 자신의 소설 세계를 설명해 주는 논리적인 언어로 다가온다. 이 말은 우리에게 그의 소설처럼 관념과 현실에 대한 깊은 성찰로서의 소설 읽기를 요구하고 있는 까닭이다.

이 계통의 소설에서 우리가 주목해야 할 것은 앞에서 말한 점들과 함께 정찬 소설의 기본적 테마인 권력과 인간에 대한 발상의 새로운 진전이다. 그것은 정찬이 「얼음의 집」에서 내보인 고문자의 내면 세계에 대응하는 피고문자의 내면 세계를 이 소설들 속에서 보여주고 있기 때문이다. 「영산홍 추억」에서 정찬은 그 모습을 다음처럼 이야기하고 있다.

그런데 이 유폐의 주체는 유신 권력이 아니라 황선생 자신이었다. 스스로에게 유폐를 명령한 황선생의 모습은 바로 권력자의 모습이다. 자신이 선택한 이데올로기를 온몸으로 권력화시키는 치열한 인간의 모습인 것이다. 유신 정권은 사회안전법을 만듦으로써 어리석게도 자신의 권력을 송두리째 황선생에게 갖다 바치고 말았다. 나에게 있어서 황선생은 관념이 아니다. 그는 내 영혼의 숨소리를 불어넣는 살아 있는 생명체이다. 그 생명체가 유폐의 굴속에서 이데올로기의 뼈를 안고 시간과 싸워왔다.

정찬은 위의 인용문에서 보듯 권력자와 고문자에 대응하는 실존적 개인(피고문자)의 논리를 만들어낸다. 그 논리는 "나는 무릎을 꿇지 않았다"는 논리이다. 권력자가 절대로 무릎을 꿇지 않듯이 피고문자 역시 권력의 힘에 맞서는 내면의 권력 체계를 스스로 완성함으로써 무릎을 꿇지 않았다는 것을 위의 대목은 말해주고 있는 것이다.

정찬은 「신성한 집」에서 "인간의 집단 속에서 선택된 자로 군림하게 된 정치적 권력자는 권력의 원형이었던 신의 자리를 엿본다"고 하면서 그러기 위해 그들은 신의 목소리를 들을 수 있는 예언자·예술가들의 협조를 필요로 한다고 말했다. 정찬의 이 말은 아마도 진정한 예술가는 아폴론에의 협조를 거부한 마르샤스와 마찬가지로 최소한 무릎을 꿇지 않는 자세로 권력에 대해 협조를 거부해야 한다는 의미를 가지고 있다. 그러나 현실은 소설가의 내면을 향해 유혹적인 말을 계속 속삭인다. "내가 소설을 쓰면서 나를 드러내지 않는다는 것, 이름과 명성에 집착하지 않는다는 것, 보기 좋은 상품을 만들기 위해 머리를 짜는 것이 아니라 완벽성에 온 정신을 투입한다는 것, 도대체

이것이 어떻게 가능할 수 있다는 것인가?"라고. 권력의 목소리는 이처럼 갖가지 모습으로 변형되어 소설가의 내면에 육박하고 있는 것이다. 그렇다면 이러한 유혹으로부터 자신을 지키는 길은 무엇일까? 정찬은 위에서 본 것처럼 스스로의 내면에 "무릎을 꿇지 않는" 권력을 형성하는 방법으로 대응해야 한다고 답한다.

3

정찬의 이러한 소설들은 잘못 생각하면 일부 논자들이 주장하는 것처럼 권력에 대한 직접적 비판의 회피로 보인다. 그러나 그렇지 않다. 그의 소설은 다른 어떤 이념적인 작가들의 소설보다 폭력적인 권력에 대해 빈틈없이 날카로운 비판이며 예언적인 비판이다. 이를테면 「완전한 영혼」의 경우 80년의 광주학살에 대한, 직접적으로 그 문제를 다룬 다른 어떤 소설보다 더 준엄한 알레고리적 논고이자 심판인 것이다. 따라서 지금 우리가 해야 할 일은 부정적 시비 걸기가 아니라 이러한 정찬의 소설쓰기가 그가 집요하게 추구하고 있는 권력과 인간이란 주제를 어떻게 희석시키지 않으면서 발전시켜나가는가를 지켜보는 일이다. 그것은 그의 소설이 우리 소설계에서는 유례를 찾기 어려운 탐구, 권력과 인간에 대한 독특한 탐구의 소산이기 때문이다.

마지막으로 필자는 정찬의 소설에 대한 지엽적인 불만을 한 가지 덧보태는 것으로 이 글을 끝맺을까 한다. 필자의 불만은 일부 논자들처럼 권력에 대한 비판의 직접성 여부에 있는 것이 아니라 근래에 들어와 부쩍 더 심해지고 있는 논설적인 문장의 지나친 구사에 있다. 이를테면 "~ 않은가?" "~가 아닌가?"식의 질문과 그에 대한 대답으로 이루어지는 소설 문장은 그의 소설에 대한 정서적 반응을 절감시키는 반면 논리적 반응은 재고시킨다. 이런 점에서 필자는 「패랭이꽃」과 같은 작품처럼 아름다운 서정적 소설에 대한 그의 관심이 좀더 커질 필요가 있다고 생각한다. 구체적 사건에 기반을 둔 관념성이 돋보인 「기억의 강」이 일반 사람들에게 감동적으로 읽힐 수 있었던 이유를 생각하면서 소설 세계를 구축할 필요가 있다고 필자는 생각하는 것이다. 〔1992〕

역사의 안과 밖으로 열린 소설
― 김영현의 「깊은 강은 멀리 흐른다」

1

　필자는 김영현의 소설집 『깊은 강은 멀리 흐른다』를 80년대 초에 임철우의 소설을 처음 대했을 때와 흡사한 감동을 느끼면서 읽었다. 그리고 90년대를 시작하면서 다시 맛보는 이 감동이 그때 임철우의 소설에서 느꼈던 감동과 어떤 관계, 혹은 어떤 차이가 있는가를 곰곰이 생각해보기 시작했다. 이를테면 임철우의 「아버지의 땅」과 같은 소설이 보여주는 화해의 의미, 「사평역」과 같은 작품이 보여주는 서정적 아름다움의 세계, 「불임기」와 같은 작품이 보여주는 섬뜩한 공포의 그림자, 그러면서도 이 모든 작품들이 날카롭게 직시하고 있는 우리 현실의 모순들 ― 이런 것들을 다시금 곰곰이 생각해보기 시작한 것이다. 그것들이 김영현의 소설 속에 그 나름의 방식으로 새롭게 제시되어 있었기 때문이다. 그 결과 필자는 김영현의 소설과 임철우의 소설 사이에는 근본적인 일치점이 있다는 결론을 내렸으며, 일치

점은 그들이 세계와 자신을 뒤돌아보며 흘리는 따뜻한 '눈물'에 있는 것이라 생각하기에 이르렀다.

김영현은 자기 소설집의 후기에 "눈물 없이 무엇으로 문학을 하겠는가!"라고 썼다. 사실 우리는 그가 쓴 「멀고 먼 해후」를 비롯한 일련의 소설들에서 몰래 흘리는 눈물의 모습들을 볼 수가 있다.

그때, 뒤에서 누군가 그림자처럼 나타나서 그의 팔을 슬쩍 잡는 것이었다. 그는 그 자리에 그대로 뻣뻣하게 굳어져 버렸다. 신경이 한꺼번에 확 낚아채이어 움직이지 못하도록 단단하게 못이 박혀버린 듯한 느낌이었다.
돌아보지 않아도 그게 누구의 손이라는 것을 그는 직감으로 알 수 있었다.
"여기서 한 시간이나 기다렸잖아요."
그것은 까마득한 터널의 저쪽에서 들려오는 소리였다. 그 소리는 나지막했지만 그의 가슴을 왕왕 울려대는 소리였다.
그는 차마 뒤돌아볼 용기가 나지 않았다.
강바람이 점점 세게 불어오고 있었다.

「멀고 먼 해후」의 마지막에 나오는 위의 장면은 필자가 앞에서 말한 것과 관련하여 작가가 말하는 눈물의 의미를 우리들이 어느 정도 분명하게 짐작할 수 있게 만들어준다. 이 소설의 주인공인 그가 실제로 울고 있었건 울고 있지 않았건간에, 위의 장면에서 그가 "차마 뒤돌아볼 용기가 나지 않은" 이유는 마음속으로 울고 있었던 까닭이라고 생각할 수 있기 때문이다. 이 타락한 세상에서 인간에 대한 신뢰와 믿음을 뜨겁게 확인하는 순간 마음속으로부터 울음을 터뜨릴 수밖에 없었다고 작가는 우리에게 이야기해 주는 것이다.

그런데 김영현은 이 같은 '눈물'의 모습을 그의 소설에서 흥미 있는 방식으로 제시한다. 길고 긴 5년 동안의 감옥살이를 끝내고 출감한 주인공 앞에 5년의 세월을 단번에 뛰어넘는 "여기서 한 시간이나 기다렸잖아요"라는 평상적인 불평 한마디를 던짐으로서 그것을 달성하는 것이다. 그 불평 한마디는 그녀가 그 긴 세월을 의연히 견뎌냈음을 증언하면서 일순간에 그를 기나 긴 유폐의 터널로부터 끌어낸다. 그러므로 이 말 앞에서 "그의 가슴을 왕왕 울려대는 소리"는 소설의 주인공인 그가 인간에 대한 따뜻한 신뢰의 눈물로 가슴을 적시는 소리인 동시에 작가가 독자들에게 '바로 이것이다'라고 말하고 싶은 이야기이기도 한 것이다.

필자는 김영현의 소설에서 발견한 이 같은 눈물의 의미를 작가가 세계를 바라보는 눈길에 깃들어 있는 부드러움과 따뜻함으로 이해하고 싶다. 마치 임철우의 「아버지의 땅」이나 「사평역」이나 「그 밤 호롱불을 밝히고」가 그렇듯이 말이다. 임철우의 「사평역」은 다음과 같이 끝났었다.

역장은 문득 그녀(떠돌이 거지—필자 주)가 걱정스러웠다. 올 겨울 같은 혹독한 추위에 아직 얼어죽지 않고 여기까지 흘러들어왔다는 사실이 신기했다. 꿈이라도 꾸는 중인지 땟국물에 젖은 여자의 입술 한 귀퉁이엔 보일락 말락 웃음이 한 조각 희미하게 남아 있었다.
이거 참 난처한걸. 난로를 그대로 두고 갈 수도 없고……
하지만 결국 역장은 김씨를 깨우러 가기 전에 톱밥을 더 가져다가

난로에 부어줘야겠다고 생각하며 천천히 사무실로 돌아가고 있었다. 눈은 밤새 내릴 모양이었다.

앞에서 본 김영현의 소설 「멀고 먼 해후」의 마지막 문장은 "강바람이 점점 세게 불어오고 있었다"였다. 그런데 임철우의 「사평역」도 "눈은 밤새 내릴 모양이었다"라는 유사한 상징적 문장으로 끝나고 있다. 또 이 두 작가의 소설은 자연적인 추위가 상징하는 차가운 사회적 환경과 그 속에 따뜻하게 살아숨쉬고 있는 인간의 마음을 대비시켜 두드러지게 만든다는 점에서도 공통점이 있다. 이런 이유들 때문에 우리에게는 「멀고 먼 해후」에서 차가운 강바람 속으로 걸어 들어가는 두 남녀의 모습이나 「사평역」에서 시골 간이역에 버려진 늙은 역장과 거지 여인의 모습이 이 세계에서 소외된 초라한 사람들의 모습이면서도 조금도 초라해 보이지 않는다. 아니 작가의 그런 시선 때문에 이 세계는 아직도 우리가 살아볼 만한 세계의 모습으로 우리에게 다가온다.

2

필자는 김영현의 소설이 지닌 이와 같은 '눈물'의 의미를 따져보기 시작하면서 그의 소설이 지닌 결말의 모습들에 대해 각별한 관심을 가지게 되었다. 그러면서 그의 소설적 결말이 드러내는 모습에 대해 문득 르네 지라르가 말하는 '수직적 초월'이란 개념을 변형시켜서 적용해보고 싶은 욕망을 느꼈다. 지라르에 의하면 소설가는 작품을 쓰는 순간 타락한 세계를 떠나서 진실, 다시 말해 수직적 초월을 재발견하게 된다. 그렇기 때문에 대부분의 위대한 소설은 결말에서 주인공이 이 같은 수직적 초월을 통해 전향을 이룩하는 것으로 끝난다고 그는 말했었다. 이 같은 지라르의 주장은 이 세계가 보편적인 타락으로 지배되고 있고, 소설 역시 그런 타락된 세계 속의 상상적 창조물인 한 그 자체로 이미 타락해 있을 수밖에 없는 것이 아니냐는 루카치의 주장과 날카롭게 대응되는 것이다.

여기에서 지라르와 루카치의 주장 중 어느 것이 더 이론적으로 타당하냐는 것을 따져보는 문제는 별로 중요하지 않다. 그보다는 김영현의 소설에 있어서 결말 부분이 하고 있는 역할이 소설 작품의 전체 의미와 관련해서 무엇이냐는 문제가 중요하게 생각될 따름이다. 이를테면 「그해 겨울로 날아간 종이비행기」라는 작품의 결말은 다음처럼 되어 있다.

며칠 후, 그녀는 건강한 사내아이를 낳았다.
나는 그들의 아기를 위해 다음과 같은 시를 지어주었다.

아빠 요즈음 중곡동 멧부리에서 비둘기를 키우고 있더라. 콩을 먹은 비둘기는 배가 터져 날아가지 못한다고 아빤 싱겁게 웃어버렸지만 의사도 검사도 믿지 않았다. 비둘기보다 더 가벼운 아빠의 웃음. 이 세상의 무엇보다도 소중한 아가야, 아빤 날지 못하는 비둘기 대신 담뱃종이로 접은 종이비행기가 되어 아가의 아름다운 꿈속으로 날아가고 있구나. 맨살 터지도록 매서운 일천구백팔십육 년의 겨울하늘로, 아빠의 여윈 갈비짝으로, 아빠의 조국을 휘갈기며 지나가는 날선 바람 속

으로,
날아가는
유유히 날아가는,
종이비행기—그렇게 먼저 사랑을 배우며 자라거라
— 시집 『겨울바다』 중에서

　어떤 권력 기관에 잡혀가서 고문을 받고 정신 분열을 일으킨 친구의 이야기를 그린 이 소설은 그 친구의 아들에게 주는 위와 같은 시로 끝나고 있다. 이런 그의 소설적 결말은 80년대 후반 상당수 소설들이 보여준 결말들, 예컨대 "야, 임마! 사장은 네놈 밥줄이 아니라 너를 갉아먹는 벌레야, 벌레라구"와 같은 식의 결말과 현저한 차이가 있다. 인간의 몸뚱이를 마치 기계를 다루듯 그렇게 전선줄에 제멋대로 연결시킨 고문자들을 향해 "그렇게 먼저 사랑을 배우거라"라고 말하는 이 소설적 결말에 대해 우리는 어떤 이야기를 할 수 있는 것일까?
　지라르가 말하는 수직적 초월은 타락한 욕망의 추구를 위해 움직이던 소설의 주인공이 소설의 결말에서 새롭게 진실에 대해 눈뜨는 모습을 상정하고 설정한 개념이다. 그런데 김영현의 소설 속에 등장하는 주인공들은 타락한 욕망에 지배되며 그 욕망의 성취를 위해 전력을 다하는 그런 인물들이 전혀 아니다. 「그해 겨울로 날아간 종이비행기」 속에 등장하는 '나'라는 인물만 하더라도 '잘못된 세상과 싸워 나가는 것을 우리 모두의 의무'로 생각하며 살고 있는 인물이고, '나'의 이기적 욕망을 성취하기 위해 어떤 책략을 부리는 모습은 전혀 보여주지 않는다. 그런데 이 같은 인물이 타락한 세상을 향해 "그렇게 먼저 사랑을 배우며 자라거라"라고 이야기하고 있는 것이다. 그렇기 때문에 김영현 소설의 결말은 지라르가 말하는 바 타락한 욕망에 지배되던 인물이 진실에 눈뜨는 그런 수직적 초월과는 질이 다르다. 그의 소설적 결말은 그렇다기보다는 진실을 추구하던 인물이 좀더 넉넉한 보편적 진실의 세계로 나아가는 모습을 보여준다고 하는 것이 오히려 더 타당하다. 그의 소설은 그렇게 함으로써 우리에게 풍요로운 진실에 대한 갈망을 보여주며, 한 가지 진실을 외곬으로 고수하는 것이 얼마나 위험한 것인가를 이야기해준다.

이와 같은 김영현 소설의 결말이 우리에게 주는 인상은 80년대의 운동권 소설들이 일반적으로 지니고 있는 구조에서 볼 때 상당히 의외의 것이다. 김영현의 이와 같은 소설적 결말은 강고한 투쟁의 결의나 억압과 착취의 구조에 대한 새로운 개안으로 끝나는 소설 구조에 익숙해 있는 우리들의 일반적 관념 때문에 오히려 '새로운 수직적 초월'처럼 느껴진다. 「포도나무집 풍경」의 결말은 80년대 운동권 소설들의 맥락에서 볼 때 김영현 소설이 얼마나 뜻밖의 결말로 끝나고 있는가를 선명하게 보여준다.

"목사님, 별들이 저렇게 가까이 보이는 줄은 몰랐습니다."
그는 경탄조로 말했다.
"김 선생처럼 운동하는 사람들은 가끔 저런 별들을 볼 필요가 있다네."
박 목사는 자기는 늘 저런 별들을 보면서 살고 있다는 표시라도 하듯이 말했다. 박 목사의 말이 아니더라도 그는 충분히 겸손해져 있었다. 마치 바다에 서서 그 광대함을 볼 때 느끼는 두려움과 같은 것이 그의 오줌보를 자극했다. 그는 바지를 끄르고 아무데나 오줌을 갈기면서 밤하늘을 장식하고 있는 별들을 쳐다보았다. 순결함이 통째로 느껴지는 별이었다.

밤하늘의 별을 통해, 목적의 성취에 조급해 있던, 그럼으로 말미암아 쉽게 지쳐버린 자신의 모습을 겸허하게 되돌아보게 되는 위의 장면은 우리가 익숙해 있었던 운동권 소설의 결말에서 볼 때 분명히 뜻밖의 것이다. 그러나 이 뜻밖의 결말이 김영현의 소설에 신선한 매력을 더해주는 결정적 요소라는 것을 우리는 간과할 수 없다.

김영현은 다른 작가들처럼 자신의 소설에서 민중을 향해 무엇을 하겠다는 결의를 표명함으로써 소설을 끝맺지 않는다. 대신 그는 앞에서 보았듯 별을 통해 상징되는 민중들이 "저렇게 가까이 보이는" 것을 자각함으로써 그 광대한 순결함 앞에서 두려움을 느낀다고 말하고 있을 따름이다. 이렇듯 그는 운동권 소설들이 보여주는 계몽적 결의라는 일반적 구조를 벗어나 오히려 자신이 물들어 있는 그 계몽적 결의가 지니고 있는 불순함을 겸허하게 반성하는 모습을 보여주는 방식으로 소설의 마지막을 꾸려놓고 있는 것이다.

"진짜 훌륭한 운동가라면 농사꾼과 같을 거야. 적당한 온도와 햇빛만 주어지면 하늘을 향해 무성히 솟아나오는 식물들이 이 땅에서 살아가는 민중들이구. 일시적으로 죽어 있는 듯이 보이지만 그들은 결코 죽는 법이 없다네."
[……]
"포도나무에 단물이 들 때 한번 찾아오게나. 개도 한 마리 잡고. 요즘은 너무 앞만 보구 사느라고 사람 사는 재미가 뭔지 잊어버리기 일

쑤야."

「포도나무집 풍경」의 결말 부분에 나오는 이런 이야기들은 아마 강퍅하게 투쟁의 결의를 다져나가고 싶어한 사람들을 실망시킬 것이다. 그의 소설은 목표를 향해 일직선으로 조급하게 달려가는 소영웅주의를 은근히 비판하고 있기 때문이다. "요즘은 모두 앞만 보고 사느라고 사람 사는 재미가 뭔지 잊어버리기 일쑤"라는 박 목사의 발언 속에는 그러한 목적성에 억압당할지도 모르는 인간성의 또 다른 측면에 대한 배려가 들어 있는 까닭이다. 이런 점에서 김영현 소설의 결말은 민중의 미래에 대한 낙관적 전망을 잃지 않으면서도 그 전망을 협소한 틈바구니 속에 가두지 않는다. 그는 그 낙관적 전망을 풍요로운 감성의 세계 속으로 끌어와 되돌아봄으로써 우리 모두에게 한결 친근한 것으로 만들어놓는다.

김영현 소설의 이와 같은 결말은 분단 문제를 다루고 있는 작품에서도 예외가 아니다. 그는 분노나 증오나 원한 등의 어휘로 규정되는 감정을 자신의 소설 속에서 노출하지 않는다. 그의 소설적 결말은 행여 앞에서 노출되었을지도 모를 그런 감정을 부드럽게 다독거려서 다시 되살아나지 못하도록 땅속에 깊이깊이 파묻는다. 이런 점에서 과감한 수술을 감행해야 할 때와 조용히 원기를 복돋아주어야 할 때를 잘 구별할 줄 아는 노련한 의사이다. 특히 그는 후자의 경우 더욱 노련한 의사이다. 「깊은 강은 멀리 흐른다」의 다음과 같은 결말은 이 점을 잘 보여주고 있다.

성난 불길이 헛바닥처럼 삼켜들어가는 아버지의 눈 익은 두루마기와

양복을 보면서 기호는 기도하는 것처럼 마음속으로 중얼거렸다.
—아버지, 이제 아버지 것은 모두 가져가버리세요. 이 땅에 아버지 것이라고는 하나도 남기지 마세요. 이제 영영 돌아오시지도 마세요. 아버지의 죄와 만기형의 폐병까지 몽땅 데불고 훨훨, 훨훨, 떠나버리세요. 불길이 사위어가자 눈이 더욱 기세 좋게 퍼붓기 시작했다.

김영현의 분단소설이 보여주는 이 같은 소설적 결말은, 서정적인 그리움 속에서도 억울함과 정당성을 행간 깊이 파묻어놓고 있는 김성동의 소설들이나 이데올로기의 폭력성에 대한 두려움을 제의적 의식으로 막아내고 있는 이창동의 소설과는 다른 새로운 지향점을 보여준다는 점에서 주목된다. 그것은 이제 아무런 원한과 증오의 감정 없이 우리끼리 새롭게 시작해보고자 하는 욕구로 나타난다. 얽히고설켜 있는 원한과 증오의 실타래는 풀어서 정돈하려고 하면 할수록 더 얽히고설키는 법이다. 소설 속에서 만기형과 화자인 기호와의 관계 속에 얽혀 있는 관계 역시 그렇다. 빨갱이 사냥꾼이었던 아버지가 한 빨갱이를 죽이고 차지한 여자에게서 태어난, 핏줄이 불분명한 만기형과 태생이 분명한 기호와의 관계는 올바른 관계를 규명하려 하면 할수록 감정의 응어리만 터뜨리게 되는 상처와 같은 관계이다. 그래서 김영현은 감정의 응어리를 부추기는 기억 속의 모든 것을 지워버리고 우리 고유의 인정어린 핏줄 관계로 되돌아갈 것을 결말 부분에서 모색하고 있는 것이다.

이와 같은 작가의 바람은 「깊은 강은 멀리 흐른다」와 짝을 이루는 「저 깊푸른 강」에서도 마찬가지로 드러난다. 후자의 경우 만기형이 태수형으로 바뀌어 있긴 하지만 작가는 또 다른 모습인 '나'로 하여금 감방 속에서 만난 한 노인을 향해 가슴속에서 우러나오는 목소리로 거리낌 없이 '외삼촌'이라고 부르도록 만들어놓고 있는 것이다.

"좋은 세상이 올 때까지 부데 건강하세요."
그렇게 말하며 나는 어느새 이 불굴의 세월을 살아온 그의 몸에서 나에게로 전해져오는 엄청난 무게의 역사를 온몸으로 느끼고 있었다. 그의 눈에도 소리없이 눈물이 고이고 있었다.
"그래, 너도 몸조심해라. 그리고 태수한텐 외가에 한 번 다녀가라고 해라."
"염려마세요. 그리고 저……"
나는 그의 깡마른 얼굴을 다시 한번 올려다보며 떨리는 목소리로 말했다.
"저도…… 외삼촌이라 불러도 될까요?"
그러자 노인은 한없는 감동과 애정에 젖은 눈빛으로 고개를 끄덕였다.
"암, 외삼촌이구말구."

동생의 남편을 죽이고 동생을 미쳐서 죽게 만든 사람의 아들에게 외삼촌이라고 부를 것을 허락하는 노인이나 그 노인을 향해 외삼촌이라고 감히 부르려고 시도하는 '나'의 이런 시도는 이데올로기적인 관계를 떠나 있다. 그것은 김영현 특유의 순결성에 기초해 있는 발상이다. 여기에는 서로가 서로에게 보내는 신뢰와 믿음의 순수성이 있을 따름이지 논리적인 옳고 그름에 대한 시비가 있는 것은 아니다. 「깊은 강은 멀리 흐른다」에서 "이제 아버지의 것은 모두 가져가 버리세요"라고 말하는, 모든 불순한 것들을 몰아낸 그 새로운 순수성의 자리에서 솟아나올 수 있는 관계를 위의 장면은 보여주고 있는 것이다.

3

 그렇다면 다시 한번 생각해보자. 김영현의 소설이 지닌 이와 같은 결말들을 두고 우리는 '새로운 수직적 초월'이라고 과연 부를 수 있는 것일까? 필자는 그럴 수 있다고 생각한다. 그의 소설은 타락한 세계에 물든 주인공의 욕망이 결말 부분에서 형이상학적인 진리로 전회하는 그런 모습을 보여주는 소설은 아니다. 그의 소설 속 인물들은 일반적인 세속적 가치의 측면에서 볼 때 누구보다 진실하고 올바르다. 그러나 김영현의 입장에서 볼 때 그들 역시 끊임없이 자신의 타락을 반성해나가야 할 사람들에 지나지 않는다. 그의 말을 빌리면 "인간과 역사에 대한 근본적인 물음" 앞에서 우리는 자신의 잘못을 쉴 새 없이 되짚어나가지 않을 수 없는 존재들이다.
 따라서 김영현 소설이 지닌 좋은 의미에서의 수직적 초월성은 다음과 같은 점에서 이야기될 수 있다. 그의 소설 속 인물들은 역사 속의 정의를 위해 몸부림치는 사람들이지만 그들의 눈길은 하늘의 별과, "전진하는 깊고 푸른 강"과, "낯선 바람 속으로 유유히 날아가는 종이비행기"와 같은 이상적 대상을 향해 있다. 그래서 김영현은 이 세상에서의 현재적인 정의와 함께 그것이 "인간과 역사에 대한 근본적인 물음"과 어떻게 조화될지를 동시에 추구하는 소설가이다. 그는 그렇게 추구되지 않는 현재적 정의가 언제든지 도그마로 바뀔 위험성을 분명히 알고 있기 때문에 그의 소설은 현재에 관심을 가지면서도 현재에 머무르지 않고 역사 안을 향해 있으면서도 역사 밖을 향해 있다. 그의 소설은 삶과 문학을 향해 동시에 열려 있는 것이다. 필자는 그의 소설이 가진 이 같은 점들이 90년대 한국 소설의 발전적 모습을 만드는 데 커다란 역할을 할 것을 믿어 의심치 않는다. 〔1990〕

삶을 넘어서는 말의 아름다움
―이순원의 「은비령」

1

 뚱딴지같은 생각일지는 모르지만 「은비령」이란 소설 제목은 나에게 무협소설을 연상시킨다. '은비령(隱秘嶺)'이란 말 다음에 느낌표를 콱 찍어서 독립적인 행으로 "은비령(隱秘嶺)!"이라고 써놓으면 왠지 무협소설의 냄새가 왈칵 풍길 것만 같다. "은비령! 소슬한 바람이 분다." 이런 식의 시작이라면 영락없이 무협소설의 첫머리이다. 물론 이순원의 소설은 이렇게 시작하는 것이 아니다. 그렇지만 「은비령」이라는 소설 제목은 나에게는 「천지간(天地間)」이라는 윤대녕의 소설 제목만큼이나 무협소설의 이미지로 다가온다. 이 소설에서 이야기 전개의 아주 중요한 매개물이며, 애틋한 이미지를 지니고 빈번하게 등장하는 상징물인 '바람꽃'이 가끔,

 그래, 바람꽃……

이렇게 별행으로 처리되어 있거나,

바람꽃?

하고 행을 바꾸는 식으로 처리되어 있기 때문일까? 아니면 이 소설에 나오는 두 개의 가장 중요한 상징어인 '은비령'이란 말과 '바람꽃'이란 말이, 이 소설을 전혀 모르는, 무협소설에만 익숙한 독자들에게는 자연스럽게 무협소설의 문법을 따라 무공을 몇십 배로 신장시켜주는, "은비령에만 피어나는 전설적인 꽃"의 이미지를 먼저 연상시킬 가능성 때문일까? 어쨌건 나에게 '은비령'이란 말은 높고 깊은 산의 어느 골짜기, 무림의 전설적인 비급이 숨겨져 있거나 절정의 무예를 지닌 신비한 인물이 숨어 있는 곳, 그래서 백도의 고수들과 흑도의 마두들이 제각기의 야망을 지닌 채 표표히 옷자락을 휘날리며 모여드는 곳, 그 결과 엄청난 살상이 벌어지고 새로운 영웅의 탄생이 선포되는 곳──이 같은 이미지를 먼저 풍기기 시작한다. 그뿐만이 아니다. 소설 속에 등장하는 '은자령(隱者嶺)'이라는 이름이나, 은비령 일대의 풍경에 붙여 놓은 '은비팔경(隱秘八景)'의 명칭들, 이를테면 '은비은비(隱秘銀飛)' '풍령무진(風嶺霧陣)' '은자당취연(隱者堂炊煙)' '은궁성라(銀宮星羅)'와 같은 이름들 역시 동양적인 고전에 대한 작가의 소양이라는 이미지보다 무협소설적인 이미지로 먼저 다가온다. 무엇 때문일까? 그것은 어쩌면 내가 지니고 있는 보잘것없는 교양의 문제가 아닐까?

  나는 이순원이 한때 무협소설이나 무협영화, 혹은 그런 종류의 비디오에 빠진 경험이 있는 사람인지 아닌지 전혀 알지 못한다. 「은비령」이 얼마나 자전적 성격을 지닌 소설이며, 소설에서의 '은비팔경(隱秘八景)'이 고시공부의 답답함을 달래기 위해 무협지를 읽은 경험, 또는 과거에 읽었던 무협지의 용어들을 풍경에 붙여본 경험 등과 관계가 있는지 없는지에 대해서도 전혀 알지 못한다. 그렇기 때문에 그가 소설 속에서 사용하고 있는 이 같은 한자어를 통해 느끼는 이미지는 실상 소설가 자신과는 무관한 나 자신의 사고방식에 관련된 문제일 가능성이 훨씬 크다.

그럼에도 나는, 소설가에겐 기분 나쁜 이야기이겠지만, 「은비령」에서 여전히 무협소설과 유사한 어떤 구조를 읽는다. 이 소설의 주인공이 눈에 덮인 은비령을 향해 온갖 어려움을 겪으며 가고 있고, 사랑하는 여자 역시 예기치 않았음에도 그곳으로 달려오고, 또 거기에서 우연히 두 사람은 하늘을 바라보며 꿈같은 이야기를 들려주는, 별을 찾아다니는 낭만적 인간을 만났기 때문일까? 아니면 무협소설의 전개 방식과 유사하게 '은비령'과 '바람꽃'이 불쑥불쑥 튀어나와서 이야기의 신비감과 독자의 호기심을 조장하면서 이야기를 끌어나가는 구조, 그리고 모든 사건과 인물들을 '은비령'으로 모아서 해소시키는 구조 때문일까? 그럴 수도 있을 것이다. 그런 닮은 점들이 나로 하여금 '은비령'을 무협소설에 자꾸만 견주어 보게 만드는 한 요인이 된 것은 분명한 일이다. 그러나 그것만은 아니다. 더 본질적인 것은 다른 데에 있다. 수많은 소설들에서 찾아낼 수 있는 그런 자의적인 요소들만이었다면, 그런 식의 수법과 구조만이었다면 나는 「은비령」을 읽기 전에 읽었던 다른 여러 소설에 대해서도 무협소설이란 레테르를 붙여 왔어야 옳다.

「은비령」에서 내가 무협소설적인 냄새를 느낀 것은 이 작품이 무협소설이어서가 아니라 나의 생각을 무협소설 쪽으로 끌고 가는 다른 특별한 기제가 있어서일 것이다. 그렇다면 나는「은비령」이란 작품의 어떤 특별한 측면, 이 작품이 그리고 있는 세계의 어떤 모습에서 문득 뚱딴지같은 생각을 발동하기 시작한 것일까? 이제 나는 나의 잘못된 연상 작용을 바로잡기 위해,「은비령」이라는 지극히 아름다운 소설을 무협소설과 비교하는 내 자신의 의식 구조를 들여다 보기 위해 이 소설을 찬찬히 분석하고 해석해보아야겠다.

2

이순원의「은비령」은 아름답다.「은비령」은 첫 문장에서부터 이렇게 아름답게 시작한다. "왜 하필이면 길을 바꾸어 떠난 곳이 지도에도 나오지 않는 은비령이었을까. 바다로 가는 길을 눈을 보러 가는 길로 바꾸고, 눈을 보러 가선 또 별을 가슴에 안고 돌아온 그 여행길을 어떻게 설명할 수 있을까. 별처럼 여자는 2천 5백만 년 후 다시 내게로 오겠다고 했다."「은비령」은 이처럼 아름답게 시적인 문체로 시작한다. 갑자기, 그것도 눈이 내린다는 방송을 듣고 바꾼 여행길, 그 여행길을 뒤쫓아온 여자, 그 여자와 함께 별들의 시간을 이야기하며 보낸 하룻밤—이런 것들에 대한 기억을 이야기하는 소설이 어찌 낭만적 아름다움을 가지지 않을 수 있겠는가! 더구나 그 여자는 "2천 5백만 년 후 내게로 다시 오겠다"고 약속까지 하지 않았던가! 그 여자는 천박하게 같이 살자고 매달린 것도, 요염하게 오늘밤 이후엔 다시 만나면 안된다며 감겨든 것도 아니다. 오직 혜성들이 제자리로 돌아오듯이 우주적 질서에 따라 별들의 주기처럼 2천 5백만 년 후에 다시 만나고 싶다고 했을 뿐이다. 그 말뿐, 그 말만 남기고 표표히 사라진 '바람꽃'의 이미지를 지닌 이 같은 여자와의 하룻밤에 대한 회상이 어떻게 아름답지 않을 수 있겠는가!

그렇기 때문에 김화영의 심사평을 빌면 이 소설에서는 "「은비령」이라는 제목과 더불어 격포 채석강도, 돌연 방향을 바꾸는 길의 흐름도, 쏟아지는 눈도, 수줍은 사랑도, 혼자 별을 보러 떠난 사람도, 그리고 무엇보다도 소설이 암시하는 공간과 시간의 광대무변한 넓이, 그리고 그 넓이가 암시하는 사유도 아름답다." 그것은 이 같은 이야기 속에서는 구체성을 띤 인간의 호오의 감정이나 충돌 따위는 설 자리가 없는 까닭이다. 이 소설 속에서 이야기하고 있는 광대무변한 시간과 공간의 넓이 속에서는 기다림도 안타까움도 의미가 없다. 그 아득한 우주의 넓이 속에서 만남과 헤어짐 속에 깃든 모든 감정들은 그것들이 자리할 구체적 주소를 찾을 수가 없기 때문에 사라진다. 그 넓이 때문에 모든 것은 오로지 순간의 아름다움으로 남을 수밖에 없다. 2천 5백만 년 후를 이야기하며 만나고 헤어진 여자는 몇천 년 만에 한 번 피어나는 설화를 본 것과 같아서 아득하고 아름다운 순간의 기억으로 남을 수밖에 없다.

이렇듯 「은비령」에 등장하는 모든 것들이 아름답다면 그 이유를 좀더 깊이 진지하게 생각해보는 것도 흥미 있는 일일 것이다. 나의 생각으로는 이순원의 「은비령」이 아름다운 첫번째 이유는 무엇보다 이 소설에 나오는 모든 것들이 아무런 구체성도 가지고 있지 않기 때문이다. 장소도, 시간도 모두 구체성이 없다. 소설 속에서 구체성을 지닌 것은 아무 것도 없다. 이를테면 여자와 만나기로 한 '엔야'나 '격포 채석강'처럼 구체적인 장소나 지명으로 제시된 것들도 길 위에서 주인공의 머릿속 생각으로 우리에게 다가온 장소일 따름이지 구체적인 행위가 일어난 장소는 아니다. 그것들은 마음속의 장소로 떠올라서, 마음속의 장소로 끝나버린 곳일 따름이다.

그리하여 삭막한 일상적인 세계에 대응하는 아름다운 언어의 세계를 만들려는 의도 때문이었을까? 비현실적인 무협지의 세계처럼 현실의 악취나는 세세함, 일상적 사실들의 짜증나는 자질구레함을 생략하고 뛰어넘는 서술의 방법들이 소설 곳곳에서 사용된다. 이를테면 이런 식이다. "가끔 여자의 사무실로 전화를 걸었다. 밖에서 만나기도 했다. 여자에게 내 생활에 대해 이야기한 건 전화번호를 가르쳐 주면서였다." 이렇게 이순원은 주인공과 여자가 만난 역사를 압축적으로 제시한다. 여기에는 만난 이유도, 장소도, 시간도 없다. 별거하는 주인공과 홀로된 여자가 만나면서도 아이들에 대한 이야기도, 홀로 살아가는 방식에 대한 힘든 이야기도 없다. "여자에게 내 생활에 대해 이야기한 건 전화번호를 가르쳐주면서였다"고 이순원은 쓴다. 그러나 '내 생활'에 대해 전화로 무슨 이야기를 했으며 여자가 어떤 반응을 보였는지에 대해서는 조금도 언급하지 않는다. 다만 "그러다 가을에 떠났던 20일 간의 서역 여행 중 처음으로 나는 여자의 집으로 전화를 걸었다"라고 쓸 따름이다. '그러다'라는 세 음절의 부사어 속에 일상적인 모든 이야기를 묻어버리고 "다행히 아이나 어머니가 받지 않고 여자가 받았다"는 추상적인 사실에 관한 기억만을 보고하고 있을 뿐이다 (이 부분에서도 아이나 어머니가 받는다면 어떻게 할 것인가에 따르는 망설임과 심리적 부담감 같은 세부적인 일들은 생략해버린다). 일상적 모습이 그려지면 여자에게 부여한 '바람꽃'의 이미지가 훼손되기 때문일까? 결혼 생활의 경력을 지닌 두 사람이 만나서 자신들의 지난 삶에 대한 이야기를 오랫동안 하지 않는 관계는 현실적으로 거의 불가능함에도 이 소설 속에서는 그런 것들은 모두 제거되어 있다. 일상적인 삶의 냄새는 모두 제거해버리고, 만났을 때 나누었음직한 구체성을 띤 대화나 사건들은 다 제거해버리고, 그리움의 대상으로서의, 아름다움의 대상으로서의 이미지들만 남겨놓고 있다.

「은비령」에서 이처럼 사건과 행위가 구체적인 시간과 장소를 가지지 않고 있는 것은 이 소설 전체가 회상의 형식으로 이루어져 있는 것과도 관계가 있다. 회상의 형식을 취하면서 그 형식이 모든 이야기를 아름답지 않을 수 없는 것으로 가두어버리는 까닭이다. 「은비령」은 "왜 하필이면 길을 바꾸어 떠난 곳이 지도에도 나오지 않는 은비령이었을까. 바다로 가는 길을 눈을 보러 가는 길로 바꾸고, 눈을 보러 가선 또 별을 가슴에 안고 돌아온 그 여행길을 어떻게 설명할 수 있을까"로 시작해서 "별은 그렇게 어느 봄날 바람꽃처럼 내 곁으로 왔다가 이 세상에 없는 또 한 축을 따라 우주 속으로 고요히 흘러갔다"로 끝난다. 이 같은 회상의 형식을 취하는 시작과 끝에 의해 그 속에 담기는 모든 이야기는 아름다운 이미지로 변모한다. 소설이 구체성을 띠는 것은 이미지로서가 아니라 현재 진행되는 사건으로 제시될 때 가능하다. 시간과 장소를 가지고 현재 속에서 벌어지고 있는 사건으로 묘사되어야 구체성이 있다. 그런데 이미 시작과 끝에서 "별을 안고 돌아온 그 여행길" 혹은 "이 세상에 없는 또 한 축을 따라 우주 속으로 고요히 흘러"간 기억을 안고 돌아온 여행길이라는 이미지로 규정되어버린 이야기가 어떻게 그러한 구체성을 가질 수 있겠는가?

「은비령」의 이야기는 시작과 끝이 규정한 회상의 형식에 의해, 훼손 가능한 인간 세상 속의 이야기가 아니라, 하늘과 바람과 별이 기억하고 속삭이는 훼손이 불가능한 우주적인 시간 속의 이야기로 변모해 버렸다. '은비령'에서 일어난 일은 경험은 사라지고 이미지만이 남아, 현재의 시간이 손댈 수 없는 서사적 거리로 물러서서 아름답게 빛나는 기억일 따름인 것이다.

이순원의 소설 「은비령」이 아름다운 두번째 이유는 소설의 문체 때문이다. 소설 전체가 구체성을 극도로 회피하고 있고 또 회상의 형식을 취하고 있는 탓이겠지만, 문체는 세월을 건너뛰고 압축하면서 낭만적인 비유와 상징에 가득 찬 모습으로 우리 앞에 나타난다. 우리는 앞에서 그녀와의 만남과 헤어짐을 두고 "별은 그렇게 어느 봄날 바람꽃처럼 내 곁으로 왔다가 이 세상에 없는 또 한 축을 따라 우주 속으로 고요히 흘러갔다"고 말하는 시적인 문장을 보았다. 이 문장에서 알 수 있듯 그의 문체가 우리에게 전달하려는 것은 이미지이지 사건이 아니다. 「은비령」을 지배하는 문체는 누구와 무슨 일이 있었던가를 묘사하고 설명하는 문체가 아니라 특징적인 이미지를 통해 인물과 사건을 상상하게 만드는 문체인 것이다. 그런 점에서 다음과 같은 문장은 이순원의 「은비령」이 얼마나 이미지에 집착하고 있는지를 말해주는 좋은 예가 될 것이다. "그가 바람처럼 가고 [……] 그 잎들의 줄기와 뿌리들을 볼 때에도 나는 휙하고 내 앞에서 바람처럼 머리를 뒤로 젖히던 여자의 얼굴을 떠올렸다." 다시 말하지만 이런 문장에서 보듯 그는 사건과 행위에 대한 묘사는 가능한 한 배제하면서 '바람'의 이미지에서 인물의 모습을 느끼게 만드는 방식으로 문체를 구사한다. "휙하고 바람처럼 머리를 뒤로 젖히던 여자"라는 문체에서 느꺼지는 이미지. 이 이미지를 통해 이순원은 우리 앞에 그녀의 동작과 머리칼의 휘날림, 그리고 미래의 운명까지를 이미지로 제시하고 있는 것이다.

이순원의 「은비령」은 이처럼 사건의 연쇄가 이끌고 나가는 힘보다 문체가 내뿜는 이미지의 연쇄가 이끌고 나가는 힘이 더 큰 소설이다. 이를테면 바람은 바람꽃으로, 바람꽃은 여자로, 여자는 나와의 바람 같은 만남과 헤어짐을 상징하는 것으로 이미지의 전화를 이룩해나가는 「은비령」의 문체는 이 작품 전체를 한 편의 시로 읽게 만들 지경이다. 실제로 이 소설은 낭만적인 문체로 격포를 버리고 은비령으로 가는 이유를 이렇게 서술한다.

우리 만난 은비령에 눈만 내린다면, 우리 만난 은비령에 눈만 내린다면 늦은 밤 찾아가도 그곳은 내게 무겁지도, 깊지도, 어둡지도, 무섭지도 않을 것이다

라든가 혹은,

자정이 가깝거나 자정이 지난 밤 중에 그곳으로 가 짐을 풀기엔 격포는 내게 너무 무겁고, 깊고, 어둡고, 무서울 것이었다. 더구나 그 밤, 멀리 파도 소리가 들리는 방에서 그가 창문을 통해 들어와 내게 손을 들어 보이며 그럼 또 봐, 하고 말하기라도 한다면 더욱 그러고 말 것이었다.

이렇게 반복되는 시적인 문체, 감정의 무늬가 지배하는 문체이기

때문에 이순원의 문장은 어두움을 말할 때에도 아름답고, 무서움을 말할 때에도 아름답다. 어두움과 무서움은 의미를 지닌 단어이긴 하지만 그가 선택한 단어들의 배열 속에서 그것들은 반복의 시적 리듬을 타면서 아름답게 느껴진다. 그런 시적 문체의 아름다움이 죽은 친구의 아내를 사랑하는 것이 몰고 온 미안함과 죄책감을 떨쳐버리기 위해 나선 길의 무거움과 무서움을 감싸고 있기 때문에, 소설은 무거움과 무서움을 말하지만 독자들은 조금도 무겁거나 무섭지 않다. 오히려 그 길은 우리 앞에서 마치 다정하고 행복한 만남을 향해 나서는 길처럼 아름답다. 또한 눈이 내린다는 이유와 풍경이 과거의 기억을 뒤덮고 감싸주리라는 이유 때문에 친구가 죽은 장소인 격포를 버리고 '은비령'으로 길을 바꾼 것은 주인공의 핑계이지만 그 핑계는 시적인 문체에 동반된 낭만적 아름다움으로 인해 설득력을 얻고 있다. 격포를 버리고 은비령으로 가는 이유는 전혀 논리적인 이유가 아니지만 그 논리성 대신 들어앉은 문체의 아름다운 힘이 전혀 그것을 느끼지 못하게 만드는 것이다. 그래서 우리는 문체의 힘을 쫓아 소설의 장을 넘기며 아무런 이의 없이 '은비령'을 향해 나아갈 수 있다.

　이순원의 「은비령」이 아름답게 느껴지는 마지막 이유로 나는 영원과 순간의 교묘한 결합을 들고 싶다. 그 결합을 통해 이순원은 어쩌면 다시 못 볼지도 모르는 긴 헤어짐을 짧은 것으로 만들고 짧은 만남을 영원한 것으로 치환시킨다. 짧은 만남을, 순간에 따르는 안타까운 고통스러움을 불교적인 영겁의 시간을 빌어 사소한 것으로 만들 뿐만 아니라 한 천문학자의 에피소드를 빌어 이 만남이 영원의 시간 속에서 반복될 것이라는 낭만적 확신으로 승화시킨다. 그 확신은 물론 믿을 수 없는 것이지만, 그러나 사랑하는 사람들 사이에서는 별을 따다 주겠다는 약속만큼이나 기꺼이 속아 넘어가고 싶은 확신이다. 그래서 「은비령」의 만남과 헤어짐에는 윤동주가 모든 죽어가는 것을 사랑해야겠다고 말한 애틋한 이미지와 오늘 밤에도 별이 바람에 스치운다고 말한 황홀한 고통의 이미지가 동시에 아름답게 겹쳐진다. 이 소설의 마지막은 바로 그러한 황홀한 고통의 정점을 이루고 있다.

그날밤, 은비령엔 아직 녹다 남은 눈이 날리고 나는 2천 5백만 년 전의 생애에도 그랬고 이 생애에도 다시 비껴 지나가는 별을 내 가슴에 묻었다. 서로의 가슴에 별이 되어 묻고 묻히는 동안 은비령의 칼바람처럼 거친 숨결 속에서도 우리는 이 생애가 길지 않듯 이제 우리가 앞으로 기다려야 할 다음 생애까지의 시간도 길지 않을 것이라고 생각했다.
그리고 꿈속에 작은 새 한 마리가 북쪽으로 부리를 벼리러 스비스조드로 날아갈 때, 자리에서 일어나 옷을 갈아 입은 여자가 잠든 내 입술에 입을 맞추고 나가는 소리를 들었던 것 같기도 하다.
별은 그렇게 어느 봄날 바람꽃처럼 내 곁으로 왔다가 이 세상에 없는 또 한 축을 따라 우주 속으로 고요히 흘러갔다.

위의 대목은 그 여자와의 단 한 번의 정사와 헤어짐을 이야기하고 있지만 정사를 짐작하게 만드는 말은 '거친 숨결'이란 한 구절뿐이다. 다른 모든 표현들은 우주의 시간과 질서와 움직임을 이야기하는 것으로 되어 있다. 또 그 여자가 부재하는 시간에서 느끼는 고통도 없다. 왜냐하면 부재하는 시간, 2천 500만 년의 시간도 우주적인 시간 속에서는 순간에 외출에 지나지 않을 테니까. 그 여자는 '스비스조드'처럼 잠시 부리를 벼리러 나간 것에 불과하니까 말이다. 더더구나 이후에 주인공이 아내에게로 돌아갔는지, 그 여자는 어떻게 사는지 따위의 후일담은 이야기할 가치조차 없다. 그런 것들은 찰나의 도덕과 윤리의 문제일 따름이니까. 이순원은 이렇게 짧은 만남을 영원의 시간 속에 묻어놓는 방식, 어떤 상황적인 윤리나 도덕도 틈입할 수 없는 영원의 시간 속에 불륜(주인공이 이혼을 했다는 이야기는 없다)의 사랑을 놓는 방식으로 이 작품을 아름답게 만들고 있다.

3

 이 글을 마치면서 나는 다시 생각해본다. 나는 왜 이순원의 「은비령」에서 무협지의 냄새를 느낀 것일까? 그것은 과연 「은비령」에 나오는 몇 개의 단어와 이미지 때문이었을까? 아니다. 그렇지 않다. 그것은 내가 살고 있는 이 세상 때문이다. 내가 살고 있는 이 세상이 「은비령」의 세계와는 너무 다르기 때문이다. 내가 살고 있는 이 세계는 약속과 시간에 얽매인 세계이며, 의무와 책임에 얽매인 세계이며, 돈과 일에 얽매인 세계이다. 이 세계에서 나는 들볶이고, 야단맞으며 피로한 삶을 영위하고 있다. 나는 이 세계에서 일탈하고 싶다. 그러나 그럴 수가 없다.
 그런데 「은비령」의 세계에는 그런 것이 없다. 거기에서는 어떤 도덕도, 책임도, 윤리도 없다. 비록 언어의 세계라 하더라도 거기에는 오직 아름다움만이 있다. 나의 이 보잘것없고 따분한 살림살이와는 다른 매혹적인 아름다움이 거기에는 있다. 그래서 나는 무협소설을 떠올린 것이며, 이 일상적인 세계로 돌아오고 싶지 않았던 것이다. 마치 무협소설의 세계가 우리들 왜소한 일상적 인간들, 마누라에게 혼나고 상사에게 짓밟히는 사람들이 도망해 가고 싶은 세계이듯이 나 역시「은비령」을 읽으며 그 속으로 도망가고 싶었던 것이다. 무협지의 독자들이 현실을 향한 통쾌한 복수를 무협지 속에서 꿈꾸듯이 나 역시「은비령」을 읽으며 무미건조한 내 삶이 아름다워지기를 꿈꾸었던 것이다.

이렇게 본다면「은비령」에서 무협지를 생각한 것은 이 작품 때문이 아니라 나 때문이다. 그렇지만 나는 이순원이 데려간「은비령」의 세계에서 내려오고 싶지 않다. 거기 머물러 살고 싶다. 그러나 나는 지금 당장 이 우라질 세상으로 돌아와서 야단맞는 남편으로, 한심한 아버지로, 다시 살아가야 한다. 〔1997〕

제 3 부

평범함과 비범함
—김광규의 시 세계

  우리 주변에서 들을 수 있는, 천재적인 인물들에 얽힌 상당수의 일화들은 평범한 것과 비범한 것이 실상 종이 한 장 차이에 지나지 않는다는 것을 우리에게 말해주고 있다. 이를테면 뉴튼의 사과 이야기, 아르키메데스의 목욕 이야기, 콜럼버스의 달걀 이야기 등이 바로 그런 것들이다.
  필자는 그러한 일화들이 실제로 있었던 일을 전승하고 있는 것인지 결과를 미화하고 싶어하는 후대인들의 입방아가 만들어낸 허구인지 잘 모른다. 그렇지만 그러한 일화들이 평범함 속에 깃든 비범함에 대한 이야기라는 것만은 알고 있다. 예컨대 콜럼버스의 달걀 이야기만 해도 달걀을 일그러뜨려서 세우는 일은 쉽지만 실제로 그렇게 세우는 일을 깨닫는 것은 무척 어렵다는 사실을 그 이야기는 말해주고 있다.
  상식적인 이야기이지만 비범함이란 타고난 것이기보다 끊임없는 노력의 산물인 경우가 많다. 물론 우리 주변에는 비범함의 생래적인 측면을 강조하고 있는 여러 종류의 이야기들이 없지 않다. 어린 시절의 남다른 행위에서 천재성의 징후를 읽을 수 있다는 경우가 바로 그런데, 이 경우의 이야기들은 그 대부분이 후대에 천재를 더욱 빛내기 위해 만들어진 것들이어서 신뢰하기가 어렵다. 천재들의 생애에 얽힌, 우리들의 낭만적 상상력을 자극시키는 이야기들은 대체로 과장되거나 신비화된 것들이어서 신뢰성이 부족하다. 따라서 우리가 믿을 수 있는 이야기는 타고난 비범함을 말해주는 이야기가 아니라 인간 능력의 한계 안에서 어떤 노력을 했는가를 들려주는 이야기이다.

이런 점에서 우리는 일찍이 공자가 한 말을 소중하게 생각할 필요가 있다. 그는 자신을 비범함을 지닌 인물로 간주하는 사람들을 향해 "나는 태어나면서부터 모든 것을 아는 사람이 아니(我非生而知之者)"라고 하면서 후천적인 근면성을 특별히 강조했던 것이다. 공자의 이 같은 말이 아니더라도 우리는 평범한 사람과 비범한 사람을 구분하는 기준을 성실한 노력과 부지런한 관찰에서 찾아야 옳다. 비범함이란 일상적인 깨달음과 다른 세계에 있는 어떤 것이 아니라, 다시 말해 타고난 천재적인 직관력으로 획득할 수 있는 그런 것이 아니라 손쉽게 우리가 만날 수 있는 생활의 영역 안에서 성실한 노력으로 획득해야 할 것인 까닭이다.

김광규는 우리나라 시인들 중 비범함과 평범함에 대한 이런 관계들을 구체적인 작품을 통해 가장 설득력 있게 보여준 사람이다. 그렇다면 우리는 무슨 근거에서 그렇게 말할 수 있는 것일까? 이제 다음에서 그 점을 살펴보기로 하자.*

---

* 김광규의 시집 『우리를 적시는 마지막 꿈』 『아니다 그렇지 않다』 『크낙산의 마음』 『좀팽이처럼』을 발간 순서에 따라 1, 2, 3, 4로 정하고 첫 시집 24페이지를 인용했을 경우 1: 24로 표기하기로 한다.

김광규는 「반달곰에게」라는 시에서 "하늘 아래 새로운 것이 어디 있으랴"(2∶45)라고 쓴 적이 있다. 그것은 김광규에게 있어서 이 세상에 존재하는 모든 것들은 이미 존재할 이유가 있었던 것들이며, 존재할 이유가 있었던 것들이기 때문에 새로울 이유가 없는 까닭이다. 김광규의 "결과는 다시 원인이 되고/그 원인은 다시 결과를 낳았다"는 말에서 알 수 있듯이 이 세상의 모든 것들은 이미 앞에 있었기 때문에 지금 여기에 있고, 지금 여기에 있기 때문에 앞으로 있을 것들이다. 그래서 김광규에게 갑자기 새로운 것은 없다. 그에게 모든 것들은 이미 존재해온 것의 계승이므로 낯익은 것들이다. 김광규는 자신의 시들을 통해 그 낯익은, 평범한 것들의 존재 의미를 우리 앞에 다시 읽어보인다. 그러나 낯익은, 평범한 것들은 그가 다시 읽어보이는 순간 낯익은 평범한 무의미의 껍질을 벗어던지고 싱싱한 새로운 의미로 다시 살아난다.

　김광규의 시들에서 우리가 무수히 만날 수 있는 것은 이미 여러 사람들이 지적했다시피 일상적인 평범함이다. 그 평범함은 심할 경우 "살펴보면 나는/나의 아버지의 아들이고/나의 아들의 아버지고/나의 형의 동생이고/나의 동생의 형이고"(1∶19)라는, 지극히 당연한 사실들의 반복적인 열거로 나타날 정도이다. 그럴 정도로 김광규의 시들은 평범한 사실의 되풀이 위에, 아니 말할 필요조차 없는 사실들에 대한 확인 위에 기초해 있다. 시인 자신이 "그리고 하늘 아래 새로운 것은 없다"(2∶45)고 썼던 것처럼 그의 시는, 그리고 시를 통한 사물에 대한 인식은 이처럼 평범하고 당연한 사실들에 대한 관심을 중심으로 전개된다.

　김광규가 평범한 사실들을 통해 평범하지 않은 깨달음을 우리에게 주는 방식에는 두 가지가 있다. 그 하나는 열거(혹은 반복)의 방법이고 다른 하나는 점층의 방법이다. 먼저 열거(혹은 반복)의 경우를 예로 든다면 그는 동일한 성질의 평범한 것들을 때로는 행으로, 때로는 중첩된 행으로, 때로는 독립된 연단위로 되풀이한다.

    A. 나의 몸을 나의 눈으로 다 볼 수 없다는 것이
       나의 몸을 나의 손으로 다 만질 수 없다는 것이(2: 15)

    B. 등짐 진 늙은 남자들
       힘겹게 손수레를 끌고
       젖먹이 등에 업은 여자들
       무거운 보따리를 이고(4: 36)

    C. 달리고 싶다/가시덤불 우거진 가파른 산비탈/기관총에 맞은 게릴라처럼/피를 뿜으며/구르고 싶다
       넘어지고 싶다/몰려오는 파도에 채여/깎이지 않는 바닷가/한낮의 햇볕 아래 무릎 꿇고/마지막 땀방울까지/흘리고 싶다(1: 25)

김광규는 위에서 보듯 행을 열거하거나(A), 중첩된 행을 열거하거나(B), 연을 열거한다(C). 그리하여 되풀이를 통해 되풀이 당하는 사실들에 대한 독자들의 관심을 점차 제고시켜 말하고자 하는 것의 이해에 독자들이 도달하도록 만든다. 표면적으로는 단순한 열거이지만 독자들의 느낌이 변화하는 과정을 상정한다면 점층적 열거라고 할 수 있는 이 같은 방식을 통해, 김광규는 우리가 아무렇지도 않게 보

아넘겼던 일상적 사물과 사건들을 다시 주목하게 만들고, 아무런 의미도 부여하지 않았던 것들을 의미 있게 보도록 만든다.

다음으로 점층의 방법이 사용되는 경우를 다음 「묘비명(墓碑銘)」이란 작품에서 보도록 하자.

한 줄의 시는 커녕/단 한 권의 소설도 읽은 바 없이/그는 행복하게 살며/많은 돈을 벌었고/높은 자리에 올라/이처럼 훌륭한 비석을 남겼다/그리고 어느 유명한 문인이/그를 기리는 묘비명을 여기에 썼다/비록 이 세상이 잿더미가 된다 해도/불의 뜨거움 군군이 견디며/이 묘비는 살아남아/귀중한 史料가 될 것이니/역사는 도대체 무엇을 기록하며/詩人은 어디에 무덤을 남길 것이냐(1: 32)

위의 시에서 김광규는 지극히 세속적인 성공을 거둔 인물의 세속적인 모습을 매행마다 조금씩 고조시키는 방식으로 진술한다. 그 인물의 모습은 먼저 "한 줄의 시는 커녕/단 한 권의 소설도 읽은 바 없"다는 진술에 의해 정신의 품격과는 관계가 먼 세속적 인물로 제시된다. 다음으로 그럼에도 그는 "행복하게 살며/많은 돈을 벌었"고, "높은 자리에 올라/이처럼 훌륭한 비석을 남겼다"는 사실을 제시함으로써 그의 세속적 성공이 정신의 품격과는 더더욱 관계 없다는 것을, 아니 오히려 정신의 품격에 관심을 쏟지 않음으로 말미암아 그렇게 될 수 있었다는 것을 암시한다. 마지막으로 "그리고 어느 유명한 문인이/그를 기리는 묘비명을 여기에 썼다"고 함으로써 인문학의 의미와 세속적인 성공의 의미를 희화적으로 대비시킨다. 그런 다음 김광규는 시인 자신의 목소리로 돌아와서 이러한 현실 세계 속에서 정신의 품격을 지키고 사는 일이 과연 의미 있는 것인지를, 저 튼튼한 묘비의 영원성을 이겨낼 여지가 인문적인 삶 속에 아직도 남아 있는지를 묻고 있다.

그의 시는 이렇듯 쉽고 일상적인 것들을 조직화시켜 평범하지 않은 깨달음을 얻도록 만든다. 조직화된 평범화의 반란, 혹은 조직화된 일상성의 반란이라고 말할 수 있는 김광규의 이런 시쓰기는 위에서 말한 두 가지 외에 또 다른 일정한 패턴을 가지고 있다. 그것은 말하자면 일종의 귀납적 형태를 그의 시가 가지고 있다는 점인데, 이런 측면은 짐작컨대 평범함을 조직하여 평범하지 않은 것으로 만들어내는 시쓰기 방법이 만들어낸 모습일 것이다.

시인은 어디에 무덤을 남길 것이냐(1: 32)

도대체 하느님이나 부처님은 무엇하러 믿는단 말인가(2: 44)

저것을 없애버려야 하지 않을까(2: 111)

독자들에게 던지는, 그러나 대답이 필요없는 질문식의 형태로 끝나거나 일종의 결론을 맺는 식으로 끝나는 작품들이 김광규의 시에 많다는 사실은 그의 시 상당수가 열거 혹은 점층의 방법으로 독자들의 주목을 끄는 것과 무관하지 않다. 주목을 끈 다음 마지막에 결론을 유도하는 질문으로 끝나는 귀납적 형태를 그의 시는 가지고 있는 것이다. 그래서 그의 시는 김우창이 지적한 것처럼 산문적이 되는데, 그 이유는 시를 이루는 문장 자체가 산문적이라는 사실에도 있지만, 그보다는 시 속에서 전개되는 의미의 흐름이 귀납적임으로 말미암아 그렇게 느껴지는 측면이 더욱 많은 것이다.

다시 말하지만 김광규의 시는 반복적인 되풀이가 주는 익숙함과 거기에서 구사되는 시어들이 평범함으로 말미암아 일반 대중 독자들에게 손쉽게 이해된다. 그의 시는 애써 민중들에게 가까이 가고자 노력하면서 민중적인 삶과 언어를 흉내 내는 수많은 민중시들보다 훨씬 더 자연스럽게, 민중들 가까이에도, 일반 독자들 가까이에 있다. 다음과 같은 시를 한 편 살펴보자.

> 지루하게 긴 생애를 살아
> 허리 굽은 노인이
> 종교를 믿지 않고
> 법원으로 간다
>
> 아무도 반기지 않는 사무실마다
> 쌓여 있는 기록과 법령집들
> 미농지와 도장과 재떨이 사이에
> 법이 있으리라 믿으며
> 억울한 노인은 지팡이를 끌고
> 아득히 긴 회랑을 헤맨다
>
> 법을 끝내 찾지 못하고
> 어두운 현관문을 나서며
> 노인은 드디어 깨닫는다
> 법원은 하나의 건물이라고(1: 79)

김광규는 이 시에서도 일상적인 평범함을 모아 비범함을 만들어낸다. 우리 주변의 동사무소나 파출소와 같은 관공서에서 겪은 그 기관들의 불친절과 권위주의를 익숙하게 기억하고 있는 일반 독자들에게 위의 시가 들려주는 사연은 조금도 낯설지 않다. "아무도 반기지 않는 사무실"이란 말이 이야기하는 불친절과 권위주의는 이미 우리 생활의 일부가 되어 있어서 "아득히 긴 회랑을 헤"매는 노인의 모습이 독자들에게 손쉽게 현실적인 모습으로 떠오른다.

  이 시의 첫머리로 돌아가서 이야기하자면 "지루하게 긴 생애를 살아"서 죽음을 목전에 둔 노인이 "종교를 믿지 않고/법원으로 간다"는 말에서 우리는 이제 어디에도 호소할 곳이 없게 된 노인이 마지막으로 법원을 찾은 애처로운 사연을 이해할 수 있다. 우리의 생활 관습에서 볼 때 법에 호소한다는 것은 말이나 인정으로는 통하지 않는 상황에 노인이 몰려 있다는 것을 의미하며, 그런 처지에 몰린 생애의 막다른 곳까지 온 노인이 혼자 법원을 찾았다는 것은 의지할 데가 어디에도 없다는 것을 의미한다. 이런 노인에게 법은 법답지 않다. 현실 세계에서 법은 종종 강자의 이익이어서 나약한 사람에게 '하나의 건물'처럼 견고한 사물로 군림한다. 그래서 일반적인 대중들에게 언제나 법은 멀고 주먹은 가깝다.

  일반 대중들이 겪는 호소할 데 없는 억울함을 밑바닥에 깔고 있는 위의 시는 이처럼 일상적 사건을 누구나 이해할 수 있는 평범한 언어로 진술함으로써 우리 삶의 모습을 날카롭게 드러낸다. 그리고 김광규가 자신의 시쓰기 태도를 두고 "내가 느끼고 생각한 것이 남에게 쉬운 말로 똑똑하게 전달될 때까지 몇 번이고 고쳐 쓴다"고 말한 것처럼 그의 시는 명확한 의미로 독자들에게 전달된다. 이런 점에서 김광규의 시는 다른 어떤 시인의 시보다, 명칭이 적당할지는 모르겠으나, 뛰어난 대중시가 될 가능성을 확실하게 가지고 있다. 그리고 그 가능성은 우리 국민들의 절반 정도가 스스로를 중산층이라고 생각하는 작금의 현실에서 민중시의 가능성보다도 더 실제적인 가능성이다.

김광규가 평범한 것들을 모아서 평범하지 않은 깨달음을 유도해내는 방식은 시쓰기에서만이 아니라 그가 전개하는 시 세계에서도 마찬가지로 나타난다. 그는 자신의 시에서 선험적인 어떤 이념도, 특별한 어떤 사건도 다루지 않는다. 대신에 그는 생활 주변의 평범한 것들 속에 깃든 평범한 세계를 노래한다.

　누이는 봉제 공장 직공으로 하루에 3교대로 일한다. 잔업을 마치고 숙소에 돌아오면 잠자기도 바쁘다. 연애할 시간도 없다.
　형은 무역회사 세일즈맨으로 하루 14시간을 뛰어다니고, 밤에는 나무토막처럼 쓰러져 꿈 없는 잠을 잔다. 무엇 때문에 살고 있는가 생각해 볼 틈도 없다.
　누이가 만들고 형이 판매하는 제품들이 그렇게 싼 값으로 팔리는지 나는 몰랐었다.

　이 세상에서 일어나는 일을 모두 알게 된다면, 세상은 오히려 재미없고, 살맛이 나지 않게 될지도 모른다.
　그러나 꼭 알아야 할 일은 알아야 할 것 아닌가. (3: 49)

김광규를 두고 어떤 80년대 비평가는 민중 지향적 지식인의 모습이라고 한 적이 있지만 필자는 그런 '······지향적'이라는 말로 위의 시를 읽고 싶지 않다. 그보다는 차라리 오생근처럼 김광규는 아무런 '거창한 명분'도 내세우지 않고, 담담하게 우리 이웃의 평범한 일을 진술함으로써 "아무리 개인적이라도 개인적으로 끝날 수 없다는" 것을 알려주고, "개인적 삶은 알게 모르게 사회적 문제나 역사의 흐름과 밀접히 관련되어 있다는" 평범하지 않은 주제를 드러내는 것으로 위의 시를 읽고 싶다. 이런 사실은 위의 시에서 거론되는 누이와 형의 일상생활과 그 일상생활의 제시 뒤를 마지막으로 따르는 '그러나 꼭 알 것은 알아야 한다'는 귀납적인 다짐에서 잘 알 수 있다.

김광규는 이렇듯 평범한 인식을 모아서 평범하지 않은 사회적 인식으로 전환시킨다. 그래서 김광규의 시를 두고 유종호는 '사회시'라는 명칭까지 사용한다. 그렇다. 김광규의 시 세계는 다분히 사회적인 불평등과 정의 문제를 날카롭게 비판하는 것으로 채워져 있다. 그러나 비판적 의식을 지지해 주는 것은 수많은 일상적 깨달음들이다. 김광규의 「늦깎이」는 그런 점을 가장 잘 보여주는 작품이다.

우리는 우연히 형제로 태어나/병정놀이를 좋아하던 형은/훈장을 많이 탄 장군이 되었고/그림 그리기를 좋아하던 나는/돌멩이에 페인트 칠하는 사병이 되었다/인생은 때로 그런 것이지/하지만 앞으로 달라질 거야/제대할 날짜를 손꼽아 기다리며/나는 그렇게 생각했었다/우리는 또한 남매로 태어나/인형처럼 똑똑하던 누나는/돈 많은 회장댁 사모님이 되었고/울기를 잘하던 나는/안경을 쓴 근로자가 되었다/인생은 참으로 알 수 없는 것이지/하지만 누구나 자기 길을 가는 거니까/오지 않는 버스를 기다리며/나는 그렇게 생각했다/우리는 결국 동포로 태어나/더러는 우리를 다스리는 관리자가 되었고/개처럼 충실한 월급쟁이가 되었고/꽁치를 사들고 가는 아주머니가 되었고/더러는 우리 손으로 지은 감옥에 갇혔다/언제나 달라지며 그대로 있는/역사는 어차피 이긴 사람의 편/그러나 진 쪽의 수효는 항상 더 많았지/이제 처음부터 다시 시작할 수는 없지만/이대로 끝나서는 안 되겠다고/나는 요즘서야 생각한다(1: 90)

이 시의 화자가 도달한 깨달음은 사병, 근로자, 아주머니와 같은, 언제나 지고 사는 다수의 삶을 행복하게 만들어줄 수 있는 세계를 만들어야 한다는 것이며, 그 같은 깨달음은 "이제 처음부터 다시 시작할 수는 없지만/이대로 끝나서는 안되겠다"는 말로 나타난다. 김광규의 시는 그러한 사회적 깨달음에 도달하는 과정 속에 주어진 현실을 주어진 대로 수락하며 살아가는 평범한 사람들의 살림살이와 부유한 사람들의 살림살이를 대비적으로 반복해서 제시한다. 운명을 운명으로 여기며 사는 사람들의 개선되지 않는 살림살이를 되풀이해 보여준 후 그때마다 얻는 작은 깨달음을 모아서 커다란 '사회적 깨달음'이라는 시 세계로 나아가는 것이다.

다시 한 번 말하지만 김광규는 평범함을 모아서 비범한 깨달음을 주는 시인이다. 그의 시를 읽음으로서 우리는 탁자 위에 세워진 콜럼버스의 달걀을 보는 것과 같은 '아!' 하는 감탄의 느낌을 가진다. 우리는 김광규가 말하는 것을 이미 알고 있었지만 그것을 의식의 전면으로 떠올릴 줄 몰랐던 것이다. 그러나 평범함과 비범함이 종이 한 장 차이인 것처럼 평범한 일상사를 지나치는 우리와 그로부터 작은 깨달음 하나를 찾아내는 시인의 차이 역시 종이 한 장 차이이다. 이 차이가 김광규를 시인으로 만들고 우리를 독자로 만든다. 〔1992〕

낡아서 편안해진, 삐거덕거리는 인생 앞에서
―김명인의 『따뜻한 적막』

사물들이 제각각의 모양과 빛깔과 쓰임새를 가지고 있듯이 시들도 나름의 표정과 성격과 목소리를 가지고 있다. 그래서 발표 당시 훌륭해 보이던 작품들이 시집 속에서 빛을 잃는 경우가 있는가 하면, 반대로 평범해 보이던 작품들이 시집 속에서 비로소 제자리에 어울리는 표정을 찾는 경우도 많다. 한 편의 시를 잡지에서 보았을 때와 시집에서 접했을 때, 그리고 한참의 세월이 지난 후 선집이나 전집에서 다시 읽었을 때 그 느낌이 달라지는 것은 세월의 탓도 있겠지만 아무래도 시가 놓인 자리가 바뀌었기 때문일 것이다. 한 편의 시를 독립된 작품으로 읽는 경우와 다른 여러 작품들과 함께 읽는 경우 사이에는 의미의 변화가 일어나기 마련이며, 후자를 통해 우리는 개별 작품의 정확한 의미에 좀더 가깝게 접근할 수 있게 된다. 그리고 이런 작업에는 불가피하게 재미있었던 시가 갑자기 낯설게 느껴지는 안타까움과 애매모호하게 생각되던 시가 또렷한 의미로 떠오르는 반가움 역시 수반된다.

김명인의 시는 한 편의 시로 읽어도, 한 권의 시집으로 읽어도, 그리고 이번처럼 여덟 권의 시집을 한 권의 선집으로 만들어 읽어도 재미있다. 그의 시는 다시 읽어도 의미의 명암에는 다소간의 변화가 있지만 작품의 가치에는 부침이 거의 일어나지 않는다. 부침이 일어난다기보다는 각각의 상황에 어울리는 모습과 표정으로 우리 앞에 나타난다고 말하는 것이 더 적절할 것 같다. 30년이 훌쩍 넘는 긴 세월 동안에 이루어진, 시인의 역정과 세상의 변모를 반영하는 시 작품들이 어울려서 만들어내는 이 놀라운 조화! 그것은 도대체 어디에 연유하는 것일까? 그것은 무엇보다 그의 시가 독립된 아름다움과 함께 특정한 시기의 정서를 야무지게 지니고 있다는 사실에 기인한다. '길' '고향' '바다' 등 반복되는 이미지에서 알 수 있듯 30여 년의 시작 역정이 연속성과 집중력 속에서 이루어졌다는 사실에 기인하는 것이다. 동심원의 파문처럼 넓어지면서도, 깊게 멀리 흘러온 김명인의 시 세계를 우리는 이 선집에서 또렷하게 확인할 수 있다.

시간은 줄기를 이루며 흘러가는 것일까? 시간이 흐르는 것이라면 그 방향은 동서남북 상하 좌우 어느 쪽일까? 시간의 흐름이 부피를 이루며 번져가는 것인지 줄기를 이루며 흘러가는 것인지 우리는 알지 못한다. 시간의 흐름 자체가 있는 것인지 없는 것인지에 대해서도 우리는 분명히 말할 수 없다. 다만 분명한 사실은 시간이 흘러 없어지는 것이 아니라 우리가 늙고 퇴락하여 사라진다는 사실이다. 이렇듯 시계, 달력 등으로 정해놓은 인위적 개념의 시간이 아닌, 시간 자체에 대해 우리는 그 존재 유무를 잘 알 수 없다. 그런데도 우리 주변의 사물과 생명체는 옛 모습 그대로 남아 있지 않다. 특히 우리 인간은 탄생과 소멸이라는 변화를 겪어야 하며, 그 과정 속에는 나와 이웃,

사물과 풍경에 대한 기억과 망각의 되풀이가 포함된다. 김명인의 시들은 초기에서 후기로 갈수록 이런 시간의 흐름이라는 문제에 대해, 아니 시간의 흔적을 각인하고 있는 자신과 가족과 세계와 풍경에 대해 고뇌하고 안타까워한다.

김명인이 펴낸 여덟 권의 시집은 뒤쪽으로 갈수록 시집 전체를 관류하는 줄기를 선명하게 드러낸다. 초기에 자신과 주변의 세사에 주목하면서 공간적으로 퍼져 있던 그의 시적 관심은 뒤쪽으로 갈수록, 마치 넓은 습지의 물들이 모여서 도도한 줄기를 이루는 강처럼, 자신의 삶을 중심으로 한 우리 '인생'으로 통합되어 흐르는 모습을 보여준다. 그래서 하응백은 김명인을 가리켜 "길 위에 선 시인"이라고 말했을 것이다. "그의 길은 '나'와 이웃이 함께 숨쉬며, 고통을 함께 하기도 하고, 우리의 과거와 미래를 현재로 소통시키기도 하는 삶의 공간이다"라는 그의 진술과, "그 길은 때로 절망으로 가득 차 출구가 아득한 고통의 장소이지만, 우리가 삶을 멈출 수 없듯이 늘 나가야만 하는 숙명적인 공간이다"라는 진술이 만들어졌을 것이다.

과연 김명인은 하응백의 말처럼 길 위에 선 시인이다. 김명인 시의 화자는 늘 '가고' '떠나고' '흐르고' '지워지는' 길 위에 서 있다. 두번째 시집 『머나먼 곳 스와니』에서부터 가파른 상향 곡선을 그리며 부쩍 빈번하게 등장하기 시작한 이 '길'의 이미지는, 세번째 시집 『물 건너는 사람』에 이르면 김인환이 "이 시집에 가장 많이 나오는 낱말은 '간다'라는 동사이다"라고 말할 정도로 지배적이 되며, 네번째 시집 『푸른 강아지와 놀다』에서는 정점에 도달했다고 할 정도로 빈번하게 나타나고, 이후 여덟번째 시집까지는 여섯번째 시집의 제목이 『길의 침묵』이라는 사실에서 짐작할 수 있듯 줄곧 지배적인 상태를 유지하고 있다.

김명인의 시에서 여행은 공간의 이동이며, 공간의 이동은 세월의 흐름이고, 세월의 흐름은 거기에 실린 마음의 움직임, 곧 인생이다. 그래서 김명인의 길은 여행의 길이며, 세월의 길이고, 세월 속에서 마음이 머무르고 움직였던 발자취의 길이며, 마침내는 우리가 모두 걸어가야 하는 고단한 삶의 길이다. 이 사실은 지금까지 살아온 삶/시간과 앞으로 남은 삶/시간을 길의 이미지로 드러내는 다음과 같은 구절을 보면 잘 알 수 있다.

> 희미하게 지워진 세로(細路), 오랫동안
> 길이었을 시간이여
> ——「연해주시편 10」 부분

> 마침내 위안 없이 걸어야 할
> 남은 시간이 마저 보인다.
> ——「세월에게」 부분

김명인은 시간이 흘러서 이제는 잘 떠올릴 수 없는 과거를 두고, "희미하게 지워진 세로(細路), 오랫동안/길이었을 시간이여"라고 말하며, 앞으로 살아가야 할 미래에 대해서는 "마침내 위안 없이 걸어야 할/남은 시간"이라고 말한다. 이렇듯 김명인에게 멀어서 잘 보이지 않는 길처럼 아득한 기억으로 사라지는 삶/인생도 길이며, 이제 눈앞에 선명히 보일 정도로 짧아진 남은 인생도 길이다. 따라서 김명인의 시에서 길은 시간이자 인생이며, 여행이 지난 길을 지우고 잊으면서 나아가는 움직임이듯이, 세월/시간은 마음이 머물렀던 곳을 지우고 잊으면서 나아가는 움직임이다.

김명인 시가 이러한 길을 발견하는 장소는, 다시 말해 그가 세월/인생의 모습을 느끼고 생각하는 장소는, 「유타시편」이나 「연해주 시편」에서 보듯, 주로 여행과 관련되어 있지만 반드시 그렇게 제한적인 것은 아니다. 예컨대 그는 산과 바다와 강과 하늘에서도 자주 길의 이미지를 발견한다. 굴곡을 이루며 하늘로 사라지는 산의 능선에서도, 해변으로 밀려와 부서지고 스며드는 바다의 파도에서도, 어딘가에 닿으려고 끊임없이 움직이는 강물의 흐름에서도, 저녁 하늘을 물들이며 저물어가는 황혼에서도 그는 길의 이미지를, 아니 시인 자신의 마음/세월/인생을 발견한다. 바꿔 말해 확대된 길의 이미지를 발견한다. 그는 발길과 눈길이 닿는 도처에서 자신의 모습을 발견하고, 기억하며, 여기에 은밀하게 반성적인 정서와 사고를 심어놓는다.

    속으로 흘러내리는 마음도 오래 보고 있으면
    물소리에 섞여 풍경에서 허공으로
    저렇게 한없이 지워져버리는 것을
                        ——「운명의 형식」 부분

    파도는 길이 길로만 분주하듯
    마음은 늘 솟구치는 바람에 스쳐 자지러져
    나는 북풍의 세상 눈 한 송이로
    흘러왔다, 그리운 이여, 네게 가 닿으려고
                      ——「물 속의 빈 집 1」 부분

살아서 마주잡은 손 떨려도 이 가을
끊을 수 없는 강물 하나로 흐르기로 하자
더욱 모진 날 온다 해도

　　　　　　　　　　　　　―「가을 강」 부분

이 황혼 이렇게 쓸쓸하여
한 사람의 길이 당도하는 적막 뼈저리는구나

　　　　　　　　　　　　　―「물 속의 빈 집 2」 부분

　그렇다면 김명인이 이 같은 길의 이미지를 통해 사유하고 관조하고 반성하는 것들은 무엇일까? 그것이 삶/인생이라면 거기에 담긴 어떤 것들이 그로 하여금 그렇게 살아온 시간과 살아야 할 시간을 되풀이해서 생각하도록 만드는 것일까? 여기에 대해 그는 앞으로 살아야 할 시간에 대해서는 추상적이거나 정서적인 태도 이상으로 정보를 시 속에서 노출하지 않는다. 이 점은 "마침내 위안 없이 걸어야 할/남은 시간"이나 "이제는 낡았으므로 편안해진 의자"같은 뛰어난 표현에 들어 있는 쓸쓸한 추상적 예감이 거의 전부라고 할 수 있을 정도이다. 반면에 그는 살아온 시간에 대해서는 상당히 구체적인 사건과 상황을 몇 차례 되풀이해 이야기 한다. 먼저 그는 자신이 지금까지 살아온 시간, 그 시간의 총화인 현재의 인생이 만들어진 데에는 다른 무엇보다 고향의 영향이 크다는 것을 다음 시에서 강력히 암시한다.

　그렇다, 부두에 매여 늘 출렁거리던 빈 배들도

옷자락 풀어놓고 어서 떠나라고
해지고 바람 불면 더욱 적막한 눈발로 재촉하던
저 헝클어진 고향의 목소리를 헤아리기라도 했을 것인가?
— 「후포(厚浦)」 부분

김명인은 고향을 떠나라고 재촉하던 그 고향으로 되돌아오는 여로를 무의식 중에 밟고 있는 자신의 모습을 보며 「운명의 형식」이란 시에서 "어느 하류에서도 연어들은/한 시절의 방랑을 기억하지 않을 것이다/다만 물 냄새로만 끝없는 모천(母川)을 이루는/운명의 근원으로 이끌릴 뿐"이라고 말한 바 있다. 그가 '운명의 근원'이라고 지칭하는 그 고향. 그 고향에 대해 '운명'이라는 말을 사용하고 있는 데에는 복잡한 어감이 들어 있다. 그 말에는 고향으로의 회귀가 자연스러운 본능의 결과라는 의미와 함께, 그렇게 할 수밖에 없는 불가피한 애정의 대상이라는 의미가 숨어 있는 것이다. 아니 그보다 그 말에는 상처를 애정으로 읽으려는 아름다운 진통의 과정이 함께하고 있는 것이다.

어머니 장사 떠나시고 다시 맡겨진 송천동
〔……〕
송천동 선뜻 발자국 지워지며 끝없던 모래펄
— 「머나먼 곳 스와니 1」 부분

새벽까지는 수많은 먹을 것들과 이름도 모를
음식들이 생각났다 나는 커서 식당을 차리리라
— 「머나먼 곳 스와니 2」 부분

한때 나는 대학 입학금을 마련 못해 사흘 밤낮을
꼬박 울며 지샌 적이 있다
비웃지 마라, 그땐 그게 절박했었다
— 「돈」 부분

여기에서 말하는 송천동 고아원 생활과 뼈저린 가난이 상상적 사건이었는지 실제적 사건이었는지 필자는 정확히 알 수 없다. 그렇지만 적어도 그의 여덟 권의 시집에서 화자가 드러내 보이는 기나긴 여행의 길, 회한과 자책과 고통을 동반하며 되돌아보는 기억의 시간들은 위의 시에서 말하는 외로움과 허기와 가난이 준 상처에 깊이 관련되어 있음에 틀림없다. (여기에 비할 때 성장 후 사회가 그에게 준 상처는 그다지 크지 않으며, 첫번째 시집 이후 중요한 작용을 하지 않는다.) 이 사실은 그의 가족이 사실상 가장이 부재하는 생활을 살아왔으며 그것이 어머니의 행상과 가족의 이산으로 이어졌음을 강력히 암시하는 다음과 같은 구절에 의해서도 뒷받침된다.

다시 꽃밭이었을까요, 아버지
화안한 그 꽃밭 뭉개며 내 마음의 어둔
그림자로 우뚝 서 계시는 아버지
얘야, 식구들 모두 모여 살 수 없단다, 네가
잠시만 떨어져 있어야겠다
— 「빗속의 아버지」 부분

그리고 고향에 대한 김명인의 복잡한 감정, 애증의 교차가 이러한 사건과 관계되어 있다는 것은 아버지의 분묘를 이장하는 사건을 다룬 「이장(移葬)」에서 "나를 버린 고향 속에 숨어서/흐르지 않을 때 흐르는 시간"이라고 말하는 것과, 「빗속의 아버지」에서 고아원 생활의 깊은 상처를 도저히 쉽게 잊지 못하는 듯, 착잡한 감정을 드러내는 "칼날의 시간 작두 위에 세웠던 세월이여/아직도 식지 않는 증오 서리처럼 흐리는 창 너머로/아버지 빗속으로 걸어가신다"라는 구절에서도 확인된다. 화자는 창 앞에 서서 잠 못 이루며 상상했던 아버지의 이미지를 「이장」에서 흐르는 세월 속으로 참으로 힘겹게 떠나보내고 있는 것이다.

기억/회상은 과거를 현재 속에 간직하거나 불러들이는 행위이다. 그래서 기억은 과거이면서도 현재를 간섭한다. 시도때도없이 시간과 장소를 가리지 않고 기억은 현재 속으로 침입해 들어온다. 산에서도, 바다에서도 미국에서도, 연해주에서도 기억은 계기만 생기면 되살아나서 현재와 뒤섞인다. 이미 끝난 과거의 삶이 마치 현재인 것처럼 우리를 구속하거나 즐겁게 만드는 것이다. 이런 점에서 김명인의 길, 그가 시에서 그려 보이는 시간/인생은 많은 부분이 기억과 관련되어 있다. 그리고 우리 역시 기억의 포로들이며, 그 기억 때문에 힘들게 인생의 여로를 걸어간다는 사실을 그의 여덟 권의 시집은 은연 중에 암시하고 있다.

이런 점에서 우리는 그의 시집을 통시적으로 주의 깊게 읽으면서 차근차근 기억과의 관계를 새로운 차원의 이해로 바꾸어나가는 발전 과정에 특별히 주목할 필요가 있다. 왜냐하면 이 관계의 연속적 변화는 이번 김명인의 시선집을 하나의 서사적 작품처럼 보이게 만드는 것에 기여하고 있기 때문이다. 이를테면 통시적 순서로 늘어놓은 다음, 시 작품들의 밑바닥에 숨어 있는 시인의 마음을 보라. 그러면 사건과 사람과 세상을 대하는 화자의 날카로운 감정이 넉넉한 이해와 포용의 정신으로 발전해나가는 과정을 쉽게 감지할 수 있을 것이다.

기교도 없이 새소리도 없이 가라고
내 詩를 때린다 우리 모두 태어나 욕된 세상을
—「동두천 4」부분

고통의 날들이여, 날마다 우리 시린 맨발로
세상 막막한 네 길거리에 선다 해도
남은 길조차 지금 멀다 하겠느냐
—「머나먼 곳 스와니 5」부분

그렇다, 여기 어딘가 잊혀질 길 위에 나도 유구(遺構)로 남아
몇 사람의 기억 쓸쓸한 기와조각으로나
—「유적을 위하여」부분

구들장 한 뼘 넓이만큼 마음을 덥혀놓고
눈물 글썽거리더라도 들판 저쪽을
캄캄해질 때까지 바라봐야 하지 않겠느냐
—「따뜻한 적막」부분

김명인은 위의 「따뜻한 적막」에서 이제 그의 인생에 지울 수 없는 인상으로 자리 잡아 한때는 외로운 심정을 일으키고 한때는 방황의 길

을 거듭하게 만든 사건/풍경/기억을 글썽이는 눈길로 망연히 응시한다. 선집의 제목을 이루는 이 작품에서 그는 자신의 과거/기억을 애정과 아쉬움이 담긴 눈길로 응시할 수 있게 되면서 그것의 사라짐을 오히려 안타까워하고 있는 상태로까지 발전한 화자를 보여주는 것이다.

김명인은 사라지는 길/기억이 세월/시간 때문인 것처럼 시에서 말한다. 그러나 세월이 기억을 없애거나 바꾸는 것이 아니라 우리가 가진 생각이나 태도의 변화가 기억을 바꾸는 것이다. 그는 이런 사실을 잘 알면서도 퇴락해 없어지는 것이 기억인 것처럼, 시간이 자연스럽게 그렇게 만드는 것처럼 말한다. 그것은 그의 겸손함이다. 그의 마음과 자세가 크고 넓어져서 아픈 상처를 지우는 것이지 시간이 그렇게 만드는 것이 아님에도 말이다. 우리가 지닌 아픈 기억들은 더 이상 아픈 기억이 아닌 것들로 인식하게 되었을 때 그것들이 거느린 아픈 시간도 함께 사라진다는 것을 그가 왜 모르겠는가.

팔자는 김명인의 시선집을 엮으면서 느낀 점 한두 가지를 첨부하는 것으로 이 글을 마무리하고 싶다. 첫번째로 이야기하고 싶은 것은 김명인은 필연성이 없는 경박한 변모, 급격하거나 격렬한 변모를 생래적으로 싫어하는 시인이라는 사실이다. 이 점은 그가 이색적이고 새로운 것을 찾아 떠나는 몸이 가벼운 시인이 아니라 익숙한 것을 찾아 반복해서 들여다보며 시를 쓰는 시인이라는 사실과, 그의 시가 유사하거나 동일한 주제 혹은 소재를 반복적으로 사용하여 넓어지고 깊어지는 것으로 미루어 짐작할 수 있다. 급격한 변화는 그의 시 창작 태도와 본질적으로 어울리지 않는다. 이 점을 우리는 예컨대 그가 해외를 여행하며 이색적인 풍경 앞에서 쓴 시와 고향의 풍경을 떠올리며 쓴 시들 사이에 별다른 차이가 없다는 것에서 확인할 수 있다.

  두번째로 이야기하고 싶은 것은 김명인의 시 형태가 대단히 모범적이라는 사실이다. 그의 시는 우리 근대 자유시의 모범적 형태이며, 시 창작을 염두에 둔 사람들이 마땅히 전범으로 삼아야 할 모델이라고 필자는 생각한다. 이 점은 그가 이미지를 만들어내는 방법에서도 그렇지만 행과 연을 가르고 구성하는 수법에서 더욱 두드러진다. 그 예로 다음의 시를 한번 살펴보자.

    지상에서 맞이하는
    천상의 비, 거기서 누가 물로 그물코를 얽고 있는가
                   ——「내 물길로 오는 천사 고기」 부분

  여기에서 '천상의 비'는 문법적으로 앞의 행에 이어지는 것이 자연스럽지만 뒤에 나오는 '그물코'와 더욱 깊게 관련이 되기 때문에 행을 바꾸어 위치시킨 것이다. 행을 어떤 경우에 어떻게 바꾸어야 하는가에 대한 좋은 예라고 할 수 있다. 다음은 연과 관련된 경우이다.

    목덜미를 닦으며 사촌은
    이제 막 제철인 울릉도와 오징어를 이야기한다
    [……]
    아무도 손댈 수 없는 시절 파도가
    거칠게 깨어난다

    깨어진다 눈에 가시를 박아주며

맨살에 얼음을 비비는 물보라
[……]
바라보면 절반쯤 눈물을 섞고 섰는 오리숲
바람이 쉼 없이 모래를 퍼나른다
떼 지어

낮게 지붕을 타고 흐르는 물새들
———「嶺東行脚 2」부분

  위의 시에서 '깨어진다'라는 말과 '떼 지어'라는 말이 수행하는 기능을 찬찬히 들여다보면 연 구분의 묘미와 함께 이미지에서 이미지로 이어지는 의미의 연속성을 잘 느낄 수 있다. '깨어진다'라는 말은 반복되면서 앞 연과 뒤 연을 부드럽게 이어준다. 그러면서 앞 연의 파도가 깨어진 것이 뒤 연의 '물보라'라는 것을 이미지로 감지하게 만든다. 그리고 '떼 지어'라는 말은 바로 앞 행의 '바람'이라는 주어 앞에 놓여야 문법적으로는 자연스럽지만, 뒤 연 첫 행의 '물새들'로 이미지를 잇기 위해 의도적으로 이렇게 배치한 것이다. 그렇게 함으로서 모래를 퍼나르는 '바람'은 '떼 지어'라는 말로 인해 연 구분에 의한 단절을 넘어 '물새들'이란 말과 흥미 있는 연쇄를 이룰 수 있게 된다.
  김명인의 시가 보여주는 이러한 형태는 그의 시가 얼마나 주도면밀하게 행과 연의 구분을 하고 있으며, 이를 바탕으로 한 편의 시를 완성해가고 있는지를 보여준다. 또 이를 통해 자유시라는 것이 그야말로 자유롭게 씌어지는 것이 아니라 행과 연의 자유로운 구성 아래에는 행이 갈라지고 연이 구분되어야 할 내적인 필연성을 반드시 가지고 있어야 한다는 사실을 보여준다.

  김명인의 여덟 권에 달하는 방대한 양의 시들 중 수준 미달의 시가 거의 없는 것은 형태에 대한 이 같은 세심한 관심이 있었기 때문일 것이다. 우리가 내용과 형식을 분리할 수 없듯이 좋은 형태는 좋은 작품과 안팎을 이루는 법이다. 이런 점에서도 김명인의 이번 시선집은 시 창작자들이 본받아야 할 아름다운 전범을 보여주고 있다.

〔2006〕

'당신'을 찾는 '나'의 여로
— 김윤배의 『강 깊은 당신 편지』

　김윤배의 『강 깊은 당신 편지』(문학과지성사, 1991)는 소리내어 읽어야 하는 시집이다. 그의 이번 시집을 의미로 읽으려 해서는 안 된다. 의미로 그의 시를 따져나가는 순간 그의 시들은 애매한 분위기, 혹은 막연한 추상으로 변해서 우리 손을 빠져나가 버린다. 말과 말의 아름다운 연결, 말 그 자체로 사물처럼 우뚝 서 있는 모습에서 우리는 그의 시가 지닌 의미를 찾아야 한다. 그래서 그의 이번 시집은 눈으로 읽는 것보다는 마음으로 느끼는 것이 낫고, 마음으로 느끼는 것보다는 좋은 목소리로 읽는 것이 낫다. 그러면서 언어와 언어가 서로 조응하며 만들어내는 분위기를 느끼는 것이 중요하다. 그의 시가 지닌 이런 점 때문에 나는 분석을 중지하고 싶어진다. 분석을 하는 순간 말이 죽고 "말이 죽으면 뜻도 함께 죽어"(「삼림에 비 내리고」)버릴 것 같은 생각을 떨쳐버릴 수 없다.
　가령 그의 「박물관 입구에서」처럼 지배적인 시어를 지니고 있는 그리운 사람들 몸 냄새 옆에 다가서면 그리운 사람들 숨소리 말소리 들립니다 그리운 사람들 그리움 삭아 그 눈빛 더욱 정겹고 그리운 사람들 그리운 생각 때없이 눈물입니다

와 같은 구절은 나에게는 이런 식으로 읽힌다. 아니 읽힌다기보다도 소리로 들려온다.

그리운……………………………그리운………………………
………그리운………그리움……………………정겹고 그리운
…그리운 생각………

두드러지게 튀어나오는 '그리운'이라는 형용사 혹은 그것의 변형인 명사형 앞에서 다른 단어들은 모두 의미를 잃고 일종의 긴 여운으로 변해버린다. '그리운'이라는 형용사는 마침표 없는 문장의 흐름 속에서 거침없이 다른 모든 단어들까지 형용사로 변형시켜 그리움이란 정황을 만들어낸다. 심지어 이 시가 말하고자 하는 무엇에 대한 그리움이라는 의미까지도 도저한 그리움 앞에서 빛을 잃는다. 시인이 말하고자 하는 의미, 즉 박물관에 전시될 지경까지 전락해버린(?) 농기구와 그릇들을 바라보며 그것들 속에 배어 있는 농사짓던 우리 선조들의 살아 있는 '몸냄새' '숨소리' '말소리'를 느끼는 시인의 아픔은 화자가 토해내는 도저한 그리움의 정황 앞에서 그리움의 보조 장치로 녹아내린다. 부각되는 것은 도처에서 솟아오르는 그리움의 파도이고 남는 것은 그리움의 분위기이다.

이와 같은 모습은 「설레임만이 당신과 나 하나이게」의

설레임은 멀고 내 그리움의 시작은 어둠에 묻혀 지나간 봄 여름 가을 겨울 그 수십 겹 무게보다 무겁습니다 그리운 것은 당신 몸 속에 낸 무수한 나의 길입니다 길목마다 진달래 꽃물 번지고 길 끝 뫼봉 높아 백두며 묘향이며 온전한 설레임이었습니다 침엽수림 사이에 빛나던 깊이 모를 강물 위에 나 뗏목으로 누워 당신 기쁜 눈물 닿고 싶습니다 엇나간 불임의 세월 엮어도 그리움으로는 한 몸 아닙니다 첩첩한 설레임만이 당신과 나 하나이게 하는 빛입니다

와 같은 시구 속에서도 마찬가지로 나타난다.

　　　설레임…………그리움………………………………………
　　　………………………………………그리운………………
　　　…………온전한 설레임………………………………………
　　　………………그리움……………………첩첩한 설레임

이 시에서 '설레임'은 마치 전능하신 하나님처럼 '그리움'을 오른쪽에 앉히고 시 전체를 지배한다. '설레임'은 당신의 이런저런 모습에 이르기 위한 '나'의 어떤 방법이 아니다. '설레임'은 그 자체로 절대적인 '온전한 설레임'이며, 목적이다. '설레임'에 대한 의문은 용납되지 않는다. 따라서 '설레임'은 '그리움'이란 분신을 계단 삼아 다른 모든 시어들을 희생시키며 더 높이 '첩첩한 설레임'으로 솟아오른다. 그리움의 시간적 길이는 계절의 흐름을 타고서, 설레임의 첩첩함은 산수의 높낮이를 밟고서 국경이 그어져 있지 않은 다른 모든 시어들을 함

부로 침략하며 자신의 분위기에 복종할 것을 요구한다. 그래서 우리 앞에 남는 것은 마치 산처럼 우뚝 솟은, 혹은 어느 전제 왕조의 고색창연한 골동품처럼 빛을 발하는 사물화된 설레임의 모습이다.

　김윤배의 이번 시들이 의미가 아니라 언어들의 소리와 빛깔과 형용들이 만들어내는 분위기를 중요시하고 있다는 증거는 지배적인 시어가 없는 경우에도 마찬가지로 드러난다. 이를테면 「목계강에서」의

　　목계강 깊은 물길에 서면 나의 무거운 살들 물소리 내며 뼈마디 빠져나갑니다 여울목 맴돌며 나의 흰 뼈 순결해지고 죽어 흐르던 무거운 살과 무거운 날 뒤돌아 흐린 당신 보입니다 강 물살에 떨며 새살 돋고 뼈 속 차고 넘치는 아득한 생각 살아납니다 당신의 쓸쓸한 저녁도 살아나고 죽어 흐르던 날들 강물에 솟아 산, 산맥이 됩니다 나는 유유한 강줄기로 저 산맥들 감싸돌아 당신의 아픈 땅 뜨겁게 적시겠습니다

와 같은 경우, 두드러지게 눈에 띄는 시어들은 '무거운' '흰' '흐린' '아득한' '유유한' '감싸돌아' '아픈' 등이다. 이 시어들은 그것들이 수식해야 할 시어들을 제치고 튀어나와 독자적으로 표면적인 분위기를 구축한다. 이 시어들은 수식어들임에도 불구하고 복종하며 수식해야 할 본연의 임무를 벗어나 오히려 주어처럼 스스로의 어감 속으로 수식해야 할 대상들을 끌어당긴다. 그 결과 독자들은 오염된 목계 강물이 새롭게 되살아나 산과 산 사이를 굽이치며 흘러가기를 바라는 마음을 가지기 전에 먼저 갖가지 수식어들이 만들어내는 소리와 빛깔들에 현혹된다. 이를테면 독자들은, 이 작품을 읽을 때, 작품이 말하려는 의미, 즉 건강성을 회복한 강물이 "유유한 강줄기로 저 산맥들

감싸돌아" 흐르기를 바라는 태도에 도달하기보다 먼저 멋들어진 자태를 자랑하는 '유유한'이란 형용사와 '감싸돌아'라는 동사에 넋을 뺏기는 것이다.

이 때문에 나는 이번 김윤배의 시집을 의미를 찬찬히 들여다보며 읽기보다는 아예 표면의 수식어들을 자유롭게 풀어놓아주는 방식으로 읽고 싶어진다. 이 수식어들을 멋들어진 목소리로 살려가며 낭독해줄 사람이 있다면 나는 김윤배의 시를 눈으로 읽기보다는 귀로 듣고 싶다.

김윤배의 이번 시집을 분위기의 시로 만들어가는 데에는 스스로의 자태를 자랑하는 시어들 못지않게 '당신'이란 말이 지닌 상징성 역시 크게 작용하고 있다. 시집 전체를 한 권의 연애시집처럼 만들고 있는 이 '당신'이란 말은 그의 시에서 어떤 의미의 폭을 지니고 있는 것일까?

김윤배의 이번 시집에서 우리가 가장 많이 만나는 단어는 '당신'과 '나'이다. 이 두 단어는 이 시집에 수록된 거의 모든 시들 속에 들어 있다. 그것은 그의 시가 '나' 속에 부재하는 '당신'을 향한 하소연으로 씌어졌기 때문이다. 그래서인지 그의 시에 나오는 '당신'은 마치 한용운의 시에 나오는 '당신'처럼 복잡한 상징성을 띠고 있다.

먼저 '당신'은 비록 불투명하긴 하지만

　　나의 거친 말들이 흔들어놓았던 당신
　　　　　　　　　　　—「강 깊은 당신 편지」 부분

> 여주에서 수원은 시리고 먼 당신 가슴길입니다
> ―「여주를 지나며」 부분

> 정처없는 삶, 머물 수 없는 당신 눈빛 떠나야 합니다
> ―「이 겨울, 언약은 눈처럼 날리고」 부분

에서처럼 연인의 모습을 띠고 우리 앞에 나타난다. '당신'을 연인의 모습으로 시 속에 상정하는 태도는 이미 우리 전통시가에서부터 내려오는 익숙한 관습이긴 하지만 김윤배는 자신의 시 속에서 이 관습을 새로운 모습으로 조형한다. 그것은 그가 '당신'을 향한 '나'의 자세에서 원망을 드러내지 않고 있기 때문이다. 그의 시에서 화자인 '나'는 부재하는 '당신'을 향해 한스런 원망에 사로잡혀 있지 않다. 이 때문에 그의 시는 흔한 다른 연시와 구별된다. 그의 시는 그런 자세 대신 "어둠 젖어 무너지는 내 어깨, 평생을 갚아야 할 죄 속으로 가라앉습니다"(「강 깊은 당신 편지」)나 "응혈의 세월 웅크린 옹이로 나 당신께 가고 싶습니다"(「예다원 가는 길」)에서 보듯 당신에 대한 희생적인 자세를 보여준다. 이 희생적인 자세를 통해 '나'는 옆에 부재하는 '당신'을 향해 나아간다.

다음으로 '당신'은 다음과 같은 시에서 보듯

> 〔……〕 죽어 흐르던 날들 강물에 솟아 산, 산맥이 됩니다 나는 유유한 강줄기로 저 산맥들 감싸돌아 당신의 아픈 땅 뜨겁게 적시겠습니다
> ―「목계강에서」 부분

바람 맑아져 차가운 목질 돌아나오면 당신 잔 근심들 등성이에서 아
우성입니다

—「겨울숲」부분

무릎 시린 날은 당신 걸어들어간 물길도 시리고 산 막막 가슴 미어
지는 산울음 무너져내려

—「이슬」부분

자연과 사물의 모습을 띠고 나타난다. 시의 제목이 되고 있는 자연 혹은 사물들을 김윤배는 당신으로 의인화하여 놓고 있다. 그러나 이 계열의 시들도 순수한 자연시는 아니다. 거기에는 자연인 '당신'의 어떤 모습과 상태를 향해 나아가는 '나'라는 화자의 모습과 감정이 들어 있어서, '당신'은 엄밀한 의미의 자연 그 자체에 머물러 있지 않다. 그 대신 이 시들 역시 '나'와 '당신'의 관계와 그 관계를 서술하는 언어의 분위기에 의해 연시처럼 읽힌다. 따라서 이 계열의 시에서도 결국 '당신'은 '목계강'이라는 고유명사이거나 '이슬'이라는 특정한 자연물 그 자체가 아니다. '당신'의 의미는 여전히 유동적이어서 독자들은 그 '당신' 속에 여러 가지 상황을 대입할 가능성을 가질 수 있다. 예컨대 「유등을 띄우며」에서

유등 흐릅니다 남강 불지르며 유등 흘러 강물은 미친 듯 타오르고 어둠 풀립니다 유등 하나에 나의 가파른 혼 울려 당신 골진 가슴 흐르고 싶습니다 흐르며 당신 가슴 불지르면 서른 몇 해 깊고 어두운 눈물은 불타는 강물 속 흰 재로 남겠지요 강변에 바람 쏠리고 당신 순한 강

물로 달빛 속을 흐느낄 때 나의 가파른 혼 불꺼진 유등으로 당신 가슴 흐릅니다

'당신'은 표면적으로는 남강이라는 자연의 강물이지만 이면적으로는 모성을 지닌 성숙한 여인이다. 서른 몇 해가 되도록 아직 감정과 정열을 떨치지 못하고 있는 화자를 다독거려 부드럽게 순치시켜줄 수 있는 성숙한 여인의 모습으로 나타나 있는 것이다. 따라서 독자들은 이 '당신' 속에 한용운의 '님'이나 '당신'이 함축하고 있는 여러 가지 의미와 상황을 이 시에도 마찬가지로 대입할 수 있다.

마지막으로 앞의 두 가지와는 달리

당신 불태워 보내며 죄처럼 저지른 붉은 하늘,
　　　　　　　　　　　　　　　—「어느 노동자의 평전」부분

내 거친 노래로는 갈 수 없는 당신, 이 사무침 못 견디면 목젖 뜨거이 노래 벗고 온몸으로 당신께 가겠습니다
　　　　　　　　　　　　　　　—「함동정월 1」부분

에서처럼 '당신'이 구체적인 대상을 가지고 있는 경우가 있다. 이 경우는 수적으로 별로 많지는 않지만 '전태일' '함동정월' 등의 인물을 직접 가리키고 있기 때문에 '당신'의 상징성은 앞에서 본 두 가지 경우보다는 현저히 제약된다. 그렇지만 이 경우에도 김윤배가 구사하는 시적 언어는 연시의 틀을 벗어나지 않는다. 그는 「어느 노동자의 평전」에서 "나는 아직 당신에게 갈 수 없을 것 같습니다"라고 솔직하게

자신의 입장을 표명하면서도 '당신'과의 결별을 선언하지는 않는다. 그 대신 "시간과 약속의 허망함이라니……" 같은 자책 섞인 말을 남긴다. 이처럼 그의 시는 현실 비판적인 경우에도 그렇지만, 어떤 개인을 대상으로 노래할 경우에도—그가 즐겨 사용하는 연시의 틀을 벗어나지 않기 때문에—대상과의 대결보다는 대상과의 화해를 미리 선포하고 있다. 그는 어떤 경우에도 '당신'으로 상정된 대상을 그리워하며 그 대상을 향해 스스로를 낮추는 겸손함의 미덕을 발휘하는 것이다. 그렇기 때문에 이 같은 시들의 경우에도 '당신'은 여전히 '나'와 구별되는 타자, 혹은 감정 없이 냉정하게 바라보는 대상, 이를테면 이성이 해부해내는, 상징적이 아닌 구체적 대상으로 나타나지 않는다.

김윤배의 시에 들어 있는 지금 '나' 혼자 감당할 수 없는 처지에서 드러내는 '당신'에 대한 그리움, 부재하는 당신에 대한 그리움은 모든 상황을 폭넓게 포괄할 수 있는 상징성을 지니고 있다. 그러나 그 포괄성은 다른 한편으로는 그러한 장점과 함께, 모든 것을 정황적인 분위기로 만듦으로써 삶과의 치열하고 진지한 대결을 불가능하게 만들 소지 또한 가지고 있다. 대결 이전에 대상에 몰입해 들어감으로써 스스로의 나약함을 고백하는 것이 될 수도 있는 까닭이다. 필자는 김윤배의 시들이 지닌 탁월한 언어적 아름다움과 '당신'의 포괄적 상징성이 그 같은 문제점을 훌륭히 극복하면서 좋은 시들로 확고하게 자리잡기를 바라고 있다. 그의 시가 그렇게 됨으로써 우리 시사에서 뚜렷한 흐름을 이루고 있는 연시에 새로운 모습을 추가하는 것을 보고 싶다.

〔1991〕

죽음 같은 삶에 대한 한 반항
―김혜순의 「어느 별의 지옥」

　김혜순의 이번 시집을 읽으면서 나는 문득 강은교를 떠올린다. 그것은 김혜순의 시에 끈덕지게 달라붙어 있는, 아니 그녀의 시를 지배하고 있는 죽음의 이미지 때문이다. 그녀의 시에서는 이를테면 "무덤은 여기/가슴에 매달린 두 개의 봉분"처럼, 일반적으로 풍요와 생산의 이미지를 지니고 있는 여성의 가슴을 그 반대인, 죽음의 이미지로 채색해놓고 있다. 가슴뿐만이 아니다. 손과 발과 내장과 같은 다른 인체의 여러 부분 역시 마찬가지로 채색되어 있다. 그리고 그러한 인체의 활동과 관련된 식욕, 성욕, 수면욕 등의 일상적 표현 역시 죽음에 다가가는 행위로 묘사되고 있다.

　김혜순의 이런 시들을 읽으면서 내가 강은교를 문득 떠올린 것은 강은교의 시와 산문 속에 친숙한 이웃처럼 들어 있던 죽음의 그림자가 생각났기 때문이다. 예컨대 강은교의 「그물 사이로」란 산문에는 다음과 같은 대목이 있다.

이 어두운 도시, 언제나 낮이고 밤인 이 거리, 곳곳에서 썩는 자의 냄새가 풍기는 이 집들, 무수한 무덤 위에 잠자리를 만든 현대의 이 이상향, 이 노예선 같은, 거대한 먼지에 싸인 연옥(煉獄), 그러나 아무도 떠날 수는 없다. 끝없이 사라지면서 있을 뿐, 거미줄에 매달린 거미들처럼 이곳의 한 장소에서, 몇 평의 담이 쳐진 하나의 기호가 붙은 땅에서, 썩은 고기를 먹으며 산 자들은 눈을 감는다. 다음날 아침 다시 눈 뜨기 위하여, 그런 다음 운명의 그물 사이로 걸어 나가기 위하여.

그리고 김혜순의 시에는 도시의 아파트 생활과 관련된 다음과 같은 대목이 있다.

> 공중에 매달린
> 독방에 홀로 누워
> 내가 썩고
> 저기 저 땅은 수백 년 깊어만 가고
>
> ─「마녀 승천」부분

강은교에게 도시는 "쓰러져 누운 한 마리의 거대한 벌레와 같은" 것이며, 그 쓰러져 죽어가는 벌레로 나타나는 도시의 도로들은 "곪아 있기라도 한 것처럼 허옇게 구불거리"거나 "웅덩이처럼 어느 한 지점이 움푹 파인 채 멈추어 버리"고 있다. 이런 도시에 살고 있는 사람들은 누구나 다 조금씩 썩어가는 사람들이다. 달리 말해 조금씩 죽어가는 사람들이다. 그렇지만 사람들은 이 연옥 같은 도시를 그곳이 바로 자신들이 만든 삶의 근거이기 때문에 아무도 떠날 수 없다. 다만 '끝없이 사라지는 연습' 바꿔 말해 "몇 평의 담이 쳐진 하나의 기호가 붙은 땅에서" 죽음의 예행연습을 거듭할 수 있을 따름이다. 그렇기 때문에 강은교에게 잠자고 일어나는 행위는 김혜순의 시가 그렇듯이 죽음에 드는 행위의 연습이다. "바람에 삭은 창문을 열고 부푼 종이 커튼을 올리고 무거운 수의(壽衣)의 이불을 제끼는" 죽음의 예행연습을 사람들은 되풀이하고 있는 것으로 인식된다.

그런데 위의 시에서 보듯 김혜순 역시 강은교와 마찬가지로 우리가 '기호가 붙은' 아파트의 삭막한 한 방 속에서 썩어가고 있음을 이야기한다. 강은교의 진행형보다 훨씬 톤이 강한 현재형, 혹은 과거형을 사용하여 김혜순은 이미 우리가 썩어 있음을, 아니 죽어 있음을 이야기한다.

　　죽은 줄도 모르고 그는/황급히 일어난다/텅 빈 가슴 위에/점잖게 넥타이를 매고/메마른 머리칼에/반듯하게 기름을 바르고/구데기들이 기어나오는 내장 속에/우유를 쏟아붓고/죽은 발가죽 위에/소가죽 구두를 씌우고/묘비들이 즐비한 거리를 바람처럼 내달린다/죽은 줄도 모르고 그는/먼지를 털며 돌아온다/죽은 여자의 관 옆에/이불을 깔고/허리를 굽히면/메마른 머리칼이 쏟아져 쌓이고/차가운 이빨들이 입 안에서 쏟아진다/그다음 주름진 살갗이/발 아래 떨어지고/죽은 줄도 모르는 그는/다시 죽음에 들면서/내일 묘비에 새길 근사한/한 마디 쩝쩝거리며/관 뚜껑을 스스로 끌어올린다.
　　　　　　　　　　　　　　　　　　　　　　—「죽은 줄도 모르고」 전문

김혜순에 의하면 도시적 삶은 이미 "죽은 줄도 모르고" 살아가는 삶이다. 일어나서 간단히 요리되는 인스턴트 식사를 하고, 정해진 시간표대로 일하고, 정해진 시간에 정해진 여자 옆에 돌아와 눕는 생활—이 생활 속에 살아 있는 것은 없다. 모든 것은 이미 요리되어 있고, 만들어져 있고, 정해져 있다. 그래서 모든 것은 이미 죽어 있다. 김혜순의 이러한 인식은 우리 유기체의 살아 있음을 가장 구체적으로 감각하게 만들어주는 육체마저 죽어 있는 것으로 생각하게 만든다. 그래서 그의 시에는 '구데기들이 기어나오는 내장,' '죽은 발가죽,' '관 뚜껑'(이불—필자 주), '가슴에 매달린 두 개의 봉분' 같은 섬뜩한 이미지들이 자주 등장한다.

이처럼 김혜순의 시들은 강은교의 글들처럼 죽음에의 예감에 집요하게 사로잡혀 있으면서 강은교보다 한층 강한 톤으로 이미 우리 속에 자리 잡고 들어와 있는 죽음을 이야기한다. 사물처럼 견고하게 우리 삶 속에 과거 혹은 현재형으로 배어들어 있는 죽음을 말한다.

그렇다면 김혜순은 그러한 죽음을 도대체 왜 우리 앞에 불편하게 자꾸만 펼쳐보이는 것일까? 이 질문에 대답하기 위해서 우리는 먼저 김혜순의 죽음 의식이 어디에 연유하고 있는지를 고찰해볼 필요가 있다. 그것은 그녀의 죽음 의식이 실존적인 번뇌나 체험에 깊은 뿌리를 두고 있는 것인지, 아니면 사회적 존재인 인간에 대해 깊은 관심을 가졌기 때문인지, 이도 저도 아니면 양자의 동시적 문제로부터 비롯된 것인지를 이해할 필요가 있다. 그럴 때, 그녀가 거느리고 있는 죽음 의식의 정체를 우리는 올바르게 파악할 수 있을 것이기 때문이다.

김혜순이 "어느 별의 지옥은 여기"라고 말하는 속에는 분명히 개인들의 삶에 대한 비관적 인식과 우리의 현실에 대한 비관적 인식이 동시에 작용하고 있다. 먼저 그녀는 "내게서 곧/그는 없으리라"(「앞에

앉은 사람」)에서 보듯, 영속성이 보장되지 못한, '죽음을 향해 가는' 삶이 주는 비관주의에서, 실존적으로 자유롭지 못하다.

> 텅 빈 거리 거대한 자리
> 온 방에 온 세상에
> 텅 빈 자리 땅 속 깊이 내 누울 자리
> 검은 장막처럼 옷자락 끄을며
> 큰 지팡이 들고 다가올
> 얼굴 없는 눈빛
> 기다리는 내 발 아래 터엉 빈 큰 검은 자리
> ―「그대 떠난 자리 내 누울 자리」 부분

또한 그녀는 실존적인 이와 같은 문제뿐만 아니라 우리 모두의 지금을 지배하는 문제들, 말하자면 민주주의의 실현, 고문 없는 세상, 분단 현실과 같은 것들로부터도 자유롭지 못하다. 그래서 그녀는 「동구 밖의 민주주의」에서 민주주의를 "멀어질수록 커지는 사람/〔……〕/서글픔과/안타까움과/그리움을/송두리째 먹어 버리고/날마다 커지는 사람"이라고 쓰며, 「남과 북」에서는 양쪽의 태도를 두고 "오늘 나는 문상가지 않는다 그 남자의/자식을 봐도 모른 체한다 우리는/서로 호수(號數)가 다르다"라고 쓴다. 그리고 역사(歷史)를 '역사(逆史)'라고도 쓴다.

이런 점에서 김혜순은 자아와 세계에 대한 비관적 인식을 철저하게, 시집 한 권을 온통 채울 정도로 모질게 체득해보려고 결심한 사람처럼 보이기도 한다. "가슴 속에서도 가슴 밖에서도/눈이 내리고/

아무도 태양을 보진 못해요"(「눈 오는 날의 갑갑함」)란 시구에서 느낄 수 있듯이 비관적 인식 때문에 죽음의 문제를 그처럼 집요하게 우리 앞에 펼쳐보이는 것으로 생각되기도 한다.

  그렇다면 자아와 세계에 대해 비관적 인식을 강하게 보여준 김혜순의 이런 자세는 이 세상을 비관적으로 살기 위한 비관적 인식으로 우리를 끌어가는 것일까? 나는 그렇지 않다고 생각한다. 김혜순의 비관주의는, 마치 니힐리스트들이 개인의 내면적인 삶에 가해진 도덕적 압력에 대해 열정적으로 반항하기 위해 니힐리즘을 선택한 것처럼, 자신의 주체성(아니 정체성이 더 적당할지 모르겠다)과 이 세상에 대한 사랑을 확인하기 위해 선택한 것이라 생각한다. 이 점은 「잠시 후의 나를 위하여」와 「하늘 아래 새로운 것 없다더니」란 작품, 이 시집에 수록된 작품으로서는 드물게 자신의 모습을 강하게 노출시킨 시를 통해 어느 정도 분명하게 감지할 수 있다.

    내가 왼손에 담배를 들고
    오른손으로 라이터를 켤 때는
    기저귀 찬 갓난아기인 내가, 흰 칼라를
    달고 선 소녀인 내가, 하이힐을 신고
    기우뚱거리는 처녀인 내가, 오늘 밤
    욕설로 술 마시는 내가, 잠시 전
    의 내가, 모든 사람인 내가, 수만 개의
    내가 왼손으로 담배를 들고
    오른손으로 라이터를 켜는 것입니다.
    〔……〕

오직 하나인 나를 가리키며
돼지 멱 따는 목소리로
나는 나란 말이야!
                        —「잠시 후의 나를 위하여」 부분

　위의 시에서 보듯 그녀라는 한 개인의 지금 행위 속에는 과거의 모든 행위가 함께 들어 있다. '수천 수만 개의 내가' 지금 그녀의 행위에 함께하고 있다. 그러면서도 지금의 그녀는 오직 하나이다. 이 오직 하나인 '그녀,' "나는 나란 말이야!"라고 고함치듯 김혜순이 내뱉고 있는 '그녀'가 어떻게 '그녀'로 인정받을 수 있을 것인지에 대해 김혜순은 고민하고 있다. 남들과 무엇 하나 다를 바 없이 학교 다니고, 결혼하고, 자식 낳고, 그러면서 조금씩 수학적 정확함으로 죽어가고 있는 자신에 대해 김혜순은 특유의 비관주의로 반항한다. 그렇기 때문에 김혜순의 비관주의는 새로운 생명에 대해 다음처럼 말할 수 있다.

책을 읽어도 모두 들은 소리
시를 읽어도 언젠가 들은 소리
―그럼 널 사랑해
……들어 본 소리
[……]
어제 들은 말을
내일 또 내가 지껄이고
내일 한 말을 어제 또 듣게 되리라
그러나 여어기 여기

갸우뚱거리며
걸어들어와서
엄마 나 배고파
옳다! 처음 들어본 소리다
　　　　―「하늘 아래 새로운 것 없다더니」 부분

　자식에 대해, 아니 자식이라기보다는 모든 일상적인 반복과 나태함, 그리고 그것들 속에 깃든 죽음의 모습을 벗어난 새로운 생명의 모습에 대해 김혜순은 이렇게 사랑의 자세를 보인다. 그러나 나 개인으로서는 김혜순의 이 모습이 불만스럽다. 그것은 여성적인 냄새를 거의 풍기지 않는 이 시집이 비관주의를 벗어날 가능성에서는 결국 모성애와 연결된 사랑으로 반응하는 모습을 여기에서 노출시키고 있기 때문이다. 강렬한 죽음 이미지를 막을 수 있는 가장 확실한 구체적 사례가 이 시집에서는 이 작품뿐인 것처럼 보이는데 그것이 모성애의 차용으로 나타나서 나는 불만스럽다.　　　　〔1988〕

아벨의 표지
—임동확의 『벽을 문으로』

임동확의 시에는 상처란 말이 유난히 많다. 이 작품 저 작품에서 수시로 얼굴을 내미는 상처란 말을 따라가다 보면 어느새 시집의 끝에 다다를 정도로 그의 시에는 상처란 말이 자주 등장한다.

그토록 격정으로 덧난 상처를 다스리기 힘들어했고,
—「심야의 목소리—心經 4」부분

상처입은 맹수처럼 제 동굴에 웅크린 채
—「희망의 근거—心經 11」부분

더욱 생생한 상처의 한가운데 좌정하고 있다
—「벽을 문으로—心經 19」부분

상처의 힘으로 푸르른 나뭇잎들로 가득하다
—「꽃피는 날에—心經 33」부분

내 너에게 이르기 전 상처로 남는 날들이여
　　　　　　　——「책 읽는 사람—心經 40」 부분

　위의 구절들에서 보듯 상처란 말은, 단순히 비유의 수단으로 동원된 말로부터 화자 자신의 어떤 절박한 상태나 심경을 규정하는 말에 이르기까지, 폭넓은 의미의 진폭을 보이면서 빈번하게 등장한다. 그럴 뿐만 아니라 이 상처란 말은 "상처입은 맹수처럼"에서와 같이 비유적 언어로 쓰이건, "상처의 힘으로"에서와 같이 의미상의 주어로 사용되건 간에 스스로 의미의 중심이 되어 다른 시어들을 주변에 끌어모으고 거느린다. 마치 모든 길은 상처로 통한다는 듯이 수많은 언어들은 상처를 응집하고 확산하는 실핏줄이 되어 그의 이런저런 시들을 만들어내는 것이다. 그러면서 임동확의 이번 시집은 화자의 마음이 바로 상처 입은 마음이며, 화자의 관심이 자신처럼 상처 입은 사람들에게 있다는 것을 우리들에게 강력히 시사하고 있다.
　그러면 임동확의 이번 시집에서 가장 핵심적 문제인 이 상처는 도대체 어떤 기능을 하고 있으며 어떤 의미와 맥락 속에서 사용되고 있는 것일까?
　임동확은 자신의 상처를 두고 이렇게 말한다. "상처입은 맹수처럼 제 동굴에 웅크린 채/허세뿐인 증오와 회한의 이빨을 으르렁거리며/필사적으로 기억의 스크럼을 풀지 않으며/당연한 시간의 간섭을 거부해왔다"(「희망의 근거—心經 11」)라고. 그는 자신의 상처에 대해 다른 사람처럼 시간의 간섭을 핑계 삼아 상처로부터 도망가지 않았다고 말한다. 도망간 것이 아니라 오히려 필사적으로 기억의 스크럼을 풀지 않고 상처를 핥으며 "더욱 생생한 상처의 한가운데 좌정하고 있"(「벽을 문으로―心經 19」)다고 말한다. 그리고 그 이유를 이렇게 쓴다.

> 여전히 죽음으로 삶을 항거할 수 있을 만한
> 역설의 생태계가 남아 있음을 증거하는,
> 속수무책의 세월 속에서,
>
> ――「희망의 근거―心經 11」 부분

 이렇듯 그가 상처로부터 도망가지 않는 것은 상처가, 적어도 그의 경우, 고통스런 기억이면서 희망이기 때문이라고 말한다. 아직도 "그리움의 붉은 울음"을 토해내며 생생하게 살아 있는 상처가 "죽음으로 삶을 항거할 수 있"다는 희망을 만들어내면서 그를 붙들고 있는 것이다. 마치 오염된 개천에서 죽은 물고기 떼들이 자신의 죽음을 통해 오염의 심각성을 증거하고 일깨우듯이 그는 자신이 붙들고 있는 상처가 "용서할 수 없는 시대" "의붓아들과 의붓엄마간의 이루어질 수 없는 불륜 같은 〔……〕 죽음의 시대"(「벽을 문으로―心經 19」)를 청정하게 만드는 역할을 할 것이란 희망을 버리지 못한다. 그리하여 그는 한사코 상처의 자궁 속으로 자신의 몸을 웅크린다.
 상처에 대한 이 같은 임동확의 태도는 자신의 상처에 대해, 아니 이웃의 상처에 대해 무감각해지거나 무심할 수밖에 없었던 시간들을 치욕스럽게 생각하도록 만든다. 그것은 단순히 치욕스럽다는 생각에서만이 아니라 진실이 드러날 후대의 시간을 생각할 때 지금 현재의 시간을 정직하게 살지 않을 수 없다는 두려움이기도 하다.

난 너무 많은 흔적을 남겼구나
[……]
어딘가에 추적의 손길을 기다리고 있을
생생한 치욕의 유물들이 나를 두렵게 한다
—「기억의 움집—心經 6」 부분

아무도 무사히 빠져나갈 수 없는
역사의 갱도,
—「자료실—心經 37」 부분

  자신이 사는 방식, 토해버린 말, 써놓은 시, 이 모든 것들이 상처에 대해 정직하지 못하게 살았다는 역사적 증거(유물)가 될 것이라는 생각— 이러한 생각에 임동확 시의 화자는 늘 시달린다. 그가 생각하기에 잘못 다스린 상처는 치욕스럽다. 이렇게 저렇게 살아온 삶은 치욕의 증거물들이며, 이렇게 저렇게 살지 않으려 한 태도 역시 곰곰이 들여다보면 치욕에 대한 알리바이의 성격이 짙다. 그리하여 임동확 시의 화자는, 다음 시에서 보듯, "여전히 기운 센 진리는 진리대로 황홀"한 이 세상에서 혼자 쓸쓸히 '더 낮고 어두운 곳으로,' 상처의 자궁 속으로 웅크린다.

여전히 기운 센 진리는 진리대로 황홀하고
치욕은 치욕대로 남아 쓸쓸한 새벽 하늘을
저리도 가벼이 나비처럼 날아오른다

제 목숨의 크기를 서서히 줄여가며
더 낮고 어두운 곳으로 향하는 너는
　　　　　　　—「새벽의 빛—心經 7」 부분

그러면서 그는 힘든 삶 앞에서 길게 탄식한다. "얼마나 짐승처럼 비굴하게 굴어야/삶은, 겨우 길을 허락하는가"(「내릴 곳이 아닌 곳에—心經 3」)라고. 가난하고 힘들게 살아가는 한 여인네를 보면서 그가 탄식하듯 내뱉은 이 말은 사실 자신을 향한 탄식이며, 상처 속에서 비좁게 웅크리고 살아온 자신을 향해 자조적으로 내뱉은 말이다. 그렇기 때문에 그는 자신과 이웃의 상처와 아픔을 여기에 아랑곳하지 않고 제멋대로인 시대 사이에 조성된 불화와 긴장을 다시 뒤돌아볼 필요를 느낀다. 그리하여 그는 그 팽팽한 불화와 긴장이 한편으로 상처를 생생하게 살아 있도록 만들어주면서도 다른 한편으로 자신과 타인의 상처를 계속 덧나게 만들거나 새로운 상처를 만들어내는 시간이었음을 깨닫는다. 그가 자신의 삶을 두고 "또 다른 상처를 만들며 통과해온 지난날의 흔적"(「내륙풍—心經 52」)이라고 말하는 것은 이 때문이다. 그 결과 그는 자신의 생각을 근본적으로 바꾸는 방식으로가 아니라, 날카롭게 응축된 상처를 간직한 삶, 상처가 상처를 만들던 삶을 좀더 원만하고 확산된 방식으로 바꿀 필요를 느낀다. "큰길이 막히면 우린 더욱 둥글게/흩어져"야 한다는 것을 깨닫기 시작하는 것이다.

난 여태껏 외면해왔다. 하지만 말하련다, 한겨울 책상 위 유리컵 속에 다 자란 양파 뿌리처럼 길고 하얀 내 영혼의 촉수들이여. 난 예전처

럼 아프지 않다. 누군들 저마다 아픈 상처 하나쯤 왜 없으랴
—「뿌리에 대하여—心經 10」부분

임동확 시의 화자가 보여주는 이런 고백은 바로 그러한 깨달음의 소산이다. 그 깨달음이 그로 하여금 "난 예전처럼 아프지 않다"고 말하게 만든다. "어설픈 화해는 더 큰 불화로 이어지고/잘못 건드린 상처는 더 큰 아픔을 부"(「음지 식물—心經 15」)른다는 사실을 잊어버리지 않으면서 아프지 않은 것이 아니라 예전과 같은 방식으로 아파하지 않겠다는 태도를 보여주는 까닭이다. 더구나 이 태도는 "누군들 저마다 아픈 상처 하나쯤 왜 없으랴"라는 이웃에 대한 넉넉한 생각에서 비롯된 것이기에 더욱 포용력 있고 둥글어진 것이다.

그렇지만 아직 이 둥근 생각이 완전한 것은 아니다. 현재의 삶을 외면하지 않으면서 자신과 이웃의 상처를 다스려나가야겠다고 생각하지만 몸은 생각과 같지 않다. 생각과 몸의 이중적인 움직임에 시달리는 화자의 모습은 그래서 생겨난다. 역사의 흐름 앞에서 초조해하지 않으려는 생각과 초조해하며 상처의 기억 속으로 웅크리는 태도 사이에서 갈등하는 화자의 내면 풍경, '속수무책인 세월' 속에서 늙어가는 모습이라고 임동확이 스스로 말하고 있는 모습은 그 때문에 생긴다.

> 꽃은 누가 가꾸지 않아도 절로 피고 지고
> 세월의 창밖엔 불러모으지 않아도
> 이름 모를 새들 한바탕 울고 가나니
> 너희만 여전히 흉몽의 시간에 붙들려

> 나무 그늘에 음지 식물처럼 서 있구나
> [……]
> 어찌하여 지금도 가혹하게 자신만을
> 그토록 매질하며 추억의 응달에 서 있는가
> 어찌하여 습기 어린 기억의 주변을 서성이며
> 끝내 아무도 용서하지 않고 있는가
> ―「나무 그늘 속에서―心經 15」부분

그러나 임동확의 이번 시집에서 이러한 내면의 갈등은 지속적인 것도 본질적인 것도 아니다. 이 갈등은 마치 지표를 뚫고 올라온 용암이 지구의 내부에서 진행되는 거대한 꿈틀거림에 대한 징표이듯이 내면에서 벌어지는 힘든 갈등에 대한 상징일 따름이지 시집에 수록된 시들 속에서 구체적으로 자주 표출되지는 않는다. 오히려 이번 시집에서 지속적이고 본질적인 것은 그러한 갈등이 아니라 화해를 향한 힘든 발걸음이다.

> 모든 고통의 형상이 지워진 자리마다
> 상처의 힘으로 푸르른 나뭇잎들로 가득하다
> ―「꽃피는 날에―心經 33」부분

임동확이 이 시집에서 힘주어 드러내는 것은 이렇듯 "상처의 힘으로 푸르른 나뭇잎들로 가득"한 세상에 대한 희망이며, "스스로의 무거운 족쇄를 풀어 자유로워지"려는 의지이다. 그렇기 때문에 그는 상처로부터 오는 갈등의 꼬리를 애써 감추지 않으면서도 "구태여 지난 일에 연연하지 않으려"는 태도를 가지려 하고, "모두 잘 썩어가 아름다운 불이(不二)의 두엄 자리"(「두엄 자리—心經 32」)가 되는 상태를 꿈꾼다. 또 그렇기 때문에 "정들어 쉬 뿌리칠 수 없는 독한/악연의 손길에 붙잡혀 이리저리 떠돈" 시간을 생각하며 "눈 들어 잠시 쉬어 갈 때만 나뭇가지에/내려앉는 새들도 관대하게 지켜봐야겠다"(「노래하는 나무 26」)고 다짐한다.

 확실히 임동확의 이 시집은 그가 지금까지 힘들게 떠메고 다닌 상처에 대해 새로운 인식의 전환을 보여준다는 점에서 주목할 만한 시집이다. 그것은 어느 누구도 감히 그에게 뭐라고 말할 수 없는—상처로부터 자유로워지라는 이야기도 상처를 결코 잊어서는 안 된다는 이야기도 부담스럽기 짝이 없는 말이라는 점에서—그 깊은 정치적 상흔을 혼자 힘으로 아름답게 치유해나가는 모습을 우리에게 보여주고 있기 때문이다. 그 구체적 증거와 결실은 이번 시집의 여러 곳에서 나타나고 있지만 가장 뚜렷한 경우는 이를테면 다음과 같은 시이다.

  조금은 억울해도, 그래도 살아봐야겠다 다짐하며 돌아서야겠다
  여전히 다 용서하지 못한 지난 시대조차 그다지 원망하지 않겠다
  돌아가면 갈라설 듯 싸움을 벌인 친구에게도 먼저 화해의 손길을 내밀어야겠다
  그렇듯 남보다 스스로에게 더 가혹하게 굴었던 길고 긴 슬픔의 내장 속을 관통해온 바람이여
  차라리 산산이 부서지고 망가져 너그러운 마음의 內海에 들어서니
  무너트릴 수 없는 해벽 같은 절망감에 거품 물고 이빨을 갈며 보내온, 또 다른 상처를 만들며 통과해온 지난날의 흔적들이 조금은 겸연쩍

고 아름다워진다
—「내륙풍—心經 52」부분

사실 임동확의 시들은 『매장시편』에서 최근의 시들에 이르기까지 거의 모두가 상처에 대한 이야기였다고 해도 지나친 말이 아니다. 그의 시들은 비통한 분노의 목소리로, 혹은 자괴감에 사로잡힌 반성의 목소리로 자신과 이웃의 상처를 끊임없이 노래해왔다. 그는 자신의 상처와 이웃의 상처를 정치적 상상력이 뒷받침된 서정시로 노래하는 것이—그래서 그는 시를 쓸 때 의미를 분명히 전달할 수 있는 완전한 문장을 선호한다—자신의 의무라는 생각으로부터 오랫동안 자유롭지 못했으며, 이런 소재적인 차원과 시인의 심리적 태도에서 볼 때 이 시집 역시 자유롭지 않다. 그러나 그 같은 유사성에도 불구하고 그의 이 시집은 이전 시집과 다르다. 고통스런 상처를, 다른 사람들은 다 잊어버려도, 자신만은 잊지 않고 이야기해야 한다는 생각에 여전히 시달리고 있음에도 불구하고 그의 최근 시들은 상당히 다르다. 그것은 그가 상처를 대면하는 방식과 드러내는 방식, 그리고 상처에 대해 감정을 노출하는 정도와 다스리는 능력에서 뚜렷한 차이를 보여주고 있기 때문이다. 그 차이가 그래서 위의 시와 같은 모습을 만들어낸다.

 그리하여 이제 임동확은 분노를 터뜨리기보다 분노를 다스리려 하며, 적의를 드러내기보다 적의의 칼날이 만드는 상처를 먼저 생각하려 한다. 이 변화를 두고 사람들은 『매장시편』의 시인에게 일어난 상처의 치유, 혹은 상처로부터의 이탈이라고 말할지도 모르겠다. 그러나 필자는 그렇게 생각하지 않는다. 임동확의 상처는 치유되거나 잊혀진 것이 아니라 지금 깊어지고 넓어지는, 포용력 있는 상처로 전환하는 과정을 따름이다. 그래서 필자는 임동확이 보여주는 이 변화를 '아벨의 표지'로의 전환이라 말하고 싶다. 그것은 임동확의 상처가 가해자에 대한 증오와 분노의 감정을 점차 떨쳐버리면서, 자신의 상처로 말미암아 그동안 보지 못했던 선량한 사람들의 상처를 감지하고 이해하는 방식으로 발전해나가고 있기 때문이다. 이 세상의 박해받은 사람들이 달고 다니는, 눈에 보이지 않는 마음의 상처를 읽고, 그들의 아픔에 동참하는 마음, 사람들의 영혼에 찍힌 고통의 낙인을 남먼저 감지하여 함께 슬퍼할 수 있는 능력, 이와 같은 '아벨의 표지'를 임동확의 이번 시집은 우리에게 보여주고 있는 것이다.

〔1994〕

시인이 되기 위하여
―김연신의 『시인의 바깥에서』

그래도 천사의 보이지 않는 후견 밑에
실격된 아이는 태양에 취하여,
그가 마시고 먹는 일체에서
진수성찬과 붉은 감로주를 되찾도다.

그는 바람과 노닐고 구름과 얘기하며
노래하며 **십자가의 길**에 취하니.
그의 순례를 뒤쫓는 성령은 숲의 새처럼
명랑한 그를 보고 눈물짓도다.
　　　　　　　　　― 보들레르, 「축송」 부분 (강조: 필자)

시인이란 이름은 과연 영예로운 칭호일까? 한 편의 시를 지어 능히 천지 만물을 움직이는 이적을 일으키고 패로워진 백성의 마음을 달래며 풍속을 교화할 수 있었던 저 향가의 시대에는 그랬을 것이다. 시가 천문(天文)과 지문(地文)과 인문(人文)의 언어적 표현이 될 수 있었던 시대, 시를 통해 우주의 신비를 읽고 자연의 피리 소리를 들을 수 있었던 시대에는 그랬을 것이다. 그런 시대에 시인은 일상 생활에 매달리는 사람과는 달리, 특별한 일을 위해 특별하게 태어난 사람들이었으며, 비속한 일상적 삶이 시인의 존재 의의를 결정적으로 훼손하거나 위협하는 일은 일어나지 않았다. 그래서 이백과 두보는 한 잔의 술과 한 바리의 밥마저 쉽게 해결하지 못하는 어려움에 부딪히면서도 도도하게 혹은 줄기차게 시인의 길을 걸어갈 수 있었다. 마찬가지로 보들레르는 시인의 존재 의의에 대한 특별한 자부심으로 일상적 생활이 가하는 모욕을 견디며 시인의 길을 걸어갈 수 있었다. 분노가 재능을 주는지는 확실하지 않지만 만약에 그렇다면 자신은 굉장한 재능을 가진 사람일 것이라고 보들레르가 말한 이면에는 일상적 생활에 대항하는 자부심이 딸려 있었던 것이다. 이백이 스스로를 '적선(謫仙)'으로 간주했다면 보들레르는 자신을 천박한 세상이 퍼붓는 "야유의 소용돌이 속에 지상에 유배"된 '알바트로스'로 생각했다는 점에서 두 사람은 동일했다. 이들은 모두 특별한 자부심으로 시인이란 이름을 영예롭게 생각한 사람들이었다.

    그런데 시인이란 이름은 지금 우리가 사는 세상에서도 여전히 영예로운 칭호일까? 우리는 지난 시절 김관식이란 시인이 "대한민국 시인 김관식"이란 명함을 만들어 가지고 다녔던 에피소드를 알고 있다. 그러나 이 에피소드는 오늘의 우리에게 시인이라는 명예로운 존재가 저지른 아름다운 영웅담으로 기억되지 않는다. 그보다 이 이야기는 '대한민국'과 '시인 김관식'의 관계가 이루는 부조화 때문에 코미디로 기억되면서 시인이란 존재를 다소간 일상적인 생활에 부적합하거나 일탈해 있는 사람으로 기억하게 만들고 있을 따름이다. 이런 변화 탓일까. 지금 우리 시대에 시인이란 직업은 당당하고 자랑스럽게 말할 수 있는 직업이 아니다. 가령 일상적인 모임의 자리에서 어떤 사람이 직업에 대해 물었을 때 아무런 부끄러움 없이 "나는 시인입니다. 나는 시를 쓰는 사람입니다"라고 당당하게 내세울 수 있는 사람은 그리 많지 않다. 의례적인 말투라 할지라도 "이것도 직업이라 할 수 있을지 모르겠습니다"란 말이건, "밥벌이도 안 되는 직업입니다만"이란 말이건, 어떤 유보적인 단서를 덧붙여야만 비로소 안심하고 자백할 수 있는 직업이 시인이란 직업이 되고 말았다. 생활 앞에 일단 모자를 벗어 미안함을 표한 다음에야 어렵게 꺼내 보일 수 있는 직업이 시인이 되어버린 시대에 우리는 살고 있는 것이다.*

지금 우리가 처해 있는 사정이 이런데도 아직도 "시란 긍지 높은 고독의 종교 속에서만 이루어지는 진귀한 꽃"이며, 이 숨은 꽃을 찾아나선 순결한 영혼의 소유자가 바로 시인이라는 자부심으로 시를 쓰고 있는 사람이 있다면 우리는 그를 어떻게 생각해야 할까? 한 편의 시를 "참을 수 없는 힘이 터져나와" "울며, 울지 않으며, 마음의 깊은 커튼을 열고"(2: 90~91) 외치는 소리로 생각하는 사람이 있다면 우리는 그를 어떻게 생각해야 할까? 과거의 영광이라는, 사라져버린 이미지에 막무가내로 집착하는 안타까운 낭만적 시대착오자로 생각해야 할까? 김연신이 첫번째 시집과 두번째 시집에서 보여주는 시와 시인에 대한 태도, 시를 찾아나선 화자/시인의 정성과 노력은 필자가

---

* 김연신의 시집 『시를 쓰기 위하여』(1996)와 『시인의 바깥에서』(1999)를 각각 1, 2로 표기하고 인용 면수를 괄호 안에 밝힌다.

보기에 거의 시대착오자에 가까울 정도로 성스러운 모습이다.

구름 흘러도 먹물로 쓴 그의 이름은 지워지지 않는다(붉은 낙관도 그대로 있다.)(2: 46)

수백 년의 세월이 흘러도 지워지지 않고 남아서 존재에 값하는 이름이 되고 있는 정자의 현판처럼 한 편의 시도 그렇게 지워지지 않는 이름이 될 수 있기를 그는 바란다. 우리의 이름처럼, 사물의 명칭처럼 지워지지 않고 대상을 증언해주는 시, 대상이 사라져도 그 이름이 대상을 기억시켜주고 증언해주는 그런 시를 과연 쓸 수 있을까? 그러자면 아마도 시가 세월을 견딘다는 자세를 버리고 세월을 견딜 수 있는 시를 만들기 위해 혼신의 힘을 다해야 하리라. 그래서 그는 언어 앞에서 고뇌하고 전율한다.

그 고동에 전율하며 그 핏빛에 오열할 수 있는 감동을 찾아서. 감동을 찾아서. 감동을 찾아서. 분노를 찾아서. 머리카락을 태우는 불길을 찾아서. 감동을 찾아서. 꽃을 만들기 위하여. 분노를 찾아서. (1: 24~25)

말이 불에 타 사라지고 남은 자리에
빛나는 결정(結晶)(2: 91)

이처럼 김연신이 찾고 싶어하는 선율, 그가 만들고 싶어하는 시는 세월과 시대를 넘어서서 그 자체로 완전해질 수 있는 작품, 수정처럼 빛나는 결정체이다. 모든 사람에게 피어 있다는 사실 그 자체로 즐거움을 주는 꽃처럼 완전하며 성스러운 어떤 것이다. 언어란 본질적으로 대상을 전달하는 수단이지 그 자체로 목적이 될 수 없음에도 불구하고 그는 "음계와 음계 사이에서 나를 압착시키며 곡조의 높낮이로 물결치게 하며 작은 북소리 하나로 심장을 터뜨리는 선율을 찾아서" (1: 24) 헤맨다. "꽃을 만들기 위하여"라는 말에서 드러나듯, "빛나는 결정(結晶)"이라는 말에서 드러나듯, 스스로 대상이 되어 빛날 수 있는 언어, 존재가 되어 우리 앞에 설 수 있는 시를 만들고 싶어 하며, 이러한 일을 해야 하고 또 할 수 있는 사람은 시인이라고 생각한다. 시와 시인의 존재 의의에 대한 그의 이 같은 각별한 관심과 특별한 의미 부여는 두 권의 시집을 일관하는 가장 핵심적 주제를 구성하면서 시집의 도처에서 우리 앞에 나타난다. 이를테면 이번 시집에 등장하는 다음과 같은 시인관이 그 좋은 보기다.

시인(詩人)이 아니고서야 어느 누가, 그때에, 진정으로 또렷하게, 고통의 공간을 밀어내고, 존재할 수 있겠어. (2: 14)

〔……〕 그 후로 아무도 그 빛나는 그리움을 보았다는 사람이 없는 중에 시인(詩人)의 가슴속에서만 살게 되었지 (2: 17~19)

말없이 고개를 조금 숙이고 앞서가고 있는 시인(詩人)을 보고 흰 꽃들이 수런수런거립니다. (2: 70)

위에서 보듯 김연신은 시인이란 보통 사람들과는 달리 특별한 능력을 가진 존재라고 생각한다. 시인은 삶과 죽음, 사물과 인간, 순간과 영원 사이에 놓인 장벽을 넘어서 대화의 통로를 만들고 우주의 섬세한 리듬에 감응할 수 있는 존재, 사물의 속삭임을 인지하고, 자연의 피리 소리를 들을 수 있는 존재이다. 시인만이 "해가 언제 떴었는지? 별은 어떻게 지는지? 상어는 왜 바다에서 뭍으로 기어/나오는지? 파도는 과연 분홍색인지?"(1: 57)를 온전하게 그것들의 본질에 맞게 이야기해줄 수 있는 존재인 까닭이다. 바로 그렇기 때문에 시인이 토해낸 언어는 도구로서의 기능을 정지한, 한 송이 꽃처럼 피어난 온전한 사물이다.

저기 저기, 꽃과 꽃이,
허리를 천천히 흔들,
입술을 열며 닫으며,
혀를 빌려 혀를 움직이며,
푸르디푸른 음절을 허공중에 품어낼 때,
[⋯⋯]
어디인가. 시(詩) 한 줄을 토해내는 시인(詩人)의 연필이
사각거리는 소리가 들리는 곳은? (2: 74)

시인은 이렇게 꽃의 이야기를 기록한다. 꽃이 내뿜는 눈부신 기쁨을 기록한다. 연필을 깎으면서 기다리고 연습하고, 연습하고 기다리다가 어느 순간 드디어 그것들을 기록한다. 자연이 우리 앞에 드러내는 이미지의 본질을 포착하고 기록할 수 있는 사람은 박용철이「시적 변용에 대하여」란 글에서 말했듯이 오랜 절차탁마(切磋琢磨)의 기간을 거치며 기다리고 기다려온 시인뿐이다. 이런 점에서 김연신이 첫

번째 시집의 제1부에 수록된 10여 편의 작품들 모두에 '시를 쓰기 위하여'란 제목을 붙이고, 그 시편들을 시인이 되기 위한 노력, 시를 향한 모색의 도정으로 만들어놓은 것은 당연한 일이다. 그리고 '연필을 깎는' 행위로 되풀이해 보여준 그 모색의 도정, 성스러운 노력이 시와 시인에 대해 마찬가지 생각을 견지하는 두번째 시집에서도, 비록 앞의 시집에서처럼 표면적은 아니라 할지라도, 중요한 이면적 주제가 된 것은 당연한 일이다.

> 시(詩)를 기다리며, 말을 기다리면서,
> 아무것도 기다리지 않는다고 알면서.
> 아무것도 아닌 것이 되어 봄길 바닥에 누워
> 풀이 되어 피어올라오기를 바라면서.
> 시(詩)를 기다리며.
> 봄이 오니 없어졌다, 봄이 왔다. 없다라고 입술로 외우면서. (2: 58)

그런데 김연신의 시에서 이런 시인의 기다림은 수동적인 기다림으로 끝나지 않는다. 김연신이 보여주는 시인은 수동적으로 시를 기다리는 시인이 아니라 시를 찾아서, 시인이 되기 위하여 끊임없이 나아가는 시인이다. 시를 맞아들이기 위해 산책을 하고, 여행을 떠나고, 서가를 뒤지고, 말을 다듬는 사람, 몸으로, 생각으로 시를 향해 유랑과 편력을 거듭하는 사람이다. 그렇기 때문에 그의 시에 등장하는 시인은 완성형의 시인이 아니라 진행형의 시인이다. 시를 쓰기 위하여, 시인이 되기 위하여 방안을, 거리를, 들길을, 해변을, 숲속을 유랑하는 사람, 시를 찾아서 아직 시의 밖을 헤매는 사람이라는 측면에서 그의 시에 등장하는 시인은 진행형의 시인이다. 시인이면서 아직도 시인이 되기 위해 나아가는 상태에 있는 사람이 김연신의 시인인 것이다.

시(詩)를 써보기 위하여 저녁나절 들길을 걸어나갔지. (1: 20)

걷다가 가만히 멈춰어 섭니다. 가슴이 두근거리며 그(시인: 필자)와 어깨를 나란히 다시 걸어갑니다.
〔……〕
숲길에 아무도 뵈지 않아, 우리가 얼마나 아름다운 연인인지 알아줄 사람 또한 없습니다. (2: 70)

새벽은 조금 멀고, 옆집 아기가 일찍 일어나 보챈다.
쉴 곳을 찾아가는 사람같이. 발길을 옮기면서.
다시 제자리로 돌아온다
누가 글 한 줄을 현관문 안으로 던져넣고 얼른 사라진다. (1: 28)

두 권의 시집 도처에서 마주치는 시인의 모습은 이처럼 걸어다니는 모습. 움직이는 모습이다. 시의 발아를 정적으로 기다리는 모습이 아니라 시를 찾아 떠돌고 움직이는 모습이다. 일찍이 보들레르는 시를 쓰기 위해서는 "그전에 많이 사색해야 한다. 즉 한 주제를 함께 끌고 다녔어야 한다는 것이다. 산보에도, 욕탕에도, 음식점에도, 심지어 정부 방에까지"라고 말한 적이 있다. 그런데 김연신 시의 화자가 바로 그런 모습이다. 시 속의 화자는 새벽이 오고, "옆집 아기가 일찍 일어나 보채"고, 신문이 배달될 때까지 시를 찾아 책을 뒤적이고, 방 안을 서성거린다. 한 개의 단어, 한 구절의 생각이라도 찾아내기 위해, 시의 부스러기, 시의 흔적 하나라도 줍기 위해 밤을 밝힌다. 그리곤 무엇인가 시처럼 보이는 것을 발견하고는 지친 몸으로 달콤한 새벽 잠에 빠져든다. "만족한 시인(詩人)은 다시 잠든다./필시 금방 깨어나지는 못할 것이다"(1:28). 그래서 시인이 되고자 하는 화자는 시를 찾아나선 유랑의 기사이며, 부적절한 온갖 언어와 싸우는 치열한 싸움꾼이며, 자아의 성숙을 기다리는 고행의 순례자이다. 그의 시에 등장하는 화자가 시를 찾는 유랑자의 이미지를 띠는 것은 이 때문이다. 시인의 생활, 삶의 역정을 담고 있는 다음 시를 보자.

시(詩)를 써보기 위하여 저녁나절 들길을 걸어나갔지
바람이 지나가면서 상쾌한 마음이 차올라 왔었지.
지나간 날들이 다시 한번 뒷걸음치면서 멀어지고
그중에서 아끼는 몇몇 날들이 옆구리를
간질이면서 뒤따라왔지.
[……]
옆구리를 간질이던 것들이 조금 쉬면 무섭게
꾸짖었어. 신경질도 막 내었지, 무엇 때문에
이 길에 그 날들이 딴 날들과 달리 뒤에서
같이 걸어올 수 있었느냐고 심한 말도 하였어
[……]
모퉁이를 돌자마자 뒤에서 나를 즐겁게 해주던
것들이 무엇에 얻어맞았는지 퍽퍽 나자빠지면서

갑자기 아까 분명히 멀어졌던 것들이 앞으로 뒤로 에워쌌었어.
흉폭한 얼굴들이었어. 벼랑 끝이었어. 왜 갑자기.
시(詩)를 쓰는 것과 아무 관계도 없는 벼랑 끝을
보여주었는지 아직도 몰라.
시를 쓰는 것과 그놈들이 벼랑 끝으로
몰고 간 것이 무슨 관계가 있겠어? (1: 20~21)

시를 향해 나아가는 화자의 생활, 그의 내면을 비유적인 언어로 드러내보인 이 작품에서 우리가 읽을 수 있는 것은 두 가지 삶의 갈등이다. "그 날들이 딴 날들과 달리 뒤에서/같이 걸어올 수 있었느냐"는 말에서 알 수 있듯이, 시인의 길과 시를 쓰기 위해 뒤로 밀쳐버려야 했던 생활인의 길이 일으키는 갈등, 후자가 "흉폭한 얼굴로" "앞으로 뒤로 에워싸"면서 일으키는 갈등이다. 이 갈등을 겪으며 계속 시를 찾아다니는 일의 어려움을 위의 시는 '벼랑 끝'이라는 말로 표현하고 있다. 시를 찾아 나설 때마다 일상적 생활은 화자에게 '벼랑 끝'을 보여주며 생활을 멀리하는 것이 얼마나 위험한 일인지를 경고한다. 그러나 시인은 그 경고를 가볍게 무시하고 갈 길을 계속 간다. 그렇기 때문에 김연신의 시에 나타난 시와 시인의 관계는 다시 말하지만 성배를 찾아나선 유랑의 기사에 방불하다.

그런데 위의 시에서 보듯, 김연신의 경우, 시를 쓰기 위한 생활은 '흉폭한'이란 단어에 수반된 강한 의미에도 불구하고 절망적인 생활이 아니다. 그가 우리에게 보여주는 생활은 보이지 않는 시, 부재하는 시를 향한 비탄과 탄식으로 차 있지도 않으며, 무능한 생활인의 자조와 회한으로 점철되어 있지도 않다. 그보다 그는, 아직까지는 생활인의 길과 시인의 길을 나란히, 어느 정도까지는 즐겁게 병치시키면서 살고 있다. 그리고 이런 자세는 그의 시에서 화자가 생활이란 암초에 부딪히고 일상이란 그물에 걸리면서도, 흘러버린 세월이 고여서 만든 늪 앞에서 발걸음을 멈추고 유랑을 계속할 것인지 생각에 잠기면서도 특유의 명랑함을 잃지 않는 모습으로 나타난다. 예컨대 위의 시에서 생활인의 길이 시인의 길에 가하는 경고를 "시(詩)를 쓰는 것과 〔……〕 무슨 관계가 있겠어?"라는 아주 평범하고 기발한 질문으로 무시해버리는 모습이 바로 그렇다. 이처럼 김연신 시의 화자는 일상적 삶과 시인의 삶을 동시에 살아가는 것을, 한편으로는 힘들어하면서도, 다른 한편으로는 그런 어려움 정도는 대수롭지 않다는 듯이, 마치 새집을 뒤지는 시골 소년이 즐겁게 장애물에 부딪히는 것처럼 시를 향해 나아간다. 그렇기 때문에 필자가 보기에 그의 시는 일상적 삶과의 갈등을 자기 비하적으로 보여주거나 지나치게 과장하는 김수영의 시와 뚜렷하게 구별된다. 또한 이런 자세야말로 그와 같은 새로운 시인이 절망적인 왜소함에 시달리고 있는 현대 시인들에게 줄 수 있는 발상의 전환법이며, 싱싱한 에너지—이를 두고 박혜경은 '가벼운 즐김의 태도'(1: 112)라고 했지만—의 하나라고 생각한다.

그 때문일까? 그의 시의 화자는 바쁜 직장생활의 와중에서도 수시로 시를 찾는 생각의 여행에 나서며, 외국에서 온 계약서를 읽고, 법규를 검토하는 등의 일상적인 업무를 처리하는 외면적 생활과 그런 일 사이사이에 시인을 부르는 내면의 소리를 느끼며 시를 찾아나서는 생활을 아직까지는 결정적인 불화 없이 함께 영위하고 있다. 그의 이런 모습을 우리는 다음과 같은 시구에서 읽을 수 있다.

상법제1편총칙제1장통칙제1조상사적용법규상사에관하여본법에규정이없으면상관습법에의하고상관습법(2: 77) "그곳에 계세요? 그늘 속에, 살아 있는 말의 낱알갱이가 안개같이 피어오르는 곳에?"(2: 78)이 없으면민법의규정에의한다제2조공법인의상행위공법인의상행위에대하여는법령에다른규정이없는경우에한하여본법을적용한다제3조일방적상행위당사자(2: 79) "그날 제가 당신의 등을 씻겨주듯, 머리 위에서부터 부어내렸던 그 말들도 거기에서 까르륵 웃으며 뛰어다니고 있는지요?" (2: 80, 강조: 필자)

위에서 강조체로 표시한 부분과 그렇지 않은 부분의 반복은 생활인의 자세와 시를 향한 내면의 소리가 수시로 교차하는 모습을 보여준다. 논리와 의미가 서로 통하지 않는 두 가지 종류의 문장은 한 사람 속에 공존하는 두 개의 삶을 보여주면서, 시를 향해 일상 생활의 포위를 뚫고 전진해야 하는 어려운 상태를 보여준다.

일상 생활의 포위를 뚫고 시인이 되는 것은 어렵다. 생활인의 과제를 충실히 수행하면서도 취미 삼아 시를 쓰는 사람은 많고, 그 중에는 상당한 수준의 시를 생산하는 사람도 적지 않다. 그러나 일반적으로 모범적 생활인이면서 뛰어난 시적 성취를 이룩한 사람은 많지 않은데, 그것은 시인의 길이 지닌 현실 부정성·이상성과 생활이 지닌 현실 안주성이 갈등하기 때문일 것이다. 시를 버리고는 생존할 수 있어도 생활을 버리고는 생존할 수 없는 세계. 그럼에도 "천사의 보이지 않는 후견 밑에/실격당한 (유배당한) 아이"로서의 시인은 하늘을 쳐다보는 습관을 포기할 수 없다. 따라서 지금의 세계에서 시인이 되자면 생활이라는 십자가를 묵묵히 짊어지고 걸으면서도 머릿속으로는 구름과 별의 아름다움을 생각해야 하는 이중의 어려움을 수용해야 한다. 시인의 길이 어렵기 때문에, 그럴수록, 생활에 부끄럽지 않은 훌륭한 시를 쓴다는 자부심이 있어야 한다. 생활에 대한 부끄러움과 스스로에 대한 부끄러움 속에서도 어려운 일에 값하는 시를 쓴다는 자부심이 있어야 한다. 길거리의 "포장돌에 부딪듯이 낱말에 비틀거리며/때로는 오랫동안 꿈꾸던 시구들에 부딪히며"(「태양」, 보들레르) 고통스런 자부심으로 시인의 길을 걸어야 한다.

시를 써서 돌돌 말아 여기저기 틈 사이에 끼워두고 있던 한 남자를
(1: 19)
김연신은 첫 시집에서 토로한 이러한 부끄러움과 자부심으로 이번 두번째 시집의 제목을 '시인(詩人)의 바깥에서'라고 붙였을 것이다. 또 자신의 이번 시집은 시를 찾아 나선 자의 기록이지 시를 찾아낸 자의 기록은 아니라는 겸손함으로 이 제목을 붙였을 것이다. 시집의 표제가 되고 있는, 우리가 "여보세요"하고 전화를 걸었을 때 그에 대한 대답으로 보여주는 「시인(詩人)의 바깥」에서란 다음 시는 그러나 그런 겸손함과 부끄러움 이상의 의미를 지니고 있다.

2. Language : Any and all notices and communications in connection with this Contract shall be written in the English language. 의사 표시의 방법에 관하여 자세히 규정한 이 문안은,   그를 만나러 가기 위하여   법적인 의사 표시를 할   시장을 가로질러야 했었다   필요가

있는 경우 위에 적은 바와같이 방법으로 시행하면 별문제는 없다. 다만 텔렉스뿐만 아니라 텔레팍스도 송달 즉시 도달한 것으로 보자는 의견이 있을 수 있다. 그러나 텔레팍스는 현재까지 영국 법정에서 인정되지 않는 교신 방법이므로 이를 수락하여서는 안 된다. 본 계약서상의 법적인 수신인을 지정하는 문안이다. 여기에서의 문제는 만약 이 조항에 기재된 인원 이외의 다른 사람에게 의사 표시를 하였을 경우 그러한 의사 표시가 상대방에게 유효하게 도달하였다고 볼 것이냐 하는 점이다. 지정 수령인 이외의 사람에게 보낸 경우에도 그 의사 표시가 상대방에게 도달하지 않았다고 말하기는어려울 것이며, 일단 도달의 추정을 받은 후 송달자측에서 송달 사실과 상대방의 실질적인 수신 사실을 입증하면 될 것이다.

많은 동·식물과 광물들이
쌓여서 번들거리고 있었다
그라고 생각되는 이를 만나서
그냥 물어보았다
"詩人은 당신입니까"

잠에서 깨어나니
목이 졸린 흔적이 있었다
그가 다녀갔음에틀림없
아직도 숨이 막혀 울음이 안 나온다
그는 와서 측은하게 내가 자는 모양을
내려다보았을것이다

(2: 81~89)

그것은 위의 시에, 비록 직접적으로는 아니지만 행간 속에, 시인의 정체성 문제에 대한 진지하고 심각한 고뇌와 갈등이 숨어 있는 까닭이다. 첫번째 시집에서는 감지되지 않던 정체성에 대한 위기 의식이 두번째 시집에서는 그 싹을 보이고 있는 까닭이다. 이를테면 다음과 같은 사실이 바로 그것이다. 김연신은 이번 시집에서 시인의 안과 밖을, 이에 상응하는 두 인물을 통해 보여주었다. 「그리고 그의 방」이란 시에서 그가 "그리운 시인(詩人)을 만나기 위하여 속으로 내려갑니다/〔……〕/그는 이 방안에 없고,/이제는 나 혼자 갇혀 있습니다"(2: 72~73)라고 쓰고 있는 데에서 알 수 있듯이, 그는 자신을 객관화하면서 주관화하는 수법으로 시인의 길을 걷는 자신을 내부와 외부에서 동시에 성찰했다. 또 그의 시 「전화를 걸어보았다」에서는 누가 그에게 "여보세요. 거기 계세요?"(2: 76)하고 전화를 걸었을 때, 사무적인 생활인의 자세로 대답하는 자신의 외면적인 모습 속에 과연 시인의 냄새가 배어 있는가, 거기에 과연 시인이 있는가 하는 반성적 질문을 스스로를 향해 던졌다. 그러면서 그는 "측은하게 내가 자는 모양을 내려다보았을 것이다"라는 말에서 느낄 수 있듯 그런 생활에 포위되어 있으면서도 시인을 찾는 신호, 바다와 산과 계절이 부르는 소리를 끊임없이 감지하는 자신에 대해 일종의 연민을 느끼고 있는 것이다.

그리고 위의 시가 지닌 형태에서 볼 수 있듯 그/시인은 지금 갇혀 있다. 아니 갇혀 있다는 의식을 보여준다. 생활 속에 견고하게 갇혀서 "어떤 작은 벌레 같은 말들을 입 안 가득 머금고 뱉어내지 못해 얼굴을 찡그리고 있"는 듯한 모습으로 우리에게 다가온다. 시인의 자유로움이 그의 일상생활을 못 견디게 만든 것일까? "초록 강물이 둘로 쪼개지던 자유와 해방"(2:18)을 그가 맛보아서일까? 어쨌건 필자는 그가 보여준 이런 의식이 지금까지 유지해온 두 가지 생활의 균형을 파괴하여 정체성을 위협하거나 자신의 시와 시인 의식에 대한 자존심을 훼손시키는 방향으로 발전하지 않기를 바란다. 차라리 그보다는

"평화가 오면 시(詩)를 던지지도 않고/말도 하지 않으리"(2: 58)라고 그가 말했던 것처럼 갇혀 있는 시인의 권리로 그 평화를 간절히 꿈꾸면서, 지금 겪는 정체성의 갈등과 위기를 더욱더 시를 써야 할 중요한 이유로 만들면서 다음과 같은 시구를 계속 생상하기를 바란다.

깊은 산 흰 바위 옆에 말을 벗어놓고
속으로 들어간 사람을 보게 되리.
음각으로 새겨진 여러 가지 모양을 더듬게 되리
평화가 그리운 시간을 되돌려놓으면
말이 그 무엇도 운반하지 않으면 (2: 59)

그리하여 "입 안 가득 벌레를 머금고 나는 그의 다음 편지를 기다린다. 다음 편지가 오면 보여주겠다"(2: 29)라고 약속한 것처럼 김연신 특유의 발상과 이미지로 우리 앞에 시와 시인의 위의를 증정해주는 세번째 시집을 빠른 시간 내에 선보일 수 있기를 기대한다.

〔1999〕

수록작 발표지면

제1부

맥락의 독서와 비평 『문학과사회』 1996년 여름호
공허한 언어와 의미 있는 언어 『문학과사회』 1998년 여름호
문사(文士)적 전통의 소멸과 90년대 문학의 위기 『문학과사회』 1995년 봄호
한국 문학 속에 나타난 '가장상(家長像)'의 변화 『황해문화』 1997년 봄호
최근 30년간의 한국 문학 『2006 문예연감』 2007년 2월호
친일 문제에 대한 고착 현상을 벗어나기 위하여 『문학과사회』 2003 겨울호

제2부

기억의 굴레를 벗는 통과 제의 『노을』 김원일 장편소설
소설로 가는, 기억의 길 『금시조』 이문열 소설집
원미동──작고도 큰 세계 『원미동 사람들』 양귀자 소설집
권력과 인간에 대한 집요한 탐구 『완전한 영혼』 정찬 소설집
역사의 안과 밖으로 열린 소설 『현대소설』 1990년 여름호
삶을 넘어서는 말의 아름다움 『현대문학』 1997년 6월호

제3부

평범함과 비범함 『시와 시학』 1992년 겨울호
낡아서 편안해진, 삐거덕거리는 인생 앞에서 『따뜻한 적막』 김명인 시선집
'당신'을 찾는 '나'의 여로 『강 깊은 당신 편지』 김윤배 시집
죽음 같은 삶에 대한 한 반항 『현대시 사상』 1988년 1호
아벨의 표지 『벽을 문으로』 임동확 시집
시인이 되기 위하여 『시인의 바깥에서』 김연신 시집